CORN A129

POESÍA DE LA
EDAD DE ORO
I
RENACIMIENTO

clásicos Castalia

COLECCIÓN FUNDADA POR
DON ANTONIO RODRÍGUEZ-MOÑINO

DIRECTOR
DON ALONSO ZAMORA VICENTE

Colaboradores de los volúmenes publicados:

J. L. Abellán. F. Aguilar Piñal. G. Allegra. A. Amorós. F. Anderson. R. Andioc. J. Arce. I. Arellano. E. Asensio. R. Asún. J. B. Avalle-Arce. F. Ayala. G. Azam. P. L. Barcia. G. Baudot. H. E. Bergman. B. Blanco González. A. Blecua. J. M. Blecua. L. Bonet. C. Bravo-Villasante. J. M. Cacho Blecua. M.ª J. Canellada. J. L. Cano. S. Carrasco. J. Caso González. E. Catena. B. Ciplijauskaité. A. Comas. E. Correa Calderón. C. C. de Coster. D. W. Cruickshank. C. Cuevas. B. Damiani. A. B. Dellepiane. G. Demerson. A. Dérozier. J. M.ª Díez Borque. F. J. Díez de Revenga. R. Doménech. J. Dowling. A. Duque Amusco. M. Durán. P. Elia. I. Emiliozzi. H. Ettinghausen. A. R. Fernández. R. Ferreres. M. J. Flys. I.-R. Fonquerne. E. I. Fox. V. Gaos. S. García. L. García Lorenzo. M. García-Posada. G. Gómez-Ferrer Morant. A. A. Gómez Yebra. J. González-Muela. F. González Ollé. G. B. Gybbon-Monypenny. R. Jammes. E. Jareño. P. Jauralde. R. O. Jones. J. M.ª Jover Zamora. A. D. Kossoff. T. Labarta de Chaves. M.ª J. Lacarra. J. Lafforgue. C. R. Lee. I. Lerner. J. M. Lope Blanch. F. López Estrada. L. López-Grigera. L. de Luis. F. C. R. Maldonado. N. Marín. E. Marini-Palmieri. R. Marrast. F. Martínez García. M. Mayoral. D. W. McPheeters. G. Mercadier. W. Mettmann. I. Michael. M. Mihura. J. F. Montesinos. E. S. Morby. C. Monedero. H. Montes. L. A. Murillo. R. Navarro Durán. A. Nougué. G. Orduna. B. Pallares. J. Paulino. M. A. Penella. J. Pérez. M. A. Pérez Priego. J.-L. Picoche. J. H. R. Polt. A. Prieto. A. Ramoneda. J.-P. Ressot. R. Reyes. F. Rico. D. Ridruejo. E. L. Rivers. E. Rodríguez Tordera. J. Rodríguez-Luis. J. Rodríguez Puértolas. L. Romero. J. M. Rozas. E. Rubio Cremades. F. Ruiz Ramón. C. Ruiz Silva. G. Sabat de Rivers. C. Sabor de Cortazar. F. G. Salinero. J. Sanchis-Banús. R. P. Sebold. D. S. Severin. D. L. Shaw. S. Shepard. M. Smerdou Altolaguirre. G. Sobejano. N. Spadaccini. O. Steggink. G. Stiffoni. J. Testas. A. Tordera. J. C. de Torres. I. Uría Maqua. J. M.ª Valverde. D. Villanueva. S. B. Vranich. F. Weber de Kurlat. K. Whinnom. A. N. Zahareas. A. Zamora Vicente. I. de Zuleta.

POESÍA DE LA EDAD DE ORO
I
RENACIMIENTO

*Edición,
introducción y notas
de*
JOSÉ MANUEL BLECUA

TERCERA EDICIÓN

Madrid

Copyright © Editorial Castalia, S. A., 1984
Zurbano, 39 - 28010 Madrid - Tel. 319 58 57

Cubierta de Víctor Sanz

Impreso en España - Printed in Spain
Unigraf, S. A. Móstoles (Madrid)

I.S.B.N.: 84-7039-401-0 (Tomo I)
84-7039-427-4 (Obra Completa)
Depósito Legal: M. 25.621-1991

Queda prohibida la reproducción total o parcial de este libro, su inclusión en un sistema informativo, su transmisión en cualquier forma o por cualquier medio, ya sea electrónico, mecánico, por fotocopia, registro u otros métodos, sin el permiso previo y por escrito de los titulares del Copyright.

SUMARIO

INTRODUCCIÓN	7
POESÍA DE LA EDAD DE ORO: RENACIMIENTO	19
ÍNDICE DE AUTORES	445
ÍNDICE DE PRIMEROS VERSOS	447
ÍNDICE DE LÁMINAS	458

INTRODUCCIÓN

La fecha más decisiva en la historia de la poesía española, la de mayor trascendencia, es sin duda la de 1526, fecha del encuentro de Juan Boscán con Andrea Navagiero, embajador de Venecia, en las tornabodas granadinas del emperador con Isabel de Portugal. Es bien conocida la preciosa referencia de Boscán en su célebre carta a la duquesa de Soma, dándole cuenta de cómo se decidió a escribir a la manera italiana, abandonando la vieja poesía castellana:

> Así también en este modo de invención (si así quieren llamalla) nunca pensé que inventaba ni hacía cosa que hubiese que quedar en el mundo, sino que entré en ello descuidadamente, como en cosa que iba tan poco en hacella, que no había para qué dejalla de hacer, habiéndola gana. Cuanto más que vino sobre habla; porque estando un día en Granada con el Navagero (al cual por haber sido varón tan celebrado en nuestros días, he querido aquí nombralle a vuestra señoría), tratando con él en cosas de ingenio y de letras, y especialmente en las variedades de muchas lenguas, me dijo por qué no probaba en lengua castellana sonetos y otras artes de trovas usadas por los buenos autores de Italia; y no sólo me lo dijo así livianamente, más aún, me rogó que lo hiciese. Partíme pocos días después para mi casa, y con la largueza y soledad del camino, discurriendo por diversas cosas, fui a dar muchas veces en lo que el Navagero me había dicho. Y así comencé a tentar este género de verso, en el cual al principio hallé alguna

dificultad por ser muy artificioso y tener muchas particularidades diferentes del nuestro. Pero después, pareciéndome, quizá con el amor de las cosas proprias, que esto comenzaba a sucederme bien, fui poco a poco metiéndome con calor en ello. Mas esto no bastara a hacerme pasar muy adelante, si Garcilaso con su juicio, el cual no solamente en mi opinión, mas en la de todo el mundo, ha sido tenido por regla cierta, no me confirmara en esta mi demanda. Y así, alabándome muchas veces este mi propósito, y acabándomele de aprobar con su ejemplo, porque quiso él también llevar este camino, al cabo me hizo ocupar mis ratos ociosos en esto más fundadamente.[1]

Que Garcilaso quisiera también seguir ese camino dio el triunfo definitivo a la nueva escuela, ya que el divino toledano poseía uno de los oídos musicales más extraordinarios y pudo aclimatar prodigiosamente el endecasílabo, ese verso tan bello y tan bien elogiado por Dámaso Alonso.[2] (Aparte de que llegó con la emperatriz Isabel Freyre, la ocasión de las penas amorosas de Garcilaso. Casi todo es azar en esta historia poética.)

Con el endecasílabo se incorpora toda la poesía petrarquista, con sus sutilezas amorosas, su belleza y su gusto por la forma. Sin olvidar que los clásicos, especialmente Horacio, Virgilio y Ovidio, contribuirán a su vez a formar un gusto literario nuevo. Y esta poesía enriqueció prodigiosamente también la nueva sensibilidad renacentista, alimentada además por un claro platonismo, junto con la casuística amorosa del viejo "amor cortés", que resonará hasta en el Barroco, añadiendo la tesis sobre la Naturaleza como "mayordomo de Dios"[3] y la exaltación de lo que parecía más natural y espontáneo, como el refrán, el ro-

[1] Cito por *Las obras de Boscán y algvnas de Garcilasso de la Vega*, editadas por Carles Amorós (Barcelona, 1543), fols. xx y xxv.
[2] Véase el "Elogio del endecasílabo", en *Obras completas*, II (Madrid, Gredos, 1972), pp. 539 y ss.
[3] Véase el poema número 312, de Cairasco de Figueroa, en esta antología.

mance y la canción popular o tradicional. La mímesis de lo natural se convierte, como es bien sabido, en el postulado estético que llevará a huir de la "afectación", aquella tacha de que se debían guardar todos al hablar, escribir o simplemente andar. Sin embargo, no debemos olvidar tampoco la presencia de la Biblia en la poesía religiosa, sobre todo a partir de la segunda mitad del siglo XVI, como se notará en la antología.

Pero lo más curioso, como ya he dicho en otras partes,[4] es que la vieja poesía siguió conviviendo con la nueva, aunque también es verdad que las más altas cimas de la poesía del Renacimiento —Garcilaso, fray Luis de León, Aldana, Herrera y san Juan de la Cruz— se deberán a las novedades italianistas. Basta, sin embargo, hojear la presente antología para comprobar cómo perviven las soluciones anteriores a 1526, fórmulas que no acabarán precisamente en el Renacimiento, sino todo lo contrario: se incrementarán hasta límites insospechados en el Barroco.

La nueva poesía venció sin ninguna resistencia importante, porque la oposición de Cristóbal de Castillejo no supone nada, ya que además el conocido poema se publica en la edición de las *Obras* de Castillejo en 1573, cuando ya nadie rechazaba las nuevas tendencias. Sin embargo, Boscán debió de comunicar a los amigos algunos poemas, y las observaciones que le hicieron, junto con su defensa, no dejan de tener su curiosidad. Dice así Boscán en la misma carta a la duquesa de Soma:

---

[4] "Corrientes poéticas del siglo XVI" [1952], en *Sobre poesía de la Edad de Oro* (Madrid, Gredos, 1970), pp. 11-24; "Imprenta y poesía en la Edad de Oro", en *ibid.*, pp. 25-43, y "Mudarra y la poesía del Renacimiento", en *Studia Hispanica in honorem R. Lapesa* (Madrid, Gredos, 1972), pp. 173-179, recogido en *Sobre el rigor poético en España y otros ensayos* (Barcelona, Ariel, 1977), pp. 45-46. Para otros problemas interesantes, véase A. Rodríguez-Moñino, *Construcción crítica y realidad histórica en la poesía española de los siglos XVI y XVII* (Madrid, Castalia, 1965), y Alberto Blecua, "El entorno poético de fray Luis de León", en *Fray Luis de León* (Universidad de Salamanca), pp. 77-86.

Porque la cosa era nueva en nuestra España y los hombres también nuevos, a lo menos muchos dellos, y en tanta novedad era imposible no temer con causa, y aun sin ella. Cuanto más que luego, en poniendo las manos en esto, topé con hombres que me cansaron. [...] Los unos se quejaban que en las trovas desta arte los consonantes no andaban tan descubiertos, ni sonaban tanto como en las castellanas. Otros decían que este verso no sabían si era verso o si era prosa. Otros argüían diciendo que esto, principalmente, había de ser para mujeres, y que ellas no curaban de cosas de sustancia, sino del son de las palabras y de la dulzura del consonante. Estos hombres, con estas sus opiniones, me movieron a que me pusiese a entender mejor la cosa, porque entendiéndola, viese más claro sus sinrazones [...] Que ¿quién ha de responder a hombres que no se mueven sino al son de los consonantes? Y ¿quién se ha de poner en pláticas con gente que no sabe qué cosa es verso, sino aquel que, calzado y vestido con el consonante, os entra de un golpe por el un oído y os sale por el otro? Pues a los otros que dicen que estas cosas, no siendo sino para mujeres, no han de ser muy fundadas ¿quién ha de gastar tiempo en respondelles? Tengo yo a las mujeres por tan sustanciales (las que aciertan a sello, y aciertan muchas), que en este caso quien se pusiese a defendellas las ofendería. Así que estos hombres, y todos los de su arte, licencia ternán de decir lo que mandaren [...] Si a éstos mis obras les parecieren duras, y tuvieren soledad de la multitud de los consonantes, ahí tienen un *Cancionero*, que acordó de llamarse *General*, para que todos ellos vivan y descansen con él generalmente.[5]

Y puesto que Boscán cita burlescamente el famoso *Cancionero general* de Hernando del Castillo, publicado en Valencia en 1511, conviene que recordemos que en ese *Cancionero* se reúne la poesía desde Juan de Mena a los poetas de la corte de los Reyes Católicos, esa poesía de arte mayor o en octosílabos llenos de sutileza y alambicamiento, herencia, en su mayor parte, del trovadorismo medieval. Pero ese *Cancionero general* tuvo el mayor éxito

---

[5] Edición citada, XIX y XIXv.

que ha conocido ninguna antología extensa en la historia de la poesía española, puesto que se conocen hasta nueve ediciones de 1511 a 1573, que además van aumentando de contenido.[6] Esto supone algo bien elemental: que ese *Cancionero* anduvo en las manos de todos los poetas, o aspirantes a poetas, y que su influencia fue considerable desde Boscán a Villamediana, pasando por Fernando de Herrera, Cervantes y Lope de Vega, quien en la *Introducción a la justa poética* en honor de san Isidro considera aquellos poetas "ingenios maravillosos", añadiendo: "Díganme los que más lo son en qué estudiado y, como ellos dicen, en qué culto soneto o canción tendrá igual este pensamiento de los antiguos:

> Ven, muerte, tan escondida,
> que no te sienta venir,
> porque el placer de vivir
> no me torne a dar la vida."[7]

Lope fue muy aficionado a glosar estas canciones en sus comedias, así, por ejemplo, en *El caballero de Olmedo, El príncipe perfecto, El saber puede dañar* y en *La inocente sangre* aparecen glosados aquellos versos viejos, que

---

[6] Véase la edición de A. Rodríguez-Moñino (Madrid, 1958) y su *Suplemento* (Madrid, 1959) con los poemas añadidos en las sucesivas ediciones, que llegan a la cifra de 317.

[7] Cito por la edición de la BAE, vol. XXXVIII, p. 145. Lope dice además: "Pues en razón de algunos epigramas, estoy por pensar que, amoroso, no le tiene la lengua latina mejor que éste:

> Si vais a ver el ganado,
> muy lejos estáis de verme,
> porque en haberos mirado,
> no supe sino perderme.
>   Si vais a ver el perdido,
> tampoco me ved a mí,
> pues desde que me perdí,
> por ganado me he tenido.
>   Y si al perdido y ganado
> vais a ver, bien podéis verme,
> pues en haberos mirado
> supe ganarme y perderme."

Cervantes recordará tan bella y dramáticamente en el prólogo del *Persiles*:

> Puesto ya el pie en el estribo,
> con las ansias de la muerte,
> señora, aquesta te escribo,
> pues partir no puedo vivo,
> cuanto más volver a verte.

Y un Gracián, que tanto sabía de sutilezas de ingenio, no dejará de elogiar en su *Agudeza y arte de ingenio* la conceptuosidad de Escrivá, Sánchez de Badajoz, Lope de Sosa y otros ingenios del *Cancionero general*. Rafael Lapesa ha señalado también la presencia de muchas fórmulas poéticas cancioneriles en la poesía más culta e italianista.[8]

Pero los grandes poetas del siglo XV, como Juan de Mena y Jorge Manrique, despertaron una admiración profunda. La obra de Juan de Mena conoció casi tantas ediciones como la de Garcilaso[9] y tuvo, a su vez, comentaristas tan insignes como Hernán Núñez, el famoso Comendador griego, y Francisco Sánchez de las Brozas, también editor y comentarista de Garcilaso, como es bien sabido. Y todavía fue mayor la admiración por las *Coplas* de Jorge Manrique, glosadas o imitadas por Francisco de Guzmán, Padilla, Gregorio Silvestre, Alonso de Cervantes y otros ingenios, cuyo eco resonará largamente en la historia de la poesía española.[10]

Aunque Santillana, en su conocida *Carta Proemio*, desprecie los romances y canciones populares, lo cierto es que a fines del siglo XV esos romances y canciones han

---

[8] En "Poesía de cancionero y poesía italianizante" [1962], en *De la Edad Media a nuestros días* (Madrid, Gredos, 1967), pp. 145-171, y Francisco Rico, "De Garcilaso y otros petrarquismos", RLC, LI (1979), pp. 325-338.

[9] Para la extraordinaria fama de Juan de Mena, véase María Rosa de Malkiel, *Juan de Mena, poeta del prerrenacimiento español* (México, El Colegio de México, 1950), pp. 399-522.

[10] Pueden ahora manejarse cómodamente las glosas gracias a la diligencia de A. Pérez Gómez, que las ha publicado en su colección "El aire de la almena" (Cieza, 1961-1963) en seis volúmenes.

ascendido de la calle a la Corte. En el tan citado *Cancionero general* pueden leerse las glosas a diversos romances viejos, algunos tan bellos como el de "Fontefrida, fontefrida" o el del prisionero, aquel que comienza "Por el mes era de mayo". Estos romances viejos, transmitidos por el canto y en pliegos sueltos, fueron imitados por Juan del Encina, Diego de San Pedro y otros poetas, como un Pedro Manuel Ximénez de Urrea. Esta antología de la poesía renacentista se abre precisamente con un romance escrito en 1527 con motivo del saco de Roma por las tropas del emperador y lo publicó Martín Nucio en su *Cancionero de romances* bastantes años después, lo que prueba su popularidad.

Ese *Cancionero de romances* de Martín Nucio, publicado por primera vez hacia 1547 y más tarde en 1550, en pleno auge de la poesía italianista, es uno de los pilares de la poesía española de todos los tiempos. A Nucio se le ocurrió la estupenda idea de reunir en un volumen numerosos romances publicados en pliegos sueltos [11] y otros recogidos de viva voz, como dice en el breve y extraordinario prólogo; [12] y este *Cancionero de romances*

---

[11] En el siglo XVI, España se inunda de pliegos sueltos con romances viejos, glosas y cancioncillas. (Véase lo que dice Úbeda en su nota a los *Enfados*, p. 360 de esta antología.) Antonio Rodríguez-Moñino registra 1.179 pliegos sueltos en su monumental *Diccionario bibliográfico de pliegos sueltos poéticos (siglo XVI)*, Madrid, Castalia, 1970. Teniendo en cuenta que la tirada oscilaría entre mil y mil quinientos ejemplares, un cálculo elemental suma a lo largo del siglo XVI más de un millón de pliegos sueltos, lo que no deja de ser sencillamente extraordinario, aunque algunos pliegos repitan poemas de otros, pero otros también añaden nuevas composiciones.

[12] Porque el prólogo de Martín Nucio no se ha divulgado suficientemente, me atrevo a copiarlo íntegro: "He querido tomar el trabajo de juntar en este cancionero todos los romances que han venido a mi noticia, pareciéndome que cualquiera persona para su recreación y pasatiempo holgaría de lo tener, porque la diversidad de historias que hay en él dichas en metros y con mucha brevedad será a todos agradable. Puede ser que falten aquí algunos (aunque muy pocos) de los romances viejos, los cuales yo no puse o porque no han venido a mi noticia, o porque no los

engendrará una serie considerable de imitadores, que llenarán España de romanceros,[13] al paso que poetas como Sepúlveda, Alonso de Fuentes o Sánchez Burguillos imitarán los romances viejos, arrancando temas de la *Crónica general,* como dice Sepúlveda, para llegar más tarde a los romanceros de Lucas Rodríguez o Pedro de Padilla. El propio Cervantes confiesa haber compuesto "romances infinitos". Pero fueron los poetas nacidos alrededor de 1560, los que comienzan su carrera literaria veinte años más tarde, Góngora, Lope de Vega, Liñán de Riaza, por ejemplo, los que se lanzaron con todo entusiasmo a escribir romances de todo tipo,[14] especialmente amorosos, que se cantaron por todas las plazas y callejas de España, llegando incluso a tradicionalizarse, como sucedió con el romance

---

hallé tan cumplidos y perfectos como quisiera; y no niego que en los que aquí van impresos habrá alguna falta, pero ésta se debe imputar a los ejemplares de adonde los saqué, que estaban muy corruptos, y a la flaqueza de la memoria de algunos que me los dictaron, que no se podían acordar dellos perfectamente. Yo hice toda diligencia porque hubiese las menos faltas que fuese posible, y no me ha sido poco trabajo juntarlos y enmendar y añadir algunos que estaban imperfectos. También quise que tuviesen alguna orden y puse primero los que hablan de las cosas de Francia y de los Doce Pares, después los que cuentan historias castellanas y después los de Troya y últimamente los que tratan de cosas de amores. Pero esto no se pudo hacer tanto a punto (por ser la primera vez) que al fin no quedase alguna mezcla de unos con otros. Querría que todos se contentasen y llevasen en cuenta mi buena voluntad y diligencia. El que así no lo hiciere haya paciencia y perdóneme, que yo no pude más." (Cito por la edición facsímil con prólogo de R. Menéndez Pidal, Madrid, 1945.)

[13] Véase la extraordinaria obra de A. Rodríguez-Moñino, *Manual bibliográfico de Cancioneros y Romanceros,* I-II (Madrid, Castalia, 1973) y su discurso académico *Poesía y Cancioneros* (Madrid, Castalia, 1968).

[14] Mientras Boscán (fol. xxv) desdeña el octosílabo por no tener un origen conocido, Lope de Vega dice en el Prólogo a sus *Rimas* (Madrid, 1609): "Algunos quieren que sean [los romances] la cartilla de los poetas; yo no lo siento así, antes bien los hallo capaces, no sólo de exprimir y declarar cualquier concepto con fácil dulzura, pero de proseguir toda grave acción de numeroso poema. Y soy tan de veras español, que por ser en nuestro idioma natural este género, no me puedo persuadir que no sea digno de toda estimación."

de Lope "Mira, Zaide, que te aviso", que ha llegado hasta hoy en la tradición oral. Estos nuevos romances son los que se imprimen en pequeños romanceros, que más tarde van a parar al célebre *Romancero general* de 1600.[15]

Santillana unía los romances a las canciones de tipo popular, calificando de "ínfimos poetas" a los que los componían; pero la canción, otro producto "natural", adquirirá también un vigor extraordinario en la corte de los Reyes Católicos, donde se recopila el célebre *Cancionero musical de palacio,* tan repleto de auténtica poesía, esa poesía que encantaría tanto a F. García Lorca y a Rafael Alberti. Los poetas de esa época se sintieron profundamente atraídos por esos poemillas breves, pero intensos, como un Juan del Encina; los convirtieron a lo divino, como hicieron Álvarez Gato y Montesinos, y los incorporaron al teatro, iniciando esa boga que irá de Gil Vicente a Lope de Vega. La nueva poesía no arrinconó esta veta, ni mucho menos, puesto que los vihuelistas y polifonistas los incluyen en sus libros, desde *El Maestro* de Luis Milán (1536) a Francisco Salinas con su tratado *De Musica libri septem* (1577), pasando por el *Cancionero de Upsala* (1556) y la *Recopilación de sonetos y villancicos* (1559) del famoso Juan Vásquez, cuyo título es ya tan significativo. Unos años antes, Alonso Mudarra publica en Sevilla (1546), y nótese la fecha, sus *Tres libros de música en cifra para vihuela,* y con este libro podía cantarse algún soneto de Garcilaso, otros de Petrarca y de Sannazaro en italiano, versos de Horacio, Virgilio y Ovidio en latín, el salmo 126, la primera estrofa de las *Coplas* de Jorge Manrique, tres romances sacros y cuatro villancicos, alguno tan delicioso como éste:

> Gentil caballero,
> dédesme hora un beso,
> siquiera por el daño
> que me habéis hecho.[16]

---

[15] Antonio Rodríguez-Moñino editó *Las fuentes del Romancero general* (Madrid, 1957) en doce volúmenes.
[16] Véase mi artículo citado en la nota 4.

A esta boga de la canción en los libros de música hay que añadir que, en numerosos pliegos sueltos, junto a romances, y muchas veces para llenar el pliego al final, pueden encontrarse numerosas cancioncillas o villancicos de tipo popular, y los poetas cultos no se sustraen a su encanto, glosando canciones y villancicos, como observará el lector hojeando simplemente esta antología.

Como sucedió con el romance, esta poesía encantará también a Góngora, Lope y sus seguidores. Sin esa pasión no se explican las letrillas de don Luis, y de tantos, ni menos todavía el cancionero que se puede reunir de las obras dramáticas de Lope, y más de una comedia, como la de *El caballero de Olmedo,* procederá de una canción. No hay circunstancia vital en la dramática del Fénix que no cuente con una canción, desde bodas, bautizos, trabajos, bienvenidas, etc., etc., con todas las fórmulas conocidas, desde repetición coral de un verso a seguidillas o zéjeles deliciosos; canciones que tanto deleitaron a todos y llegaron a entusiasmar a los poetas de la generación de 1927.

Éstas son las corrientes poéticas representadas, y creo que por primera vez, en esta antología, que está ordenada por la fecha de nacimiento de cada poeta, aunque esto no se ha podido hacer con todo rigor por desconocerse muchas de ellas. Y me detengo en la fecha de 1560 porque a su alrededor nacen los poetas, Góngora, Lope, los Argensolas, que incluiré en el segundo volumen, ya que con ellos se inicia otra nueva poesía, ésa que culminará en *Las Soledades,* los sonetos de Lope, Quevedo y otros muchos poetas. No ignoro que algún poeta de ese grupo tiene más de renacentista que de barroco, como un Medrano, por ejemplo, pero he preferido sostener el criterio cronológico y no buscar otra solución.

Siempre que un poeta es conocido, me he abstenido de colocar en nota datos biográficos, pero no he hecho lo mismo con poetas que no circulan por los manuales de historia literaria o antologías y anoto lo que he podido averiguar. He acudido preferentemente a impresos, aunque en algunos casos me sirvo de manuscritos. Para la bibliografía sobre muchos poetas, basta consultar el *Manual de bibliografía de la literatura española* de José Simón Díaz (Madrid, Gredos, 1980).

José Manuel Blecua

POESÍA
DE LA EDAD DE ORO

RENACIMIENTO

ANÓNIMO

Romance que dizen Triste
estaba el padre Santo *

Triste estaba el padre Santo,
lleno de angustia y [de] pena,
en Santángel, su castillo,
de pechos sobre una almena;
su cabeza sin tïara,
de sudor y polvo llena,
viendo a la reina del mundo
en poder de gente ajena;
los tan famosos romanos
puestos so yugo y melena,
los cardenales atados,
los obispos en cadena,
las reliquias de los sanctos
sembradas por el arena,

---

* Romance referente al saco de Roma de 1527, que se cantó durante muchos años y fue glosado por el Almirante de Castilla don Fernando Enríquez de Velasco como invectiva contra Clemente VII. Véase Juan Pérez de Guzmán, *Los príncipes de la poesía española* (Madrid, 1892), pp. 72 y ss.
10 *melena*: debe de ser como 'melenera', almohadilla o trozo de piel que se pone a los bueyes en la frente para que no les roce la correa con que se les sujeta el yugo.

la vestimenta de Cristo, 15
el pie de la Madalena,
el prepucio y vera cruz
hallado por santa Elena,
las iglesias envioladas,
sin dejar cruz ni patena; 20
el clamor de las matronas
los siete montes atruena,
viendo sus hijos vendidos,
sus hijas en mala estrena;
cónsules y senadores 25
de que sacasen su cena
por faltalles un Horacio
como en tiempo de Porsena.
La gran soberbia de Roma
agora España la refrena; 30
por la culpa del pastor
el ganado se condena;
agora pagan los triunfos
de Venecia y Cartagena,
pues la nave de sant Pedro 35
quebrada lleva la entena,
el gobernalle quitado,
la aguja se desgobierna,
gran agua coge la bomba,
menester tiene carena, 40
por la culpa del piloto
que la rige y la gobierna.

[*Cancionero de Romances*, Amberes, s. a., fol. 215.]

27 Es Publio Horacio, héroe romano que en 507 a. JC. salvó a Roma de los etruscos mandados por Pórsena.
39 *bomba*: la que se empleaba en los barcos para arrojar el agua.

FRANCISCO LÓPEZ DE VILLALOBOS *
(1473?-1549)

A LA MUERTE

2
Venga ya la dulce muerte
con quien libertad se alcanza;
quédese a Dios la esperanza
del bien que se da por suerte.
    Quédese a Dios la fortuna,   5
con sus hijos y privados;
quédense con sus cuidados
y con su vida importuna.
    Y pues al fin se convierte
en vanidad la pujanza,   10
quédese a Dios la esperanza
del bien que viene por suerte.

3
UN CORTESANO, ESTANDO PENSATIVO,
FUE PREGUNTADO POR SU DAMA QUE EN QUÉ PENSABA,
Y ÉL LE RESPONDIÓ ESTE MOTE:

*Pienso que mi pensamiento
no piensa que pienso yo.*

GLOSA

Si por pensar enojaros
pensase no aborresceros,
pensaría en no quereros   5
por no pensar desamaros;

---

* Francisco López de Villalobos, de Zamora y de origen judío, excelente humanista, fue médico del duque de Alba, del Rey Católico, de Carlos V y amigo de don Fadrique Enríquez, Almirante de Castilla. Publicó en Salamanca en 1498 el *Sumario de la Medicina* en coplas de arte mayor. Es autor también de *Los ocho problemas* (Zamora, 1543), de comentarios a los dos primeros libros de Plinio, al paso que en las *Tres grandes* (Zaragoza, 1544) manifiesta su espíritu festivo.

mas pensando en mi tormento,
sin pensar por dónde vo,
pienso que mi pensamiento
no piensa que pienso yo. 10

[*Algunas obras del doctor Francisco de Villalobos* (Madrid, 1886), pp. 203 y 281.]

VASCO DÍAZ DE FREXENAL *
(† h. 1560)

4 ROMANCE EN EL CUAL EL AUTOR NARRA
SU NASCIMIENTO

En Frexenal de la Sierra
nascí yo desventurado
en malívolo planeta,
en signo mal constellado;
en la provincia de Extremo, 5
al pie del Cerro Tiznado,
con los Algarves confina
al lusitano collado;
cuando Marte con su furia
mostró su poder airado, 10
do Baco con gran trïunfo
salió manso y reposado;

---

* Vasco Díaz Tanco de Frexenal nació a fines del siglo xv en Fregenal (Extremadura), residió en Galicia y Portugal, muriendo hacia 1560. Escritor fecundo, pero con una tendencia exagerada a los cultismos de todo tipo, es autor de diversas piezas teatrales, de *Los veinte triumphos,* del *Libro intitulado Palinodia de la fiera nación de los turcos...* (Orense, 1547) y del *Jardín del alma christiana* (Valladolid, 1552).
5 *Extremo*: Extremadura.

do las náyades doncellas
regocijaron el prado,
cuando Ceres y Dïana
fueron fuera de poblado,
al tiempo que Juno y Tetis
se subieron al collado
y en las aguas admirandas
Salmacis entró de grado;
do Vesta llegó desnuda
con su escuadrón ordenado;
Copia con cuerno vacío,
Venus con vulto turbado,
cuando Palas con reposo
cubrió su cetro dorado
y Minerva, muy lasciva,
salió con todo su estado,
don Vulcano con su fragua
llegó muy aferruzado;
allí Cupido, su hijo,
me tocó el siniestro lado
con la saeta dorada,
hecha de plomo mezclado.
Entonces Marte triunfaba,
Mercurio fue desterrado,
Saturno estaba contento,
Febo se mostró nublado;
do el gran Júpiter sintiendo
tan malicioso cuidado

---

17 *Tetis*: hija del Cielo y de la Tierra y esposa del mar.
20 *Salmacis*: ninfa de una fuente que se enamoró de Hermafrodito.
21 *Vesta*: diosa romana del hogar.
23 *Copia*: la diosa de la abundancia.
24 *vulto*: rostro.
25 *Palas*: epíteto de la diosa Atenea, nacida de la cabeza de Zeus.
30 *aferruzado*: ceñudo, iracundo.
31 Cupido era hijo de Vulcano y Venus, según una tradición.
34 Cupido arrojaba flechas de oro o de plomo. Los heridos por las primeras eran amados; los de la segunda, odiados.

mandó que todos los signos
mostrasen poder doblado;
do el Carnero nutritivo
del Vellocino dorado
se mostró muy animoso,   45
y el gran Toro muy airado;
el León, muy bravo y fiero,
bramaba muy denodado;
el Cabrón, de barba luenga,
daba gritos de espantado;   50
el Sagitario corría
a gran mal determinado;
el Cangrejo rastreaba
sin punto se estar parado;
el Escorpión furïoso   55
iba muy emponzoñado;
los dos hermanos de un vientre
se habían aporreado;
Erigo, mujer estéril,
su rostro mostró turbado;   60
la Libra, desordenada,
con el peso ha barajado;
Acuario, triste, nubloso,
salió de curso en el prado;
el Pece saltaba encima   65
con modo mal reposado;
los dragones regañaban,
los canes se han maltratado,
las osas se barajaban,
las cabras pasando el vado;   70
las hadas, con caras tristes,
a mí se hobieron llegado,
do la vihuela sonaba
con modo desacordado;
el cisne, triste, cantaba   75
casi fuera de su grado,

---

57 *los dos hermanos*: el signo de Géminis.
59 *Erigo*: Virgo.

cuando de estribor volaba
para el campo, fulminado;
el cantar que allí decía
es el que aquí va notado: 80

Canción

¡Ay del que nasce en tal punto,
si nascido,
no pierde luego el sentido!

Copla

El triste que ora nasciere,
si lo conserva el vivir, 85
su triste suerte le quiere
para más mal que morir.
No lo podrá resistir,
si no ha perdido
para sentirlo el sentido. 90

[De *Los veinte triumphos*, 1530?, fols. VIIv
y VIII.]

ANTONIO DE SORIA [*]

Vuestra es la culpa de mi atrevimiento,
que no puede errar quien nada no puede,
y pues vuestra fuerza mis fuerzas excede,
vos sois quien obra, ya so el justamiento.

---

[*] Antonio de Soria, contemporáneo de Boscán, figura en algunos manuscritos de la Biblioteca Nacional de Madrid, como en el 3.902, y en otros de la Biblioteca Real de Palacio.

Así como el órgano mueve su acento
según que le fuerza aquel que le hiere,
ansí mis sentidos van donde quiere
quien fuerza la fuerza y fuerza el tormento.

Mi poder todo en vos sola se encierra,
yo, triste, ¿qué puedo sino padecer?
Mi pensamiento por alto se yerra,

es que sobrelieva su mucho querer.
Pues, ojos divinos, por Dios, no más guerra
con quien de su grado se deja vencer.

[*El cancionero de Gallardo,* edición de José María de Azáceta (Madrid, 1962), p. 191.]

JUAN BOSCÁN

(1474-1542)

VILLANCICO

Si no os hubiera mirado,
no penara,
pero tampoco os mirara.
  Veros harto mal ha sido,
mas no veros peor fuera;
no quedara tan perdido,
pero mucho más perdiera.
¿Qué viera aquel que no os viera?
¿Cuál quedara,
señora, si no os mirara?

A LA TRISTEZA

Tristeza, pues yo soy tuyo,
tú no dejes de ser mía;
mira bien que me destruyo,
sólo en ver que el alegría,
presume de hacerme suyo.
¡Oh tristeza!,
que apartarme de contigo
es la más alta crueza
que puedes usar comigo.
No huyas ni seas tal
que me apartes de tu pena;
soy tu tierra natural,
no me dejes por la ajena
do quizá te querrán mal.
Pero di,
ya que estó en tu compañía:
¿Cómo gozaré de ti,
que no goce de alegría?
Que el placer de verte en mí
no hay remedio para echallo.
¿Quién jamás estuvo así?
Que de ver que en ti me hallo
me hallo que estoy sin ti.
¡Oh ventura!
¡Oh amor, que tú heciste
que el placer de mi tristura
me quitase de ser triste!
Pues me das por mi dolor
el placer que en ti no tienes,
porque te sienta mayor,
no vengas, que si no vienes,
entonces vernás mejor.
Pues me places,
vete ya, que en tu ausencia
sentiré yo lo que haces
mucho más que en tu presencia.

8

    Antigua llaga que en mis huesos cría,
no deja resollar el buen deseo.
Yo por caminos ásperos rodeo,
por llegar a sosiego el alma mía.

    Hurto algún gusto, mas mi fantasía
me le embaraza cuando le poseo;
medrar no puede aquello que grangeo,
que en tierra se sembró cruda y sombría.

    El bien que el seso ofrece al sentimiento
hace que Amor me ponga diligencia
para cerrar mis ojos al tormento.

    Porque bien sé que un blando pensamiento
da causa de tener menos paciencia,
y a veces es peligro estar contento.

9

    El tiempo en toda cosa puede tanto,
que aún la fama por él inmortal muere;
no hay fuerza tal que el tiempo, si la hiere,
no le ponga señal de algún quebranto.

    No es perpetuo el placer, ni lo es el llanto.
Si esto es así, ¿por qué mi dolor quiere
que mientra más en mí se envejeciere,
esté más firme en un tenor su canto?

    Quien consolar quisiese algún amigo,
después de habelle dicho otras razones,
que esperase en el tiempo le diría.

    Perdióse este consuelo ya conmigo;
porque antes con el tiempo mis pasiones
se van acrecentando cada día.

RENACIMIENTO

10   Dulce soñar y dulce congojarme,
cuando estaba soñando que soñaba;
dulce gozar con lo que me engañaba,
si un poco más durara el engañarme.

   Dulce no estar en mí, que figurarme   5
podía cuánto bien yo deseaba;
dulce placer, aunque me importunaba,
que alguna vez llegaba a despertarme.

   ¡Oh sueño, cuánto más leve y sabroso
me fueras si vinieras tan pesado,   10
que asentaras en mí con más reposo.

   Durmiendo, en fin, fui bienaventurado;
y es justo en la mentira ser dichoso
quien siempre en la verdad fue desdichado.

11   Garcilaso, que al bien siempre aspiraste,
y siempre con tal fuerza le seguiste,
que a pocos pasos que tras él corriste,
en todo enteramente le alcanzaste;

   dime: ¿por qué tras ti no me llevaste,   5
cuando desta mortal tierra partiste?
¿Por qué al subir a lo alto que subiste,
acá en esta bajeza me dejaste?

   Bien pienso yo que si poder tuvieras
de mudar algo lo que está ordenado,   10
en tal caso de mí no te olvidaras.

   Que, o quisieras honrarme con tu lado,
o, a lo menos, de mí te despidieras,
o si esto no, después por mí tornaras.

12 RESPUESTA DE BOSCÁN A DON DIEGO DE MENDOZA

[FRAGMENTOS]

Holgué, señor, con vuestra carta tanto,
que levanté mi pensamiento luego,
para tornar a mi olvidado canto.

Y así, aunque estaba ascuras como ciego,
sin saber atinar por dónde iría,
cobré tino en la luz de vuestro fuego.

La noche se me hizo claro día,
y al recordar mi soñoliento estilo,
vuestra musa valió luego a la mía.

Vuestra mano añudó mi roto hilo,
y a mi alma regó vuestra corriente
con más fertilidad que riega el Nilo [...]

Díjome no sé quién una vez que era
placer hablar de Dios y obrar del mundo:
esta es la ley de nuestra ruín manera.

Pero, señor, si a la virtud que fundo
llegar bien no podemos, a lo menos
excusemos del mal lo más profundo.

En tierra do los vicios van tan llenos,
aquellos hombres que no son peores,
aquellos pasarán luego por buenos.

Yo no ando ya siguiendo a los mejores;
bástame alguna vez dar fruto alguno;
en lo demás, conténtome de flores.

No quiero en la virtud ser importuno,
ni pretiendo rigor en mis costumbres;
con el glotón no pienso estar ayuno.

La tierra está con llanos y con cumbres;
lo tolerable al tiempo acomodemos,
y a su sazón hagámonos dos lumbres.

8 *recordar*: despertar.

No curemos de andar tras los extremos,
pues dellos huye la filosofía
de los buenos autores que leemos [...]
Y así yo por seguir aquesta vía,
heme casado con una muger,   35
que es principio y fin del alma mía.
  Ésta me ha dado luego un nuevo ser,
con tal felicidad que me sostiene
llena la voluntad y el entender.
  Ésta me hace ver que ella conviene 40
a mí, y las otras no me convenían;
y ésta tengo yo, y ella me tiene.
  En mí las otras iban y venían,
y a poder de mudanzas a montones,
de mi puro dolor se mantenían.   45
  Eran ya para mí sus gualardones
como tesoros por encantamientos,
que luego se volvían en carbones.
  Agora son los bienes que en mí siento,
firmes, macizos, con verdad fundados, 50
y sabrosos en todo el sentimiento.
  Solían mis placeres dar cuidados,
y al tiempo que venían a gustarse,
ya llegaban a mí casi dañados.
  Agora el bien es bien para gozarse, 55
y el placer es lo que es, que siempre place,
y el mal ya con el bien no ha de juntarse.
  Al satisfecho todo satisface;
y así también a mí, por lo que he hecho,
cuanto quiero y deseo se me hace.   60
  El campo que era de batalla, el lecho,
ya es lecho para mí de paz durable:
dos almas hay conformes en un pecho.
  La mesa, en otro tiempo abominable,
y el triste pan que en ella yo comía, 65
y el vino que bebía lamentable;

---

35 Boscán casó con doña Ana Girón de Rebolledo en 1539.
37 Alude a su hija María, primer fruto del matrimonio.

infestándome siempre alguna harpía,
que en mitad del deleite mi vianda
con amargos potajes envolvía.
   Agora el casto amor acude, y manda 70
que todo se me haga muy sabroso,
andando siempre todo como anda.
   De manera, señor, que aquel reposo
que nunca alcancé yo, por mi ventura,
con mi filosofar triste y pensoso, 75
   una sola muger me le asegura,
y en perfeta sazón me da en las manos
vitoria general de mi tristura.
   Y aquellos pensamientos míos tan vanos,
ella los va borrando con el dedo, 80
y escribe en lugar dellos otros sanos.
   Así que yo ni quiero ya, ni puedo,
tratar sino de vida descansada,
sin colgar de esperanza ni de miedo.
   Ya estoy pensando, estando en mi posada, 85
cómo podré con mi muger holgarme,
teniéndola en la cama o levantada.
   Pienso también en cómo he de vengarme
de la pasada vida con la de ora,
en cómo he de saber della burlarme. 90
   Otras veces también pienso algún hora
las cosas de mi hacienda sin codicia,
aunque ésta comúnmente es la señora.
   Bien puede el labrador sin avaricia
multiplicar cada año sus graneros, 95
guardando la igualdad de la justicia.
   No curo yo de hacer cavar mineros
de venas de metal ni otras riquezas,
para alcanzar gran suma de dineros.

---

67 Las Harpías, hijas de Taumas y de Electra, mensajeras del dios infernal y de las Erinias, ensuciaban y robaban cuanta comida hallaban.
85 *posada*: casa.

Sólo quiero escusar tristes pobrezas,
por no sufrir soberbias de hombres vanos,
ni de ricos estrechos estrechezas.
   Quiero tener dineros en mis manos,
tener para tener contenta vida
con los hidalgos y con los villanos.
   Quien quiera se desmande y se desmida,
buscando el oro puro y reluciente,
y la concha del mar Indo venida.
   Quien quiera esté cuidoso y diligente,
haciendo grangear grandes yugadas
de tierra do aproveche la semiente.
   Si con esto se envuelven las lanzadas,
las muertes entre hermanos y parientes,
y de reyes las guerras guerreadas,
   huyan de mí los tales acidentes;
huyan de mí riquezas poderosas,
si son causa de mil males presentes.
   Déjenme estar contento entre mis cosas,
comiendo en compañía mansamente
comidas que no sean sospechosas.
   Comigo y mi muger sabrosamente
esté, y alguna vez me pida celos,
con tal que me los pida blandamente.
   Comamos y bebamos sin recelos,
la mesa de muchachos rodeada;
muchachos que nos hagan ser agüelos.
   Pasaremos así nuestra jornada,
agora en la ciudad, ora en la aldea,
porque la vida esté más descansada.
   Quando pesada la ciudad nos sea,
iremos al lugar con la compaña,
adonde el importuno no nos vea.

---

102 *ricos estrechos*: ricos avaros.
108 Alude a las perlas.
131 *compaña*: compañía, grupo de amigos, parientes, etc.

Allí se vivirá con menos maña,
y no habrá el hombre tanto de guardarse
del malo o del grosero que os engaña.   135

Allí podrá mejor filosofarse
con los bueyes y cabras y ovejas,
que con los que del vulgo han de tratarse.

Allí no serán malas las consejas
que contarán los simples labradores,   140
viniendo de arrastrar las duras rejas.

¿Será, pues, malo allí tratar de amores,
viendo que Apolo con su gentileza
anduvo namorado entre pastores?

¿Y Venus no se vio en grande estrecheza   145
por Adonis, vagando entre los prados,
según la antigüedad así lo reza?

¿Y Baco no sintió fuertes cuidados
por la cuitada que quedó dormiendo
en mitad de los montes despoblados?   150

Los ninfas por las aguas pareciendo,
y entre las arboledas las drïadas,
se veen con los faunos rebulliendo.

Nosotros siguiremos sus pisadas.
Digo, yo y mi muger nos andaremos   155
tratando allí las cosas namoradas.

A do corra algún río nos iremos,
y a la sombra de alguna verde haya,
a do estemos mejor, nos sentaremos.

Tenderme ha allí la halda de su saya,   160
y en regalos de amor habrá porfía,
cuál de entrambos hará más alta raya.

El río correrá por do es su vía,
nosotros correremos por la nuestra,
sin pensar en la noche ni en el día.   165

El ruiseñor nos cantará a la diestra,
y verná sin el cuervo la paloma,
haciendo en su venida alegre muestra.

---

149 Alude al mito de Baco y Ariadna.

No ternemos envidia al que está en Roma,
ni a los tesoros de los asïanos,　　　　　　　　170
ni a cuanto por acá del India asoma.

Ternemos nuestros libros en las manos,
y no se cansarán de andar contando
los hechos celestiales y mundanos.

Virgilio a Eneas estará cantando,　　　　　　　175
y Homero el corazón de Aquiles fiero
y el navegar de Ulises rodeando;

Propercio verná allí por compañero,
el cual dirá con dulces armonías
del arte que a su Cintia amó primero;　　　　　180

Catulo acudirá por otras vías,
y llorando de Lesbia los amores,
sus trampas llorará y chocarrerías.

Esto me advertirá de mis dolores;
pero volviendo a mi placer presente,　　　　　185
terné mis escarmientos por mejores.

Ganancia sacaré del acidente
que [en] otro tiempo mi sentir turbaba,
trayéndome perdido entre la gente.

¿Qué haré, de acordarme cuál estaba,　　　　190
viéndome cuál estoy? Que estoy seguro
de nunca más pasar lo que pasaba.

En mi fuerte estaré dentro en mi muro,
sin locura de amor, ni fantasía
que me pueda vencer con su conjuro.　　　　　195

Como digo, estaré en mi compañía,
en todo me hará el camino llano,
su alegría mezclando con la mía.

Su mano me dará dentro en mi mano,
y acudirán deleites y blanduras　　　　　　　200
de un sano corazón en otro sano.

Los ojos holgarán con las verduras
de los montes y prados que veremos,
y con las sombras de las espesuras.

El correr de las aguas oiremos,　　　　　　　205
y su blando venir por las montañas,
que a su paso vernán donde estaremos.

El aire moverá las verdes cañas,
y volverán entonces los ganados,
balando por llegar a sus cabañas. 210
 En esto ya que el sol por los collados
sus largas sombras andará encumbrando,
enviando reposo a los cansados,
 nosotros nos iremos paseando
hacia el lugar do está nuestra morada, 215
en cosas que veremos platicando.
 La campaña saldrá regocijada
a tomarnos entonces con gran fiesta,
diciendo a mi muger si está cansada.
 Veremos al entrar la mesa puesta, 220
y todo con concierto aparejado,
como es uso de casa bien compuesta.
 Después que un poco habremos reposado,
sin ver bullir, ni andar yendo y viniendo,
y a cenar nos habremos asentado, 225
 nuestros mozos vernán allí trayendo
viandas naturales y gustosas,
que nuestro gusto estén todo moviendo.
 Frutas pornán maduras y sabrosas,
por nosotros las más dellas cogidas, 230
envueltas en mil flores olorosas.
 Las natas por los platos extendidas
acudirán, y el blanco requesón,
y otras cosas que dan cabras paridas.
 Después de esto verná el tierno lechón, 235
y del gordo conejo el gazapito,
y aquellos pollos que de pasto son.
 Verná también allí el nuevo cabrito
que a su madre jamás habrá seguido
por el campo, de tierno y de chiquito. 240
 Después que todo esto haya venido,
y que nosotros descansadamente
en nuestra cena hayamos bien comido,
 pasaremos la noche dulcemente,
hasta venir al tiempo que la gana 245
del dormir toma al hombre comúnmente.

RENACIMIENTO

    Lo que deste tiempo a la mañana
pasare, pase agora sin contarse,
pues no cura mi pluma de ser vana.
    Basta saber que dos que tanto amarse   250
pudieron, no podrán hallar momento
en que puedan dejar siempre de holgarse.
    Pero, tornando a proseguir el cuento,
nuestro vivir será de vida entera,
viviendo en el aldea como cuento.   255
    Tras esto, ya que el corazón se quiera
desenfadar con varïar la vida,
tomando nuevo gusto en su manera,
    a la ciudad será nuestra partida,
adonde todo nos será placiente   260
con el nuevo placer de la venida.
    Holgaremos entonce con la gente,
y, con la novedad de haber llegado,
trataremos con todos blandamente.
    Y el cumplimiento, que es siempre pesado,   265
a lo menos aquel que de ser vano
no es menos enojoso que escusado,
    alaballe estará muy en la mano,
y decir que por sólo el cumplimiento
se conserva en el mundo el trato humano.   270
    Nuestro vivir así estará contento,
y alcanzaremos mil ratos gozosos
en recompensa de un desabrimiento.
    Y aunque a veces no falten enojosos,
todavía entre nuestros conocidos   275
los dulces serán más, y los sabrosos.
    Pues ya con los amigos más queridos,
¿qué será el alborozo y el placer,
y el bollicio de ser recién venidos?

---

249 *cura*: cuida.
265 *cumplimiento*: trato con los demás, visiteo.

¿Qué será el nunca hartarnos de nos ver, 280
y el buscarnos cada hora y cada punto,
y el pesar del buscarse sin se ver?
 Mosén Durall allí estará muy junto,
haciendo con su trato y su nobleza
sobre nuestro placer el contrapunto. 285
 Y con su buen burlar y su llaneza,
no sufrirá un momento tan rüín
que en nuestro gran placer mezcle tristeza.
 No faltará Jerónimo Agustín,
con su saber sabroso y agradable, 290
no menos que en romance en el latín;
 el cual con gravedad mansa y tratable,
contando cosas bien por él notadas,
nuestro buen conversar hará durable.
 Las burlas andarán por él mezcladas 295
con las veras así con tal razón,
que unas de otras serán bien ayudadas.
 En esto acudirá el buen Monlleón,
con quien todos holgar mucho solemos,
y nosotros y cuantos con él son. 300
 El nos dirá y nosotros gustaremos;
él reirá, y hará que nos ríamos;
y en esto enfadarse ha de cuanto haremos.
 Otras cosas habrá que las callamos,
porque tan buenas son para hacerse, 305
que pierden el valor si las hablamos.
 Pero tiempo es, en fin, de recogerse,
porque haya más para otro mensagero;
que, si mi cuenta no ha de deshacerse,
no será, yo os prometo, éste el postrero. 310

---

283 Galcerán Durall y de Malta († 1542), amigo de Boscán, Garcilaso y Hurtado de Mendoza.
289 Jerónimo Agustín, hermano del gran humanista Antonio, arzobispo de Tarragona, casó con Ana de Urríes y en 1552 acompañó a Felipe II a Flandes y Alemania.
298 No he encontrado ninguna referencia sobre ese "buen Monlleón".

13 HERO Y LEANDRO

[FRAGMENTO]

[...] Entonces las tinieblas se extendieron
por la haz de la tierra poco a poco;
y el templo do los dos amantes eran
tomó la escuridad que convenía
al caso que tratamos, y aun a todos 5
los casos que enredar suele Cupido.
Leandro desque vio oportuno el tiempo,
a Hero se llegó, con tanto miedo,
que apenas pudo Amor obrar su fuerza;
probó a callar y estarse padeciendo 10
su miseria entre sí; pero no estaba
tan despacio, que estar callando osase;
y así empezó de hablar su voz temblando,
sus rodillas también, que no podían
la carga sostener del triste cuerpo, 15
dijo mal su razón y por mal cabo;
mas éste su decir tuvo más fuerza,
y pudo más de sólo poder poco,
que si fuera el mejor y el más ornado,
el más ardiente y copïoso estilo, 20
que fue el de cuantos fueron celebrados
en Roma y en Atenas en el tiempo
que la dulce elocuencia competía
con el furor de las lucientes armas.
Su embarazo fue tal y su turbarse, 25
que con sólo mostrar muestras de miedo,
mostró con puro amor puro deseo;
y mostró más, estar determinado
a la muerte que Amor quisiese dalle.
Ella que esto entendió tan a la letra, 30
que ni fue menester querer creello
ni atenerse a testigos ni a argumentos,
ni discurrir razones necesarias
para alcanzar una verdad tan grande.

Como en un punto vio el alma tendida 35
de su amador y vio todas sus llagas,
así también vencida fue en un punto,
y en un punto fue hecho lo que el tiempo
jamás pudiera hacer por más que pueda
volver y revolver la mortal gente. 40
En Leandro volvió a encenderse el fuego
con el calor que en Hero vio movido;
y así se fue esforzando entre sí mismo,
y su pasión templando por un rato;
sus ojos revolvió por todo el templo, 45
y viendo bien que nadie no le vía,
aseguróse lo mejor que pudo;
y con acatamiento convenible
comenzó a hablar con corazón más firme,
no diciendo regalos ni dulzuras, 50
no requiebros según la vulgar gente
los llama, no razones bien compuestas,
no palabras pensadas en la noche,
no mentiras en forma de verdades,
ni verdades en forma de mentiras; 55
no decía sino puras llanezas
habladas llanamente y con descanso:
que siempre la verdad es descansada.
Ella estaba escuchando todo aquesto
con un callar atento a las palabras 60
que oía, con volverse algunas veces
agora colorada, ora amarilla,
de amarillez que apenas se mostraba;
señalaba otra vez algún empacho,
con varios y confusos movimientos 65
componía sin tiempo sus cabellos;
la mano alzaba a concertar su toca,
no hallaba lugar para su manto,
acá y allá le andaba revolviendo,
sin saber cómo estar, cómo ni dónde. 70
Mesuraba tras esto su semblante,
no por hacerse grave o desdeñosa,
mas por quitar de sí el desasosiego

que el temor y el empacho le traían.
Entre estos acidentes en fin hubo
de dejarse ir y de entregarse un poco
al blando amor, al dulce sentimiento,
que a formarse en su alma comenzaba.
Dieron desto señal luego los ojos,
y en Leandro empezaron a meterse
con una tal blandura y caimiento,
que el triste amante se sintió cortados
de seso y libertad todos los nervios.
Y así sin más, sin ver lo que hacía,
perdido el miedo que el amor le daba,
perdido el conocer del desacato,
perdido el contemplar del valer della,
perdido el contentarse con miralla,
perdida la memoria de sí mismo,
perdida, en fin, la fuerza de su alma,
atrevióse a tomar la mano de Hero,
de Hero la mano se atrevió a tomalla;
mas esto fue con un ardor tamaño,
de una congoja tal, tan entrañable,
con un gemir tan bajo y tan profundo,
de su necesidad tan gran testigo,
que desculpó la culpa del pecado;
y el merecer tan junto al pecar vino
que no sé cuál fue más, ni cuál primero [...]

[Textos según la edición de Barcelona por Carles Amorós, 1543.]

JUAN FERNÁNDEZ DE HEREDIA
(1480-1485-1549)

14   VILLANCICO

No lloréis, mis ojos tristes,
si podéis;
tristes ojos, no lloréis.

Y aunque mi desdicha ordena
dolor que tanto sintáis,   5
que no digan que lloráis
para descansar mi pena.
Y que no haya cosa buena
con que mi mal descanséis,
si podéis;   10
tristes ojos, no lloréis.

15   COPLAS DEL MESMO A ESTOS VILLANCICOS

Sospiraba una señora
que yo vi:
¡ojalá fuese por mí!

Comigo estoy contemplando
que quien como miro mira   5
la gracia con que sospira
ha de quedar sospirando.
Como yo, que estoy llorando
porque si
sospiró, no fue por mí.   10

16 A OTRO

*Que las manos tengo blandas
del broslar:
no nascí para segar.*

¡Oh manos mías tan bellas
no para segar nascidas,
si ya no fuesen las vidas
de cuantos osaren vellas!
Sí, para cegar son ellas
en mirar,
pero no para segar.

17 A OTRO

*Enemiga le soy, madre,
aquel caballero yo:
mal enemiga le so.*

En quererme es él de sí
tan enemigo cruel,
como yo enemiga de él
por ser amiga de mí.
Nunca en cosa pidió sí
que no le dijese no:
tan enemiga le so.

18 CANCIÓN

*Pues que para contemplaros
tales ojos me dio Dios,
fueran muchos, porque dos
son pocos para miraros.*

---

2 *broslar*: bordar.

>   Tienen tanto que hacer 5
> en cualquiera cosa vuestra,
> que de firmes en la muestra,
> las otras dejan de ver.
> Diérame, pues quiso daros
> tanto que mirar en vos, 10
> muchos ojos, pues que dos
> son pocos para miraros.

>   [*Obras*, edic. de R. Ferreres en *Clás. casts.*,
>   vol. 139, pp. 111, 118, 122 y 124.]

LUIS MILÁN *

(† ¿1564?)

19
>   *Aguas de la mar,*
> *miedo he*
> *que en vosotras moriré.*
>
>   Ondas turbias saladas,
> al mejor de mi dormir, 5
> ensueño que me ha de venir
> por vosotras malas hadas.
> Mil veces os he ensoñadas;
> *miedo he*
> *que en vosotras moriré.* 10

---

* Luis Milán, valenciano, amigo de don J. Fernández de Heredia, excelente músico, autor de *El libro de música de vihuela de mano intitulado el Maestro* (Valencia, 1536), con preciosas cancioncillas de tipo tradicional, y autor también de *El Cortesano* (Valencia, 1561), que nada tiene que ver con el de Castiglione.
6 *ensueño*: sueño.

20

    ¡Oh qué fresco y claro día,
si no turban tristes hados
la alegría.

    Rosas de esta pradería,
cogidas y por coger,
bien nos va con el placer,
pues nos hace compañía;
buena va la montería,
si no turban tristes hados
la alegría.

21
SONETO

    Sintiendo voy de amor gran agonía,
la cara traigo de color de tierra;
ya viene por llevarme quien entierra:
que ya murió del todo mi alegría.

    Matóla vuestra grande guerrería;
que siempre me habéis hecho cruel guerra,
venciéndome en el llano y en la sierra,
que son mi corazón y fantasía.

    Vos me habéis hecho el corazón muy llano,
que guerra del amor lo allana todo,
y allanará la ciencia más subida.

    Ganástesme el castillo y castellano,
mi entendimiento con mi leal modo:
que muy alto subir da gran caída.

> [*El Cortesano* (Valencia, 1561), pero los copio
> de la edic. de Madrid, 1874, pp. 220, 224 y
> 323.]

FRANCISCO SA DE MIRANDA
(1481-1558)

22   A ESTE VILANCETE VELHO

Pusiera los mis amores
en un tan alto lugar
que no los puedo olvidar.

Al mi mal tan mal creído,
sin fin, comienzo, ni medio,   5
el remedio era el olvido,
yo olvidéme el remedio.
Por vos no duelen dolores,
por vos no pesa el pesar;
¿cómo os podré olvidar?   10
Por vos, el contentamiento
(¿quién nunca tal cosa oyó?),
entre la muerte y tormento,
lugar para sí falló;
y en medio de mis dolores,   15
que andan para me matar,
a placer se puede estar.

23   A ESTE VILANCETE VELHO

Sola me dejastes
en aquel yermo,
villano, malo gallego.

A dó te fuiste
voy, y no sé adonde;   5
el valle responde,
tú no respondiste;
moza sola y triste,
que llorando ciego,
pasástelo en juego.   10

Por yermos ajenos
lloro y grito en vano,
gallego y villano,
¿qué esperaba menos?
Ojos d'agua llenos,
el pecho de fuego
¿cuándo habrán sosiego?

24   A UM CANTAR ALHEIO

¿Quién viese aquel día
cuándo, cuándo, cuándo
saliese mi vida
ya de tanto bando?

¡Los mis tristes ojos,
tan tristes, tan tristes,
vistes mis enojos
un placer no vistes!
Vistes añadida
a mi pena, pena,
y en tan luenga vida
nunca una hora buena.
¡Si a la suerte mía
pluguiese, pluguiese,
que viese ora el día
con que más no viese!

25

¿Quién dará a los mis ojos una fuente
de lágrimas que manen noche y día?
Respirará siquiera esta alma mía,
llorando ora el pasado, ora el presente.

¿Quién me dará, apartado de la gente,
sospiros, qu'en la mi luenga agonía
me valgan, qu'el afán tanto encubría?
¡Siguióseme después tanto accidente!

¿Quién me dará palabras con que iguale
a tanto agravio cuanto Amor me ha hecho,   10
pues que tan poco el sufrimiento vale?

¿Quién m'abrirá por medio este mi pecho,
do yace tanto mal, donde no sale,
a tanta cuita mía y mi despecho?

> [*De las Obras completas*, edic. de M. Rodrí-
> gues Lapa, vol. I (Lisboa, 1942), pp. 33, 38,
> 55 y 307.]

CRISTÓBAL DE CASTILLEJO

(1492-1550)

26 VILLANCICO

Aquí no hay
sino ver y desear;
aquí no veo
sino morir con deseo.

   Madre, un caballero   5
que estaba en este corro
a cada vuelta
hacíame del ojo.
Yo, como era bonica,
teníaselo en poco.   10
   Madre, un escudero
que estaba en esta baila
a cada vuelta
asíame de la manga.
Yo, como soy bonica,   15
teníaselo en nada.

27 GLOSA DEL ROMANCE "TIEMPO NUEVO" *

   ¡Oh vida dulce y sabrosa,
si no fuese ya pasada;
sazón bienaventurada,
temporada venturosa!
¡Oh descanso en que me vi!
¡Oh bien de mil bienes lleno!
*Tiempo bueno, tiempo bueno,
¿quién te me apartó de mí?*

   Ya que llevabas mi gloria
cuando de mí te apartaste,
dime por qué no llevaste
juntamente su memoria.
¿Por qué dejaste en mi seno
rastro del bien que perdí,
*que en acordarme de ti
todo placer me es ajeno?*

   Siendo, pues, la llaga tal,
nadie culpe mi dolor.
¿Cuál es el bruto pastor
que no le duela su mal?
¿Quién es así negligente
que descuida en su cuidado?
*¿Quién no llora lo pasado
viendo cuál va lo presente?*

   Si la vida se acabara
do se acabó la ventura,
aun la mesma sepultura
de dulce carne gozara;
mas quedando lastimado,
viviendo vida doliente,
*¿quién es aquel que no siente
lo que ventura ha quitado?*

---

* Aunque se dice que es 'romance' lo que se glosa, el lector puede comprobar que se trata de un poema en redondillas.

Que, aunque así, sin alegría,
me veis rico de pesar
abajado a desear   35
lo que desechar solía;
aunque me veis sin estima,
en un rincón olvidado,
yo me vi ser bien amado,
mi deseo en alta cima.   40

   El tiempo hizo mudanza,
dándome revés tamaño,
que, no contento del daño,
mató también la esperanza.
Y de verme, estando encima,   45
por el suelo derribado,
contemplar en lo pasado
la memoria me lastima.

   El olvido, porque es medio,
húyele mi fantasía;   50
la muerte, que yo querría,
húyeme porque es remedio;
lo bueno que se me antoja
mi dicha no lo consiente;
y pues todo me es ausente   55
no sé cuál extremo escoja.

   De nada vivo contento
y con todo vivo triste;
ausencia, tú me hiciste
de todos bienes ausente.   60
El más ligero acidente
de mi salud me despoja;
bien y mal todo me enoja:
¡cuitado de quien lo siente!

   Muy grande fue mi favor,   65
grande mi prosperidad;
a sola mi voluntad
reconoscí por señor;
en mis brazos se acostaron

---

42 *tamaño*: tan grande.

esperanzas, y no vanas; 70
*tiempo fue y horas ufanas
las que mi vida gozaron.*

Y agora no gozan della
sino solo mis enojos,
que manando por los ojos, 75
satisfacen su querella.
Verdes nascieron, tempranas,
que sin tiempo maduraron,
*donde, tristes, se sembraron
las simientes de mis canas.* 80

Y lo que más grave siento
es que, teniendo pasiones,
me fuerzan las ocasiones
a mostrar contentamiento.
Que el mayor mal que hay aquí 85
es que sólo sé que peno;
*y pues se tiene por bueno,
bien puedo decir así:*

Tiempo bienaventurado,
en tiempo no conoscido, 90
antes de tiempo perdido,
y en todo tiempo llorado,
yo navegaba por ti
con viento manso y sereno:
tiempo bueno, tiempo bueno, 95
¿quién te me apartó de mí?

DESHECHA

Si no remedia la muerte
los trabajos de mi vida,
va perdida.

Quedé con esta dolencia 100
del bien que de mí se fue;
que va cresciendo la fee
y menguando la paciencia.
Y así maldigo mi suerte,
viéndola que va perdida 105
con la vida.

28

CANTO DE POLIFEMO

Traducido de Ovidio

[FRAGMENTO]

Hola, gentil Galatea,
más alba, linda, aguileña
que la hoja del alheña,
que como nieve blanquea;
más florida   5
que el prado verde, y crescida
mucho más, y bien dispuesta,
que el olmo de la floresta
de la más alta medida;
más fulgente   10
que el vidrio resplandesciente;
más lozana que el cabrito
delicado, ternecito,
retozador, diligente;
más polida,   15
lampiña, limpia, bruñida
que conchas de la marina,
fregadas de la contina
marea, nunca rendida;
gracia y brío   20
agradable al gusto mío,
y del sabor dulce y tierno,
más que soles del ivierno
y que sombra del estío;
en color   25
muy más noble, y en olor,
que manzanas del labrado,
más vistosa que el preciado
alto plátano mayor.
En blancura   30
más reluciente y más pura
que el yelo claro, lustrosa;

más dulce que la sabrosa
moscatel uva madura.
Delicada
y blanca, siendo tocada,
más que la pluma sotil
del blanco cisne gentil
y que la leche cuajada;
y aun diría,
si no huyes a porfía,
como sueles, desdeñosa,
que eres más fresca y hermosa
que la huerta regadía.
Sus, pues ea,
tú, la mesma Galatea,
más feroz que los novillos
no domados y bravillos,
que nunca vieron aldea
par a par;
muy más dura de domar
que la encina envejecida,
más falaz y retorcida
que las ondas de la mar;
más doblada,
con el salce comparada,
que sus varas delicadas
y que las vides delgadas,
no sufridoras de nada;
y a mi ver,
muy más dura de mover
que estas peñas do me crío,
furïosa más que el río
a todo todo correr;
más señora
soberbia, desdeñadora,
que el pavo siendo alabado,
más fuerte que el fuego airado,
en que me quemas agora.
Desmedida,
más áspera y desabrida

　　　　que los abrojos do quiera;
　　　　más cruel que la más fiera
　　　　osa terrible parida;
　　　　más callada　　　　　　　　　　75
　　　　y sorda, siendo llamada,
　　　　que este mar de soledad;
　　　　muy más sin pïedad
　　　　que la serpiente pisada
　　　　de accidente [...].　　　　　　80

29　　　　　　　　VILLANCICO

　　　　No pueden dormir mis ojos
　　　　no pueden dormir.

　　　　Pero ¿cómo dormirán
　　　　cercados en derredor
　　　　de soldados de dolor,　　　　　5
　　　　que siempre en armas están?
　　　　Los combates que les dan,
　　　　no los pudiendo sufrir,
　　　　no pueden dormir.
　　　　Alguna vez, de cansados　　　10
　　　　del angustia y del tormento,
　　　　se duermen que no lo siento,
　　　　que los hallo transportados;
　　　　pero los sueños pesados
　　　　no les quieren consentir　　　15
　　　　que puedan dormir.
　　　　Mas ya que duerman un poco,
　　　　están tan desvanecidos,
　　　　que ellos quedan aturdidos,
　　　　yo poco menos de loco;　　　　20
　　　　y si los muevo y provoco
　　　　con cerrar y con abrir,
　　　　no pueden dormir.

CANCIÓN

30

Aquel caballero, madre,
como a mí le quiero yo,
y remedio no le dó.

El me quiere más que a sí,
yo le mato de cruel;   5
mas en serlo contra él
también lo soy contra mí.
De verle penar así
muy penada vivo yo,
y remedio no le dó.   10

31 REPRENSIÓN CONTRA LOS POETAS
ESPAÑOLES QUE ESCRIBEN
EN VERSO ITALIANO

Pues la sancta Inquisición
suele ser tan diligente
en castigar con razón
cualquier secta y opinión
levantada nuevamente,   5
resucítese Lucero
a corregir en España
una tan nueva y extraña,
como aquella de Lutero
en las partes de Alemaña.   10
Bien se pueden castigar
a cuenta de anabaptistas,
pues por ley particular
se tornan a baptizar
y se llaman petrarquistas.   15

---

6 *Lucero*: famoso inquisidor de Córdoba a principios del siglo XVI que llevó fama de cruel. Se le atribuye la frase "Dámele judío y dártele he quemado".

Han renegado la fee
de las trovas castellanas,
y tras las italïanas
se pierden, diciendo que
son más ricas y lozanas.   20
  El jüicio de lo cual
yo lo dejo a quien más sabe;
pero juzgar nadie mal
de su patria natural
en gentileza no cabe.   25
  Y aquella cristiana musa
del famoso Joan de Mena,
sintiendo desto gran pena,
por infieles los acusa
y de aleves los condena.   30
  "Recuerde el alma dormida",
dice don Jorge Manrique;
y muéstrase muy sentida
de cosa tan atrevida,
porque más no se platique.   35
  Garci-Sánchez respondió:
"¡Quién me otorgase, señora,
vida y seso en esta hora
para entrar en campo yo
con gente tan pecadora!"   40
  "Si algún dios de amor había,
dijo luego Cartagena,
muestre aquí su valentía
contra tan gran osadía,
venida de tierra ajena."   45
  Torres Naharro replica:
"Por hacer, Amor, tus hechos
consientes tales despechos,
y que nuestra España rica
se prive de sus derechos."   50
  Dios dé su gloria a Boscán
y a Garcilaso poeta,
que con no pequeño afán
y por estilo galán

sostuvieron esta seta, 55
  y la dejaron acá
ya sembrada entre la gente;
por lo cual debidamente
les vino lo que dirá
este soneto siguiente: 60

SONETO — ataca a dos poetas importantes

Garcilaso y Boscán, siendo llegados
al lugar donde están los trovadores
que en esta nuestra lengua y sus primores
fueron en este siglo señalados,

los unos a los otros alterados 65
se miran, con mudanza de colores,
temiéndose que fuesen corredores
espías o enemigos desmandados;

y juzgando primero por el traje,
paresciéronles ser, como debía, 70
gentiles españoles caballeros;

y oyéndoles hablar nuevo lenguaje
mezclado de extranjera poesía,
con ojos los miraban de extranjeros [...].

32   SERMÓN DE AMORES

Algo ya se ha dicho anteriormente

[FRAGMENTO]

[...] Pues si comparar queremos
la vida del amador — soldado
al hombre guerreador,
en mil cosas la veremos
semejante. 5

---

67 *corredor*: "El soldado o soldados que se envían para descubrir, reconocer y explorar la campaña". *Auts.*

Anda en guerra todo amante;
no lo digo sólo yo,
porque Ovidio lo escribió
en verso más elegante
y polido: 10
Habet sua castra Cupido,
en que tiene más soldados
y a menos costa pagados
que nunca rey ha tenido,
ni es posible.   15
La edad que es convenible
al que la guerra mantiene,
aquella mesma conviene
al amador apacible
requebrado.   20
Fea cosa es el soldado
que so la pica envejece,
e muy feo nos parece
ser el viejo enamorado
y galán.   25
Los años que el capitán
pide en el fuerte guerrero
demanda en el compañero
la moza, si se le dan;
pues el mal   30
ambos le pasan igual:
ambos velan, a mi ver,
entrambos suelen tener
la tierra por cabezal.
De barriga   35
a las puertas de su amiga,
el uno hace la vela;
el otro, la centinela
en el campo con fatiga,
no con vicio.   40
Luenga vida es el oficio
del que en la guerra se emplea,
y sin fin es la tarea
del amor y su bullicio

tras las dueñas.
Ásperos montes e peñas,
ríos altos e sin puente,
nieves grandes fácilmente
pasan ambos con sus señas
e banderas;
ambos andan tan de veras
que habiendo de navegar,
no se excusan de esperar
otoños ni primaveras,
ni los vientos,
ni aguardan los movimientos
del cielo para partir;
antes piensan de salir
al son de sus pensamientos
con su brío.
Las noches del bravo frío
y las nieves sobre el hielo,
las lluvias grandes del cielo
¿quién querrá por su albedrío
padecellas?
¿Quién no se excusará dellas,
sino el guerrero cruel
o el enamorado fïel,
abrasado en sus centellas
y calor?
Va el jinete corredor
a descubrir enemigos,
sus ojos hace testigos
contra su competidor;
y el que ama,
el uno por ganar fama
ciudades cerca y rodea,
el otro ronda y pasea
los umbrales de su dama
cada día.
El uno con batería
muros y puertas destroza,
y el otro los de su moza,

dando voces a porfía,
por entrar. 85

[De las *Obras,* edic. de J. Domínguez Bordona
en Clásicos Castellanos.]

JUAN HURTADO DE MENDOZA *
(1496?-?)

33   CUARTO DISCANTE DEL BUEN PLACER
TROVADO

Hay cosas que, aunque no son importantes,
quiero decir, de grande fundamento,
si de razón no van extravagantes,
pueden servir con su entretenimiento.
    Entretener del mal al pensamiento, 5
que al apetito loco se abalanza,
y darle con sabor refrenamiento,
es cosa que le suele dar bonanza.
    El joven, con la caza, esgrima y danza,
con música y debujo y juego honesto, 10
es hecho, a veces, digno de alabanza;
y así del mal placer contrasta al resto.

---

* Don Juan Hurtado de Mendoza, señor del Fresno de Torote, madrileño (1496-d. 1560?), protector de la Universidad de Alcalá, amigo de Ramírez Pagán, Diego Gracián y otros, publicó en Alcalá, en 1550, su curiosa obra titulada *Buen plazer trobado en trece discantes de quarta rima castellana según imitación de trobas francesas,* que ofrece un curioso interés, como ya destacó Dámaso Alonso en *Dos españoles del Siglo de Oro* (Madrid, Gredos, 1960).

No siempre debe el hombre bien compuesto
usar moral rigor en su vivir,
sino aplicarse, sin torcido gesto,
a las honestas bajas del reír.
 Y donde cumple gracia y bel decir,
usar de un bel decir y limpia risa,
sin alterarse y sin sobresalir
del buen motivo que le sala y guisa.
 Morales hombres vimos de alta guisa,
sin perder punto de su gran limpieza,
bajarse a conversable vida lisa,
con una dulce y sustancial bajeza.
 Con generosa y limpia y gran proeza,
por conchabarse al comunal estilo,
tiemplan sus alas, y, con gentileza
de espíritu, sostienen bien su hilo.
 Con maña despabilan el pabilo
y el remontar del entender sublime
y así guardan el pan del ancho silo,
con la humildad que alegremente esgrime.
 Porque el gran entender no se lastime,
tal vez descalabrándose en el cielo,
es bien y bien que a la humildad se arrime,
con ella moderando bien su vuelo.
 De aquí le nace al seso un buen consuelo,
que "Buen placer" podría ser nombrado
y halla paraíso acá en el suelo,
o al menos dél un muy fïel traslado.
 Cuando ya Cristo fue transfigurado
en el monte Tabor y a sus queridos
hovo su alegre lustre revelado
y estaban en su haz embebecidos,
 fueron al buen placer apercebidos,
al buen placer sin fin, que en fin desfruta
quien tiempla, mientras vive, sus sentidos,
guardándolos de vida disoluta.

---

31 *pan*: trigo.

Mientras bebía la mortal cicuta
del vaso ponzoñoso con denuedo   50
y con un alma de pasión enjuta,
libre y exento Sócrates de miedo,
  dio muestra a los gentiles con el dedo
que no es en esta vida la cosecha
del fino buen placer, si no en heredo,   55
digo en herencia de quien bien se estrecha.
  Aunque era en gran manera vida estrecha
la de su puntüal filosofía,
daba lugar, entre una y otra trecha,
al buen convite con placentería.   60
  Y con una castísima ironía
y placentera burla, sin jactancia,
a los más rudos más condescendía,
librándolos de nieblas de ignorancia.
  Y aunque gentil, hallaba alegre estancia 65
mil veces entre bajos oficiales,
puesto que, en su mesura y vigilancia,
fue rey de mil filósofos morales [...].

> [*Buen plazer trobado* (Alcalá, 1550), edic. facsímil de A. Pérez Gómez (Cieza, 1956), folios VIIIv y ss.]

GARCILASO DE LA VEGA

(1501 ó 1503-1536)

34

SONETOS

Cuando me paro a contemplar mi estado,
y a ver los pasos por do me han traído,
hallo, según por do anduve perdido,
que a mayor mal pudiera haber llegado;

    mas cuando del camino estó olvidado,
a tanto mal no sé por dó he venido;
sé que me acabo, y más he yo sentido
ver acabar comigo mi cuidado.

    Yo acabaré, que me entregué sin arte
a quien sabrá perderme y acabarme,
si quisiere, y aun sabrá querello;

    que pues mi voluntad puede matarme,
la suya, que no es tanto de mi parte,
pudiendo, ¿qué hará sino hacello?

35

    Escrito está en mi alma vuestro gesto
y cuanto yo escribir de vos deseo
vos sola lo escribistes, yo lo leo
tan solo, que aun de vos me guardo en esto.

    En esto estoy y estaré siempre puesto;
que aunque no cabe en mí cuanto en vos veo,
de tanto bien lo que no entiendo creo,
tomando ya la fe por presupuesto.

    Yo no nací sino para quereros;
mi alma os ha cortado a su medida;
por hábito del alma misma os quiero;

    cuanto tengo confieso yo deberos;
por vos nací, por vos tengo la vida,
por vos he de morir y por vos muero.

36

    De aquella vista pura y excelente
salen espirtus vivos y encendidos,
y siendo por mis ojos recebidos,
me pasan hasta donde el mal se siente.

Éntranse en el camino fácilmente, 5
por do los míos, de tal calor movidos,
salen fuera de mí como perdidos,
llamados de aquel bien que está presente.

Ausente, en la memoria la imagino;
mis espirtus, pensando que la vían, 10
se mueven y se encienden sin medida;

mas no hallando fácil el camino,
que los suyos entrando derretían,
revientan por salir do no hay salida.

37
¡Oh dulces prendas por mi mal halladas,
dulces y alegres cuando Dios quería,
juntas estáis en la memoria mía,
y con ella en mi muerte conjuradas!

¿Quién me dijera, cuando las pasadas 5
horas que en tanto bien por vos me vía,
que me habíades de ser en algún día
con tan grave dolor representadas?

Pues en una hora junto me llevastes
todo el bien que por términos me distes, 10
lleváme junto el mal que me dejastes;

si no, sospecharé que me pusistes
en tantos bienes, porque deseastes
verme morir entre memorias tristes.

38
Hermosas ninfas, que en el rio metidas,
contentas habitáis en las moradas
de relucientes piedras fabricadas
y en columnas de vidrio sostenidas;

agora estéis labrando embebescidas,
o tejiendo las telas delicadas;
agora unas con otras apartadas,
contándoos los amores y las vidas,

dejad un rato la labor, alzando
vuestras rubias cabezas a mirarme,
y no os detendréis mucho según ando;

que o no podréis de lástima escucharme,
o convertido en agua aquí llorando,
podréis allá despacio consolarme.

39
PARA LA SEPULTURA DE DON HERNANDO DE GUZMÁN *

No las francesas armas odïosas,
en contra puestas del airado pecho,
ni en los guardados muros con pertrecho
los tiros y saetas ponzoñosas;

no las escaramuzas peligrosas,
ni aquel fiero rüido contrahecho
de aquel que para Júpiter fue hecho
por manos de Vulcano artificiosas,

pudieron, aunque más yo me ofrecía
a los peligros de la dura guerra,
quitar una hora sola de mi hado;

mas inficíón de aire en solo un día
me quitó al mundo, y me ha en ti sepultado,
Parténope, tan lejos de mi tierra.

---

* Hernando de Guzmán, hermano menor de Garcilaso, que murió de fiebres en Nápoles (Parténope) en 1528, mientras los franceses sitiaban la ciudad.

40

En tanto que de rosa y de azucena
se muestra la color en vuestro gesto,
y que vuestro mirar ardiente, honesto,
con clara luz la tempestad serena;

y en tanto que el cabello, que en la vena
del oro se escogió, con vuelo presto,
por el hermoso cuello blanco, enhiesto,
el viento mueve, esparce y desordena;

coged de vuestra alegre primavera
el dulce fruto, antes que el tiempo airado
cubra de nieve la hermosa cumbre.

Marchitará la rosa el viento helado,
todo lo mudará la edad ligera
por no hacer mudanza en su costumbre.

41

CANCIÓN PRIMERA

Si a la región desierta, inhabitable
por el hervor del sol demasïado,
y sequedad de aquella arena ardiente,
o a la que por el hielo congelado
y rigurosa nieve es intractable,
del todo inhabitada de la gente,
por algún accidente
o caso de fortuna desastrada
me fuésedes llevada,
y supiese que allá vuestra dureza
estaba en su crüeza,
allá os iría a buscar como perdido,
hasta morir a vuestros pies tendido.

Vuestra soberbia y condición esquiva
acabe ya, pues es tan acabada
la fuerza de en quien ha de esecutarse.
Mirá bien que el amor se desagrada

deso, pues quiere quel amante viva
y se convierta a dó piense salvarse.
El tiempo ha de pasarse, 20
y de mis males arrepentimiento,
confusión y tormento
sé que os ha de quedar, y esto recelo;
que aunque de mí me duelo,
como en mí vuestros males son de otra arte, 25
duélenme en más sentible y tierna parte.
  Así paso la vida, acrecentando
materia de dolor a mis sentidos,
como si la que tengo no bastase;
los cuales para todo están perdidos, 30
sino para mostrarme a mí cuál ando.
Pluguiese a Dios que aquesto aprovechase
para que yo pensase
un rato en mi remedio, pues os veo
siempre con un deseo 35
de perseguir al triste y al caído;
yo estoy aquí tendido,
mostrándoos de mi muerte las señales,
y vos viviendo sólo de mis males.
  Si aquella amarillez y los sospiros 40
salidos sin licencia de su dueño,
si aquel hondo silencio no han podido
un sentimiento grande ni pequeño
mover en vos, que baste a convertiros
a siquiera saber que soy nacido, 45
baste ya haber sufrido
tanto tiempo, a pesar de lo que basto,
que a mí mismo contrasto,
dándome a entender que mi flaqueza
me tiene en la estrecheza 50
en que estoy puesto, y no lo que yo entiendo:
así que con flaqueza me defiendo.
  Canción, no has de tener
comigo que ver más en malo o en bueno;
trátame como ajeno, 55
que no te faltará de quien lo aprendas.

Si has miedo que me ofendas,
no quieras hacer más por mi derecho
de lo que hice yo, quel mal me he hecho.

42 CANCIÓN TERCERA

Con un manso rüido
de agua corriente y clara
cerca el Danubio una isla, que pudiera
ser lugar escogido
para que descansara   5
quien como estó yo agora, no estuviera;
do siempre primavera
parece en la verdura
sembrada de las flores;
hacen los ruiseñores   10
renovar el placer o la tristura
con sus blandas querellas,
que nunca, día ni noche, cesan dellas.
    Aquí estuve yo puesto,
o por mejor decillo,   15
preso y forzado y solo en tierra ajena;
bien pueden hacer esto
en quien puede sufrillo
y en quien él a sí mismo se condena.
Tengo sola una pena,   20
si muero desterrado
y en tanta desventura:
que piensen por ventura
que juntos tantos males me han llevado;
y sé yo bien que muero   25
por sólo aquello que morir espero.
    El cuerpo está en poder
y en mano de quien puede
hacer a su placer lo que quisiere;
mas no podrá hacer   30
que mal librado quede,

mientras de mí otra prenda no tuviere.
Cuando ya el mal viniere
y la postrera suerte,
aquí me ha de hallar,
en el mismo lugar:
que otra cosa más dura que la muerte
me halla y me ha hallado;
y esto sabe muy bien quien lo ha probado.

   No es necesario agora
hablar más sin provecho,
que es mi necesidad muy apretada;
pues ha sido en un hora
todo aquello deshecho
en que toda mi vida fue gastada.
¿Y al fin de tal jornada
presumen d'espantarme?
Sepan que ya no puedo
morir sino sin miedo;
que aun nunca qué temer quiso dejarme
la desventura mía,
que el bien y el miedo me quitó en un día.

   Danubio, rio divino,
que por fieras naciones
vas con tus claras ondas discurriendo,
pues no hay otro camino
por donde mis razones
vayan fuera de aquí, sino corriendo
por tus aguas y siendo
en ellas anegadas;
si en tierra tan ajena
en la desierta arena
de alguno fueren a la fin halladas,
entiérrelas siquiera
porque su error se acabe en tu ribera.

   Aunque en el agua mueras,
canción, no has de quejarte,
que yo he mirado bien lo que te toca.
Menos vida tuvieras
si hubiera de igualarte

con otras que se me han muerto en la boca.
Quién tiene culpa en esto
allá lo entenderás de mí muy presto.

43 [CANCIÓN V]

Ode ad florem Gnidi *

Si de mi baja lira
tanto pudiese el son que en un momento
aplacase la ira
del animoso viento
y la furia del mar y el movimiento; 5
  y en ásperas montañas
con el süave canto enterneciese
las fieras alimañas,
los árboles moviese
y al son confusamente los trujiese, 10
  no pienses que cantado
sería de mí, hermosa flor de Gnido,
el fiero Marte airado,
a muerte convertido,
de polvo y sangre y de sudor teñido; 15
  ni aquellos capitanes
en las sublimes ruedas colocados,
por quien los alemanes,
el fiero cuello atados,
y los franceses van domesticados; 20
  mas solamente aquella
fuerza de tu beldad seria cantada,
y alguna vez con ella
también seria notada
el aspereza de que estás armada; 25

---

* Gnidi, Gnido, barrio napolitano donde vivía doña Violante Sanseverino, a quien va dirigido el poema, y donde había un templo dedicado a Venus. Aunque incluida en las canciones, las ediciones clásicas la llaman *Ode*, quizá por recuerdo de las de Horacio.

    y cómo por ti sola,
y por tu gran valor y hermosura
convertido en vïola,
llora su desventura
el miserable amante en tu figura. 30
    Hablo de aquel cativo,
de quien tener se debe más cuidado,
que está muriendo vivo,
al remo condenado,
en la concha de Venus amarrado. 35
    Por ti, como solía,
del áspero caballo no corrige
la furia y gallardía,
ni con freno la rige,
ni con vivas espuelas ya le aflige. 40
    Por ti, con diestra mano
no revuelve la espada presurosa,
y en el dudoso llano
huye la polvorosa
palestra como sierpe ponzoñosa. 45
    Por ti, su blanda musa,
en lugar de la cítara sonante,
tristes querellas usa,
que con llanto abundante
hacen bañar el rostro del amante. 50
    Por ti, el mayor amigo
le es importuno, grave y enojoso;
yo puedo ser testigo,
que ya del peligroso
naufragio fui su puerto y su reposo. 55
    Y agora en tal manera
vence el dolor a la razón perdida,
que ponzoñosa fiera
nunca fue aborrecida
tanto como yo dél, ni tan temida. 60

---

28 *en vïola*: en violeta, por el nombre de Violante.
31 Es una alusión clara a Mario Galeota, enamorado de doña Violante.

No fuiste tú engendrada
ni producida de la dura tierra;
no debe ser notada
que ingratamente yerra
quien todo el otro error de sí destierra. 65

   Hágate temerosa
el caso de Anajárete, y cobarde,
que de ser desdeñosa
se arrepentió muy tarde,
y así su alma con su mármol arde. 70

   Estábase alegrando
del mal ajeno el pecho empedernido,
cuando, abajo mirando,
el cuerpo muerto vido
del miserable amante allí tendido; 75

   y al cuello el lazo atado,
con que desenlazó de la cadena
el corazón cuitado,
y con su breve pena
compró la eterna punición ajena. 80

   Sentió allí convertirse
en piedad amorosa el aspereza.
¡Oh tarde arrepentirse!
¡Oh última terneza!
¿Cómo te sucedió mayor dureza? 85

   Los ojos se enclavaron
en el tendido cuerpo que allí vieron;
los huesos se tornaron
más duros y crecieron,
y en sí toda la carne convirtieron; 90

   las entrañas heladas
tornaron poco a poco en piedra dura;
por las venas cuitadas
la sangre su figura
iba desconociendo y su natura; 95

---

67 *Anajárete*: Anajárate, de la que se enamoró Ifis, que, desdeñado, se ahorcó ante la casa de la amada, la cual no se condolió en su entierro y fue convertida en mármol.

hasta que, finalmente,
en duro mármol vuelta y transformada,
hizo de sí la gente
no tan maravillada
cuanto de aquella ingratitud vengada.   100
   No quieras tú, señora,
de Némesis airada las saetas
probar, por Dios, agora;
baste que tus perfetas
obras y hermosura a los poetas   105
   den inmortal materia,
sin que también en verso lamentable
celebren la miseria
de algún caso notable
que por ti pase triste, miserable.   110

ÉGLOGA PRIMERA

AL VIRREY DE NÁPOLES

Personas: S a l i c i o y N e m o r o s o

   El dulce lamentar de dos pastores,
Salicio juntamente y Nemoroso,
he de cantar, sus quejas imitando;
cuyas ovejas al cantar sabroso
estaban muy atentas, los amores   5
(de pacer olvidadas) escuchando.
Tú, que ganaste obrando
un nombre en todo el mundo,
y un grado sin segundo,
agora estés atento sólo y dado   10
al ínclito gobierno del estado
albano; agora vuelto a la otra parte,
resplandeciente, armado,
representando en tierra el fiero Marte;

---

102 *Némesis*: hija de la Noche, es la encargada de la venganza de los dioses sobre los malvados.

             agora de cuidados enojosos   15
    y de negocios libre, por ventura
    andes a caza, el monte fatigando
    en ardiente jinete que apresura
    el curso tras los ciervos temerosos,
    que en vano su morir van dilatando;   20
    espera, que en tornando
    a ser restituido
    al ocio ya perdido,
    luego verás ejercitar mi pluma
    por la infinita, innumerable suma   25
    de tus virtudes y famosas obras,
    antes que me consuma,
    faltando a ti, que a todo el mundo sobras.
       En tanto que este tiempo que adevino
    viene a sacarme de la deuda un día,   30
    que se debe a tu fama y a tu gloria
    (que es deuda general, no sólo mía,
    mas de cualquier ingenio peregrino
    que celebra lo digno de memoria)
    el árbol de victoria   35
    que ciñe estrechamente
    tu glorïosa frente
    dé lugar a la hiedra que se planta
    debajo de tu sombra, y se levanta
    poco a poco, arrimada a tus loores;   40
    y en cuanto esto se canta,
    escucha tú el cantar de mis pastores.
       Saliendo de las ondas encendido
    rayaba de los montes el altura
    el sol, cuando Salicio, recostado   45
    al pie de una alta haya, en la verdura,
    por donde una agua clara con sonido
    atravesaba el fresco y verde prado,
    él, con canto acordado
    al rumor que sonaba   50
    del agua que pasaba,

28 *sobras*: vences, superas.

se quejaba tan dulce y blandamente
como si no estuviera de allí ausente
la que de su dolor culpa tenía;
y así, como presente,
razonando con ella, le decía:

Salicio

¡Oh más dura que mármol a mis quejas,
y al encendido fuego en que me quemo
más helada que nieve, Galatea!
Estoy muriendo, y aún la vida temo;
témola con razón, pues tú me dejas:
que no hay sin ti el vivir para qué sea.
Vergüenza he que me vea
ninguno en tal estado,
de ti desamparado,
y de mí mismo yo me corro agora.
¿De un alma te desdeñas ser señora,
donde siempre moraste, no pudiendo
della salir un hora?
Salid sin duelo, lágrimas, corriendo.

El sol tiende los rayos de su lumbre
por montes y por valles, despertando
las aves y animales y la gente:
cuál por el aire claro va volando,
cuál por el verde valle o alta cumbre
paciendo va segura y libremente,
cuál con el sol presente
va de nuevo al oficio
y al usado ejercicio
do su natura o menester le inclina;
siempre está en llanto esta ánima mezquina,
cuando la sombra el mundo va cubriendo
o la luz se avecina.
Salid sin duelo, lágrimas, corriendo.

---

66 *correrse*: avergonzarse.

Y tú, desta mi vida ya olvidada, 85
sin mostrar un pequeño sentimiento
de que por ti Salicio triste muera,
dejas llevar, desconocida, al viento
el amor y la fe que ser guardada
eternamente sólo a mí debiera. 90
¡Oh Dios!, ¿por qué siquiera,
pues ves desde tu altura
esta falsa perjura
causar la muerte de un estrecho amigo,
no recibe del cielo algún castigo? 95
Si en pago del amor yo estoy muriendo,
¿qué hará el enemigo?
Salid sin duelo, lágrimas, corriendo.

Por ti el silencio de la selva umbrosa,
por ti la esquividad y apartamiento 100
del solitario monte me agradaba;
por ti la verde hierba, el fresco viento,
el blanco lirio y colorada rosa
y dulce primavera deseaba.
¡Ay, cuánto me engañaba! 105
¡Ay, cuán diferente era
y cuán de otra manera
lo que en tu falso pecho se escondía!
Bien claro con su voz me lo decía
la siniestra corneja repitiendo 110
la desventura mía.
Salid sin duelo, lágrimas, corriendo.

¡Cuántas veces, durmiendo en la floresta,
reputándolo yo por desvarío,
vi mi mal entre sueños, desdichado! 115
Soñaba que en el tiempo del estío
llevaba, por pasar allí la siesta,
a abrevar en el Tajo mi ganado;
y después de llegado,
sin saber de cuál arte, 120
por desusada parte
y por nuevo camino el agua se iba;
ardiendo yo con la calor estiva,

el curso enajenado iba siguiendo
del agua fugitiva.   125
Salid sin duelo, lágrimas, corriendo.
   Tu dulce habla ¿en cúya oreja suena?
Tus claros ojos ¿a quién los volviste?
¿Por quién tan sin respeto me trocaste?
Tu quebrantada fe ¿dó la pusiste?   130
¿Cuál es el cuello que, como en cadena,
de tus hermosos brazos añudaste?
No hay corazón que baste,
aunque fuese de piedra,
viendo mi amada hiedra   135
de mí arrancada, en otro muro asida,
y mi parra en otro olmo entretejida,
que no se esté con llanto deshaciendo
hasta acabar la vida.
Salid sin duelo, lágrimas, corriendo.   140
   ¿Qué no se esperará de aquí adelante,
por difícil que sea y por incierto,
o qué discordia no será juntada?
Y juntamente ¿qué terná por cierto,
o qué de hoy más no temerá el amante,   145
siendo a todo materia por ti dada?
Cuando tú enajenada
de mi cuidado fuiste,
notable causa diste
y ejemplo a todos cuantos cubre el cielo,   150
que el más seguro tema con recelo
perder lo que estuviere poseyendo.
Salid fuera sin duelo,
salid sin duelo, lágrimas, corriendo.
   Materia diste al mundo de esperanza   155
de alcanzar lo imposible y no pensado,
y de hacer juntar lo diferente,
dando a quien diste el corazón malvado,
quitándolo de mí con tal mudanza
que siempre sonará de gente en gente.   160
La cordera paciente
con el lobo hambriento

hará su ajuntamiento,
y con las simples aves sin rüido
harán las bravas sierpes ya su nido, 165
que mayor diferencia comprehendo
de ti al que has escogido.
Salid sin duelo, lágrimas, corriendo.

    Siempre de nueva leche en el verano
y en el invierno abundo; en mi majada 170
la manteca y el queso está sobrado;
de mi cantar, pues, yo te vi agradada,
tanto, que no pudiera el mantüano
Títiro ser de ti más alabado.
No soy, pues, bien mirado, 175
tan disforme ni feo;
que aun agora me veo
en esta agua que corre clara y pura,
y cierto no trocara mi figura
con ese que de mí se está riendo; 180
¡trocara mi ventura!
Salid sin duelo, lágrimas, corriendo.

    ¿Cómo te vine en tanto menosprecio?
¿Cómo te fui tan presto aborrecible?
¿Cómo te faltó en mí el conocimiento? 185
Si no tuvieras condición terrible,
siempre fuera tenido de ti en precio,
y no viera este triste apartamiento.
¿No sabes que sin cuento
buscan en el estío 190
mis ovejas el frío
de la sierra de Cuenca, y el gobierno
del abrigado Extremo en el invierno?
Mas ¡qué vale el tener, si derritiendo
me estoy en llanto eterno! 195
Salid sin duelo, lágrimas, corriendo.

173-174 *mantuano Títiro*: Virgilio.
189 *sin cuento*: en abundancia.
192 *gobierno*: sustento, comida.
193 *Extremo*: Extremadura, como en la p. 24.

Con mi llorar las piedras enternecen
su natural dureza y la quebrantan;
los árboles parece que se inclinan;
las aves que me escuchan, cuando cantan,   200
con diferente voz se condolecen,
y mi morir cantando me adevinan.
Las fieras que reclinan
su cuerpo fatigado,
dejan el sosegado   205
sueño por escuchar mi llanto triste.
Tú sola contra mí te endureciste,
los ojos aun siquiera no volviendo
a los que tú hiciste.
Salid sin duelo, lágrimas, corriendo.   210

   Mas ya que a socorrer aquí no vienes,
no dejes el lugar que tanto amaste,
que bien podrás venir de mí segura.
Yo dejaré el lugar do me dejaste;
ven, si por sólo aquesto te detienes.   215
Ves aquí un prado lleno de verdura,
ves aquí un espesura,
ves aquí un agua clara,
en otro tiempo cara,
a quien de ti con lágrimas me quejo;   220
quizá aquí hallarás, pues yo me alejo,
al que todo mi bien quitarme puede:
que pues el bien le dejo,
no es mucho que el lugar también le quede.

   Aquí dio fin a su cantar Salicio,   225
y sospirando en el postrero acento,
soltó de llanto una profunda vena.
Queriendo el monte al grave sentimiento
de aquel dolor en algo ser propicio,
con la pesada voz retumba y suena.   230
La blanda Filomena,

---

231 *blanda*: dulce. Filomena, hermana de Progne, esposa del rey
Pandión, fue violada por su cuñado, quien le cortó la lengua.
Los dioses la convirtieron en ruiseñor.

casi como dolida
y a compasión movida,
dulcemente responde al son lloroso.
Lo que cantó tras esto Nemoroso 235
decildo vos, Piérides; que tanto
no puedo yo ni oso,
que siento enflaquecer mi débil canto.

Nemoroso

Corrientes aguas puras, cristalinas;
árboles que os estáis mirando en ellas, 240
verde prado de fresca sombra lleno,
aves que aquí sembráis vuestras querellas,
hiedra que por los árboles caminas,
torciendo el paso por su verde seno;
yo me vi tan ajeno 245
del grave mal que siento,
que de puro contento
con vuestra soledad me recreaba,
donde con dulce sueño reposaba,
o con el pensamiento discurría 250
por donde no hallaba
sino memorias llenas de alegría.

Y en este mismo valle, donde agora
me entristezco y me canso en el reposo,
estuve ya contento y descansado. 255
¡Oh bien caduco, vano y presuroso!
Acuérdome, durmiendo aquí algún hora,
que despertando, a Elisa vi a mi lado.
¡Oh miserable hado!
¡Oh tela delicada, 260
antes de tiempo dada
a los agudos filos de la muerte!
Más convenible fuera aquesta suerte

---

236 *Piérides*: las nueve Musas.
260 *tela*: cuerpo.

Retrato de Diego Hurtado de Mendoza.

Retrato de Fray Luis de León.

a los cansados años de mi vida,
que es más que el hierro fuerte, 265
pues no la ha quebrantado tu partida.
   ¿Dó están agora aquellos claros ojos
que llevaban tras sí, como colgada,
mi alma doquier que ellos se volvían?
¿Dó está la blanca mano delicada, 270
llena de vencimientos y despojos
que de mí mis sentidos le ofrecían?
Los cabellos que vían
con gran desprecio al oro,
como a menor tesoro, 275
¿adónde están; adónde el blanco pecho?
¿Dó la columna que el dorado techo
con proporción graciosa sostenía?
Aquesto todo agora ya se encierra,
por desventura mía, 280
en la escura, desierta y dura tierra.
   ¿Quién me dijera, Elisa, vida mía,
cuando en aqueste valle al fresco viento
andábamos cogiendo tiernas flores,
que habia de ver, con largo apartamiento, 285
venir el triste y solitario día
que diese amargo fin a mis amores?
El cielo en mis dolores
cargó la mano tanto, 290
que a sempiterno llanto
y a triste soledad me ha condenado;
y lo que siento más es verme atado
a la pesada vida y enojosa,
solo, desamparado, 295
ciego, sin lumbre, en cárcel tenebrosa.
   Después que nos dejaste, nunca pace
en hartura el ganado ya, ni acude
el campo al labrador con mano llena.
No hay bien que en mal no se convierta y mude: 300
la mala hierba al trigo ahoga, y nace

---

296 *lumbre*: luz.

en lugar suyo la infelice avena;
la tierra, que de buena
gana nos producía
flores con que solía 305
quitar en sólo vellas mil enojos,
produce agora en cambio estos abrojos,
ya de rigor de espinas intratable.
Yo hago con mis ojos
crecer, lloviendo, el fruto miserable. 310

   Como al partir del sol la sombra crece,
y en cayendo su rayo se levanta
la negra escuridad que el mundo cubre,
de do viene el temor que nos espanta,
y la medrosa forma en que se ofrece 315
aquella que la noche nos encubre,
hasta que el sol descubre
su luz pura y hermosa,
tal es la tenebrosa
noche de tu partir, en que he quedado 320
de sombra y de temor atormentado,
hasta que muerte el tiempo determine
que a ver el deseado
sol de tu clara vista me encamine.

   Cual suele el ruiseñor con triste canto 325
quejarse, entre las hojas escondido,
del duro labrador que cautamente
le despojó su caro y dulce nido
de los tiernos hijuelos, entre tanto
que del amado ramo estaba ausente, 330
y aquel dolor que siente,
con diferencia tanta,
por la dulce garganta
despide, que a su canto el aire suena,
y la callada noche no refrena 335
su lamentable oficio y sus querellas,
trayendo de su pena
el cielo por testigo y las estrellas;
   desta manera suelto yo la rienda
a mi dolor, y ansí me quejo en vano 340

de la dureza de la muerte airada.
Ella en mi corazón metió la mano,
y de allí me llevó mi dulce prenda;
que aquel era su nido y su morada.
¡Ay, muerte arrebatada! 345
Por ti me estoy quejando
al cielo y enojando
con importuno llanto al mundo todo.
El desigual dolor no sufre modo.
No me podrán quitar el dolorido 350
sentir, si ya del todo
primero no me quitan el sentido.

   Tengo una parte aquí de tus cabellos,
Elisa, envueltos en un blanco paño,
que nunca de mi seno se me apartan; 355
descójolos, y de un dolor tamaño
enternecer me siento, que sobre ellos
nunca mis ojos de llorar se hartan.
Sin que de allí se partan,
con sospiros calientes, 340
más que la llama ardientes,
los enjugo del llanto, y de consuno
casi los paso y cuento uno a uno;
juntándolos, con un cordón los ato.
Tras esto el importuno 345
dolor me deja descansar un rato.

   Mas luego a la memoria se me ofrece
aquella noche tenebrosa, escura,
que siempre aflige esta ánima mezquina
con la memoria de mi desventura. 350
Verte presente agora me parece
en aquel duro trance de Lucina,
y aquella voz divina
con cuyo son y acentos
a los airados vientos 355
pudieron amansar, que agora es muda,
me parece que oigo que a la cruda,

---

352 *Lucina*: Diana, la Luna, que presidía los partos.

inexorable diosa demandabas
en aquel paso ayuda;
y tú, rústica diosa, ¿dónde estabas? 360
¿Íbate tanto en perseguir las fieras?
¿Íbate tanto en un pastor dormido?
¿Cosa pudo bastar a tal crüeza,
que, comovida a compasión, oído
a los votos y lágrimas no dieras 365
por no ver hecha tierra tal belleza,
o no ver la tristeza
en que tu Nemoroso
queda, que su reposo
era seguir tu oficio, persiguiendo 370
las fieras por los montes, y ofreciendo
a tus sagradas aras los despojos?
¿Y tú, ingrata, riendo,
dejas morir mi bien ante mis ojos?

    Divina Elisa, pues agora el cielo 375
con inmortales pies pisas y mides,
y su mudanza ves, estando queda,
¿por qué de mí te olvidas y no pides
que se apresure el tiempo en que este velo
rompa del cuerpo, y verme libre pueda, 380
y en la tercera rueda,
contigo mano a mano,
busquemos otro llano,
busquemos otros montes y otros ríos,
otros valles floridos y sombríos, 385
donde descanse y siempre pueda verte
ante los ojos míos,
sin miedo y sobresalto de perderte?

    Nunca pusieran fin al triste lloro
los pastores, ni fueran acabadas 390
las canciones que sólo el monte oía,
si mirando las nubes coloradas,

---

362 El 'pastor dormido' es Endimión, de quien se enamoró Diana.
381 La *tercera rueda*: la tercera esfera o planeta, el cielo de
    Venus.

al tramontar del sol bordadas de oro,
no vieran que era ya pasado el día.
La sombra se veía
venir corriendo apriesa
ya por la falda espesa
del altísimo monte, y recordando
ambos como de sueño, y acabando
el fugitivo sol, de luz escaso,
su ganado llevando,
se fueron recogiendo paso a paso.

ÉGLOGA TERCERA

Aquella voluntad honesta y pura,
ilustre y hermosísima María,
que en mí de celebrar tu hermosura,
tu ingenio y tu valor estar solía,
a despecho y pesar de la ventura
que por otro camino me desvía,
está y estará tanto en mí clavada,
cuanto del cuerpo el alma acompañada.

Y aun no se me figura que me toca
aqueste oficio solamente en vida,
mas con la lengua muerta y fría en la boca
pienso mover la voz a ti debida.
Libre mi alma de su estrecha roca,
por el Estigio lago conducida,
celebrándote irá, y aquel sonido
hará parar las aguas del olvido.

Mas la Fortuna, de mi mal no harta,
me aflige y de un trabajo en otro lleva;
ya de la patria, ya del bien me aparta,

---

398 *recordando*: despertando.
2 Quizá doña María Osorio Pimentel, esposa de don Pedro de Toledo, virrey de Nápoles.
13 *roca*: cuerpo.

ya mi paciencia en mil maneras prueba; 20
y lo que siento más es que la carta
donde mi pluma en tu alabanza mueva,
poniendo en su lugar cuidados vanos,
me quita y me arrebata de las manos.

Pero, por más que en mí su fuerza pruebe, 25
no tornará mi corazón mudable;
nunca dirán jamás que me remueve
Fortuna de un estudio tan loable.
Apolo y las hermanas, todas nueve,
me darán ocio y lengua con que hable 30
lo menos de lo que en tu ser cupiere,
que esto será lo más que yo pudiere.

En tanto, no te ofenda ni te harte
tratar del campo y soledad que amaste,
ni desdeñes aquesta inculta parte 35
de mi estilo, que en algo ya estimaste.
Entre las armas del sangriento Marte,
do apenas hay quien su furor contraste,
hurté de tiempo aquesta breve suma,
tomando ora la espada, ora la pluma. 40

Aplica, pues, un rato los sentidos
al bajo son de mi zampoña ruda,
indigna de llegar a tus oídos,
pues de ornamento y gracia va desnuda;
mas a las veces son mejor oídos 45
el puro ingenio y lengua casi muda,
testigos limpios de ánimo inocente,
que la curiosidad del elocuente.

Por aquesta razón de ti escuchado,
aunque me falten otras, ser merezco. 50
Lo que puedo te doy, y lo que he dado,
con recebillo tú, yo me enriquezco.
De cuatro ninfas que del Tajo amado
salieron juntas, a cantar me ofrezco:
Filódoce, Dinámene y Climene, 55
Nise, que en hermosura par no tiene.

Cerca del Tajo, en soledad amena,
de verdes sauces hay una espesura,

toda de hiedra revestida y llena,
que por el tronco va hasta el altura, 60
y así la teje arriba y encadena,
que el sol no halla paso a la verdura;
el agua baña el prado con sonido,
alegrando la hierba y el oído.

  Con tanta mansedumbre el cristalino 65
Tajo en aquella parte caminaba,
que pudieran los ojos el camino
determinar apenas que llevaba.
Peinando sus cabellos de oro fino,
una ninfa, del agua, do moraba, 70
la cabeza sacó, y el prado ameno
vido de flores y de sombra lleno.

  Movióla el sitio umbroso, el manso viento,
el suave olor de aquel florido suelo;
las aves en el fresco apartamiento 75
vio descansar del trabajoso vuelo;
secaba entonces el terreno aliento
el sol, subido en la mitad del cielo;
en el silencio sólo se escuchaba
un susurro de abejas que sonaba. 80

  Habiendo contemplado una gran pieza
atentamente aquel lugar sombrío,
somorgujó de nuevo su cabeza
y al fondo se dejó calar del río.
A sus hermanas a contar empieza 85
del verde sitio el agradable frío,
y que vayan les ruega y amonesta
allí con su labor a estar la siesta.

  No perdió en esto mucho tiempo el ruego,
que las tres dellas su labor tomaron, 90
y en mirando de fuera, vieron luego
el prado, hacia el cual enderezaron.
El agua clara con lascivo juego
nadando dividieron y cortaron,

---

81 *pieza*: rato.

hasta que el blanco pie tocó mojado, 95
saliendo del arena, el verde prado.

Poniendo ya en lo enjuto las pisadas,
escurriendo del agua sus cabellos,
los cuales esparciendo, cubijadas
las hermosas espaldas fueron dellos; 100
luego, sacando telas delicadas
que en delgadeza competían con ellos,
en lo más escondido se metieron
y a su labor atentas se pusieron.

Las telas eran hechas y tejidas 105
del oro que el felice Tajo envía,
apurado después de bien cernidas
las menudas arenas do se cría;
y de las verdes ovas, reducidas
en estambre sotil, cual convenía 110
para seguir el delicado estilo
del oro ya tirado en rico hilo.

La delicada estambre era distinta
de las colores que antes le habían dado
con la fineza de la varia tinta 115
que se halla en las conchas del pescado.
Tanto artificio muestra en lo que pinta
y teje cada ninfa en su labrado
cuanto mostraron en sus tablas antes
el celebrado Apeles y Timantes. 120

Filódoce, que así de aquéllas era
llamada la mayor, con diestra mano
tenía figurada la ribera
de Estrimón, de una parte el verde llano
y de otra el monte de aspereza fiera, 125
pisado tarde o nunca de pie humano,
donde el amor movió con tanta gracia
la dolorosa lengua del de Tracia.

---

121 y ss. Filódoce labra el mito de Orfeo; Dinámene, el de Dafne
y Apolo, y Climene, el de Venus y Adonis; Nise labra la
muerte de Elisa, Isabel Freyre.

Estaba figurada la hermosa
Eurídice, en el blanco pie mordida
de la pequeña sierpe ponzoñosa,
entre la hierba y flores escondida;
descolorida estaba como rosa
que ha sido fuera de sazón cogida,
y el ánima, los ojos ya volviendo,
de su hermosa carne despidiendo.

Figurado se vía extensamente
el osado marido que bajaba
al triste reino de la escura gente
y la mujer perdida recobraba;
y cómo, después desto, él impaciente
por miralla de nuevo, la tornaba
a perder otra vez, y del tirano
se queja al monte solitario en vano.

Dinámene no menos artificio
mostraba en la labor que había tejido,
pintando a Apolo en el robusto oficio
de la silvestre caza embebecido.
Mudar presto le hace el ejercicio
la vengativa mano de Cupido,
que hizo a Apolo consumirse en lloro
después que le enclavó con punta de oro.

Dafne, con el cabello suelto al viento,
sin perdonar al blanco pie, corría
por áspero camino tan sin tiento,
que Apolo en la pintura parecía
que, porque ella templase el movimiento,
con menos ligereza la seguía;
él va siguiendo, y ella huye como
quien siente al pecho el odioso plomo.

Mas a la fin los brazos le crecían
y en sendos ramos vueltos se mostraban;
y los cabellos, que vencer solían
al oro fino, en hojas se tornaban;
en torcidas raíces se extendían
los blancos pies, y en tierra se hincaban;

llora el amante, y busca el ser primero,
besando y abrazando aquel madero.

Climene, llena de destreza y maña,
el oro y las colores matizando,
iba de hayas una gran montaña, 170
de robles y de peñas varïando;
un puerco entre ellas, de braveza extraña,
estaba los colmillos aguzando
contra un mozo, no menos animoso,
con su venablo en mano, que hermoso. 175

Tras esto, el puerco allí se vía herido
de aquel mancebo, por su mal valiente,
y el mozo en tierra estaba ya tendido,
abierto el pecho del rabioso diente;
con el cabello de oro desparcido 180
barriendo el suelo miserablemente,
las rosas blancas por allí sembradas
tornaban con su sangre coloradas.

Adonis éste se mostraba que era,
según se muestra Venus dolorida, 185
que viendo la herida abierta y fiera,
sobre él estaba casi amortecida.
Boca con boca coge la postrera
parte del aire que solía dar vida
al cuerpo por quien ella en este suelo 190
aborrecido tuvo al alto cielo.

La blanca Nise no tomó a destajo
de los pasados casos la memoria,
y en la labor de su sotil trabajo
no quiso entretejer antigua historia; 195
antes, mostrando de su claro Tajo
en su labor la celebrada gloria,
la figuró en la parte donde él baña
la más felice tierra de la España.

Pintado el caudaloso rio se vía, 200
que en áspera estrecheza reducido,
un monte casi alrededor ceñía,

172 *puerco*: jabalí.

con ímpetu corriendo y con rüido;
querer cercallo todo parecía
en su volver, mas era afán perdido;
dejábase correr, en fin, derecho,
contento de lo mucho que había hecho.

Estaba puesta en la sublime cumbre
del monte, y desde allí por él sembrada,
aquella ilustre y clara pesadumbre,
de antiguos edificios adornada.
De allí, con agradable mansedumbre,
el Tajo va siguiendo su jornada
y regando los campos y arboledas
con artificio de las altas ruedas.

En la hermosa tela se veían
entretejidas las silvestres diosas
salir de la espesura, y que venían
todas a la ribera presurosas,
en el semblante tristes, y traían
cestillos blancos de purpúreas rosas,
las cuales, esparciendo, derramaban
sobre una ninfa muerta que lloraban.

Todas, con el cabello desparcido,
lloraban una ninfa delicada,
cuya vida mostraba que había sido
antes de tiempo y casi en flor cortada.
Cerca del agua, en un lugar florido,
estaba entre las hierbas degollada,
cual queda el blanco cisne cuando pierde
la dulce vida entre la hierba verde.

Una de aquellas diosas que en belleza
al parecer a todas ecedía,
mostrando en el semblante la tristeza
que del funesto y triste caso había,
apartada algún tanto, en la corteza
de un álamo unas letras escribía,

---

210 Alude a Toledo. *Pesadumbre*: edificios.
215 *altas ruedas*: las norias que elevaban el agua del Tajo.
229 *degollada*: desangrada.

como epitafio de la ninfa bella,
que hablaban ansí por parte della:
«Elisa soy, en cuyo nombre suena 240
y se lamenta el monte cavernoso,
testigo del dolor y grave pena
en que por mí se aflige Nemoroso,
y llama "¡Elisa!", "¡Elisa!" a boca llena
responde el Tajo, y lleva presuroso 245
al mar de Lusitania el nombre mío,
donde será escuchado, yo lo fío.»

En fin, en esta tela artificiosa
toda la historia estaba figurada
que en aquella ribera deleitosa 250
de Nemoroso fue tan celebrada;
porque de todo aquesto y cada cosa
estaba Nise ya tan informada,
que, llorando el pastor, mil veces ella
se enterneció escuchando su querella. 255

Y porque aqueste lamentable cuento,
no sólo entre las selvas se contase,
mas, dentro de las ondas, sentimiento
con la noticia desto se mostrase,
quiso que de su tela el argumento 260
la bella ninfa muerta señalase
y ansí se publicase de uno en uno
por el húmido reino de Neptuno.

Destas historias tales varïadas
eran las telas de las cuatro hermanas, 265
las cuales con colores matizadas,
claras las luces, de las sombras vanas
mostraban a los ojos relevadas
las cosas y figuras que eran llanas;
tanto que, al parecer, el cuerpo vano 270
pudiera ser tomado con la mano.

Los rayos ya del sol se trastornaban,
escondiendo su luz, al mundo cara,
tras altos montes, y a la luna daban
lugar para mostrar su blanca cara; 275
los peces a menudo ya saltaban,

con la cola azotando el agua clara,
cuando las ninfas, la labor dejando,
hacia el agua se fueron paseando.

 En las templadas ondas ya metidos
tenían los pies, y reclinar querían
los blancos cuerpos, cuando sus oídos
fueron de dos zampoñas, que tañían
süave y dulcemente, detenidos;
tanto, que sin mudarse las oían
y al son de las zampoñas escuchaban
dos pastores, a veces, que cantaban.

 Más claro cada vez el son se oía
de dos pastores que venien cantando
tras el ganado, que también venía
por aquel verde soto caminando,
y a la majada, ya pasado el día,
recogido le llevan, alegrando
las verdes selvas con el son süave,
haciendo su trabajo menos grave.

 Tirreno destos dos el uno era,
Alcino el otro, entrambos estimados,
y sobre cuantos pacen la ribera
del Tajo con sus vacas enseñados;
mancebos de una edad, de una manera
a cantar juntamente aparejados
y a responder, aquesto van diciendo,
cantando el uno, el otro respondiendo:

Tirreno

 Flérida, para mí dulce y sabrosa
más que la fruta del cercado ajeno,
más blanca que la leche y más hermosa
que el prado por abril, de flores lleno;
si tú respondes pura y amorosa
al verdadero amor de tu Tirreno,
a mi majada arribarás primero
que el cielo nos amuestre su lucero.

Alcino

Hermosa Filis, siempre yo te sea
amargo al gusto más que la retama,
y de ti despojado yo me vea
cual queda el tronco de su verde rama,   315
si más que yo el murciélago desea
la escuridad, ni más la luz desama,
por ver ya el fin de un término tamaño
deste dia, para mí mayor que un año.

Tirreno

Cual suele, acompañada de su bando,   320
aparecer la dulce primavera,
cuando Favonio y Céfiro, soplando,
al campo tornan su beldad primera,
y van, artificiosos, esmaltando
de rojo, azul y blanco la ribera,   325
en tal manera, a mí Flérida mía
viniendo, reverdece mi alegría.

Alcino

¿Ves el furor del animoso viento,
embravecido en la fragosa sierra,
que los antigos robles ciento a ciento   330
y los pinos altísimos atierra,
y de tanto destrozo aun no contento,
al espantoso mar mueve la guerra?
Pequeña es esta furia comparada
a la de Filis con Alcino airada.   335

Tirreno

El blanco trigo multiplica y crece;
produce el campo en abundancia tierno
pasto al ganado; el verde monte ofrece

---

318 *tamaño*: tan grande, como en la p. 52.

a las fieras salvajes su gobierno;
adoquiera que miro me parece 340
que derrama la Copia todo el cuerno;
mas todo se convertirá en abrojos
si dello aparta Flérida sus ojos.

Alcino

De la esterilidad es oprimido
el monte, el campo, el soto y el ganado; 345
la malicia del aire corrompido
hace morir la hierba mal su grado;
las aves ven su descubierto nido,
que ya de verdes hojas fue cercado;
pero si Filis por aquí tornare, 350
hará reverdecer cuanto mirare.

Tirreno

El álamo de Alcides escogido
fue siempre, y el laurel del rojo Apolo;
de la hermosa Venus fue tenido
en precio y en estima el mirto solo; 355
el verde sauz de Flérida es querido,
y por suyo entre todos escogiólo;
doquiera que sauces de hoy más se hallen,
el álamo, el laurel y el mirto callen.

Alcino

El fresno por la selva en hermosura 360
sabemos ya que sobre todos vaya,
y en aspereza y monte de espesura
se aventaja la verde y alta haya,
mas el que la beldad de tu figura
dondequiera mirado, Filis, haya, 365
al fresno y a la haya en su aspereza
confesará que vence tu belleza.

---

252 *Alcides*: Hércules.

Esto cantó Tirreno, y esto Alcino
le respondió; y habiendo ya acabado
el dulce son, siguieron su camino   370
con paso un poco más apresurado.
Siendo a las ninfas ya el rumor vecino,
juntas se arrojan por el agua a nado,
y de la blanca espuma que movieron
las cristalinas ondas se cubrieron.   375

> [De las *Obras completas con comentario*, edición crítica de Elías L. Rivers, Madrid, Castalia, 1974.]

DON DIEGO HURTADO DE MENDOZA
(1503-1575)

46 Hoy deja todo el bien un desdichado
a quien quejas ni llantos no han valido;
hoy parte quien tomara por partido
también de su vivir ser apartado.

Hoy es cuando mis ojos han trocado   5
el veros por un llanto dolorido;
hoy vuestro desear será cumplido,
pues voy do he de morir desesperado.

Hoy parto y llego a la postrer jornada,
la cual deseo ya más que ninguna,   10
por verme en algún hora descansada,

y porque con mi muerte mi fortuna
os quite a vos de ser importunada,
y a mí quite el vivir, que me importuna.

47 ¡Si fuese muerto ya mi pensamiento,
y pasase mi vida así durmiendo
sueño de eterno olvido, no sintiendo
pena, gloria, descanso ni tormento!

Triste vida es tener el sentimiento
tal, que huye sentir lo que desea;
su pensamiento a otros lisonjea;
yo, enemigo de mí, siempre lo siento.

Con chismerias de enojo y de cuidado
me viene, que es peor que cuanto peno;
y si algún placer me trae, con él se va,

como a madre con hijo regalado,
que si llorando pide algún veneno,
tan ciega está de amor que se lo da.

48 FÁBULA DE ADONIS, HIPOMENES Y ATALANTA

[FRAGMENTOS]

[...] En la Arabia es fama, que cansada
la diosa Venus por la tierra yendo,
del murmullo de un agua convidada
que entre la verde hierba iba corriendo,
con el sol y el trabajo acalorada
al fresco viento el blanco pecho abriendo,
cubierta de una tela transparente,
se asentó a reposar cabe una fuente.
Acaso Adonis por allí venía,
de correr el venado temeroso;
no de otra arte que el sol cuando volvía
en Lidia los ganados al reposo;
el polvo que en el rostro se veía
y el sudor le hacían más hermoso;
como con el rocío húmida y cana
sale la fresca rosa en la mañana.

Queriendo defenderse del calor,
y con el agua clara refrescarse,
vido sola a la madre del Amor
sobre la verde hierba reposarse;　　　　　20
el espejo y el peine y partidor,
la ropa con que suele ataviarse,
todo lo vio esparcido, sin concierto,
y su hermoso cuerpo descubierto.

En torno estaban las silvestres diosas　25
puestas en ejercicio delicado:
quién teje en oro coloradas rosas,
quién coge varias flores por el prado;
poníanse a acechar las más hermosas
los sátiros traviesos a excusado,　　　　　30
declarando por señas sus deseos,
y apartándolos ellas con menees [...]

Entre todas volaba el niño ciego,
tirando mil maneras de saetas;
a quién abrasa en valeroso fuego,　　　　35
a quién hace heridas imperfetas;
engaña a algunos entre burla y juego,
hace a unas libres y a otras sujetas,
y al fin, a todos vence el albedrío
por fuerza, o por razón o desvarío.　　　　40

Este, que vio venir tan sin recelo
a Adonis con sus canes, por lo llano
a la madre huyó con presto vuelo,
apretando las flechas con la mano;
y ella, que le sintió llegar al suelo,　　　45
los brazos le tendió con rostro humano;
y al abrazar, el niño, descuidado,
la hirió de una flecha en el costado.

Luego con mano y pecho, todo junto,
herida, desvió de sí al infante;　　　　　　50
estaba la saeta tan a punto,
que el hierro penetró bien adelante;

---

21 *partidor*: púa que empleaban las mujeres para abrir la raya del pelo.

y como alzó los ojos, en el punto
que sintió la herida, vio al amante;
vio al amante, y quedó en la hierba verde,   55
como la mansa cierva que se pierde [...]

Ni toma el peine ni el espejo más,
ni de las hachas amorosas cura,
ni adorna la cabeza por compás,
ni descoge la blanca vestidura;   60
el reposo y el juego deja atrás,
ni se halla contenta ni segura,
ni sale aderezada ni compuesta,
como cuando a los dioses hace fiesta.

El dorado cabello, que es bastante   65
a deshacer el sol, al viento suelta;
en el hombro el carcaj de oro sonante,
la limpia veste en oro trae revuelta;
en la mano arco y flecha penetrante,
un perro de traílla, otro de suelta,   70
halla la caza y hiérela en esa hora,
y pensando matalla, la enamora [...]

No fueron menester largas historias
ni muchos andamientos de razones;
que quien había juntado las memorias   75
juntó sin dilación los corazones;
las ninfas se alegraron de sus glorias,
y los cubrieron de süaves dones:
rosas blancas y rojas, y otras flores
que mueven y acrecientan los amores.   80

La diosa está de sí tan olvidada,
que huye la ribera Citerea,
a Gnido, de pescados abastada;
a Pafo, que la mar casi rodea;
Amatunta se deja despreciada   85
por más oro y metales que posea;
desdeña tierra y cielo, y no lo quiere;
a sólo Adonis precia y por él muere [...]

Tan mansa y sosegada cercando iba
la fuente, el fresco prado y alameda,   90
que aunque corriese presurosa y viva,

a la vista mostraba estarse queda;
el junco agudo ni la caña esquiva,
ni la ova tejida y vuelta en rueda,
estorbaban el agua que corriese,   95
ni el suelo que en lo hondo no se viese.

De césped vivo, de alta hierba verde
se cerraba la margen por defuera,
con el bledo inmortal, que nunca pierde
la color en invierno y primavera,   100
y con la roja flor que nos acuerde
el caso de Jacinto en la ribera,
con otras flores varias y hermosas,
suaves hierbas y plantas olorosas.

Los árboles ramosos y cerrados,   105
que al cielo amenazaban con la cima,
ceñían el lugar tan apretados
como tejida mimbre o tela prima;
veense los pardos montes apartados,
y las dudosas sierras por encima,   110
los cerros con los valles desiguales,
albergo de los brutos animales.

Luego en medio del prado se asentaron,
y trabándose estrecho con los brazos,
la hierba y a sí mesmos apretaron,   115
mezclando las palabras con abrazos;
nunca revueltas vides rodearon
el álamo con tantos embarazos,
ni la verde y entretejida hiedra
se pegó tanto al árbol o a la piedra.   120

---

102 Alude al mito de Jacinto, hijo de Ébalos y de Clío, que, herido sin querer por Apolo, lo convirtió el dios en la flor de ese nombre.
114 *estrecho*: estrechamente.

49 ENCARECIENDO SU MAL PAGADO AMOR

¿Quién entenderá
esto que aquí digo,
que parecerá
que me contradigo?
Secretos divinos,
a vosotros quiero;
no voy por caminos,
sino por sendero.
Hágame lugar
el placer un día,
déjeme contar
esta pena mía.
Siempre he de ser triste
sin ser desdichado,
no sé en qué consiste;
todo lo he probado.
No digo el contento,
que no sé a qué sabe,
parece escarmiento
porque no me alabe.
¿Qué es de las mudanzas
que hace Fortuna,
que en mis esperanzas
no veo ninguna?
¿Qué es de las promesas
de que persevera,
que si faltan ésas
no hay ley verdadera?
¿Quién habrá que acierte
cuando no son tales?
¿Qué hace la muerte
tras penas mortales?
Dasme a buena cuenta,
cielo mío avaro,
rayos y tormenta,
y nunca sol claro.

Háganme saber
qué llaman favores;
daré yo a entender
qué llamo dolores; 40
 que si no se ofenden
de lo que me ofendo,
ellos no lo entienden,
o yo no lo entiendo.
 También he gozado 45
yo de un mirar tierno;
mas hame cansado
ansias del infierno.
 Y aunque sé qué es
habla regalada, 50
del bien de después
no sé si sé nada.
 ¿De qué me aprovecha
blanda condición?
De llevar la flecha 55
hacia el corazón.
 Piensan que alcanzado
el fin de su gusto,
que queda pagado
un amor al justo. 60
 ¡Qué breve alegría!
¡Ojalá si fuera!
Que quizá algún día
contento viviera.
 Ellos nunca ven, 65
como yo bien veo,
en medio del bien
rabiar el deseo.
 Si un punto me falta
de su pensamiento 70
la gloria más alta
me será tormento.
 Dura voluntad,
mal intencionada,

contigo verdad
no aprovecha nada.

No el ver otros hombres
me quita el sosiego,
mas saber los nombres
del agua y del fuego.

Tanto sobresalta
amor cuando excede,
no porque el bien falta,
pero porque puede;

que no ha de tener
más de liberal,
ni hay más que saber
que saber amar.

Yo sé adónde llegan
encarecimientos,
y dónde se ciegan
los entendimientos.

Fáltenme los cielos,
Dios me sea enemigo,
si me mueven celos
a lo que aquí digo;

sino que te acate
como se encarece,
y que amor se trate
como lo merece.

Quiéroos preguntar,
bien de mis pasiones:
estas condiciones
¿podránse guardar?

Esta dulce palma
¿podré yo ganalla?
¿Podréis darme el alma,
para no quitalla?

Sigo este camino,
que es el acertado;
que amor es divino,
aunque esté humanado.

Porque esotra gente
vive con rudeza,
siente vulgarmente 115
de tanta grandeza.
    Nunca Amor me ofenda,
ni tanto mal haga,
que me dé la prenda
si no da la paga; 120
    porque éste es un daño
que no hay quien lo sienta;
piensan que es engaño,
y no es sino afrenta.

50

*Va y viene mi pensamiento
como el mar seguro y manso;
¿cuándo tendrá algún descanso
tan continuo movimiento?*

GLOSA

    Parte el pensamiento mío 5
cargado de mil dolores,
y vuélveme con mayores
de la parte do le envío.
    Aunque desto en la memoria
se engendra tanto contento, 10
que con tan dulce tormento
cargado de pena y gloria,
va y viene mi pensamiento.

    Como el mar muy sosegado
se regala con la calma, 15
así se regala el alma
con tan dichoso cuidado.
    Mas allí mudanza alguna
no puede haber, pues descanso
con el mal que me importuna, 20
que no es sujeto a fortuna,
como el mar seguro y manso.

Si el cielo se muestra airado,
la mar luego se embravece,
y mientras el mar más crece,   25
está más firme en su estado.
   Ni a mí me cansa el penar,
ni yo con el mal me canso;
si algo me podrá cansar
es venir a imaginar   30
cuándo tendrá algún descanso.

Que aunque en el más firme amor
mil mudanzas puede haber,
como es de pena a placer
y de descanso a dolor,   35
   sólo en mí está reservado
en tan fijo y firme asiento;
que sin poder ser mudado,
está quedo y sosegado
tan continuo movimiento.   40

51
*Ser vieja y arrebolarse
no puede tragarse.*

El ponerse el arrebol
y lo blanco y colorado
en un rostro endemoniado   5
con más arrugas que col,
y en las cejas alcohol,
porque pueda devisarse,
no puedo tragarse.

---

1 *arrebolarse*: pintarse con un ungüento para el rostro llamado 'arrebol'.
7 *alcohol*: un afeite o tintura compuesto de alcohol, piedra mineral, según el *Dicc. de Auts.*

El encubrir con afeite
hueso que entre hueco y hueco
puede resonar un eco,
y el tenello por deleite,
y el relucir como aceite
rostro que era justo hollarse,
no puede tragarse.

El encubrir la mañana
los cabellos con afán,
y dar tez de cordobán
a lo que de sí es badana,
y el ponerse a la ventana,
siendo mejor encerrarse,
no puede tragarse.

El decir que le salieron
las canas en la niñez
y que de un golpe otra vez
los dientes se le cayeron,
y atestiguar que lo vieron
quien en tal no pudo hallarse,
no puede tragarse.

[Textos según las *Obras poéticas*, edic. de William I. Knapp, Madrid, 1887.]

SEBASTIÁN DE HOROZCO
(1510?-1580)

52   EL AUCTOR MOTEJANDO A UNO DE NARIGUDO

De Ovidio sois muy secaz,
sólo os falta ser poeta
para estar con él en paz,
pues del nasón y antifaz
más tenéis que una galleta.   5
De un bien estaréis cumplido,
aunque no es muy necesario:
que el frío no habrá salido
cuando allí lo habréis sentido
como sol en campanario.   10
Hacérseos han con el frío
las ventanas dos canales,
donde no falten, yo fío,
aunque de sucio natío,
muchas ciruelas mocales.   15
Pero si queréis hacer
que no manen almodrote,
si tomáis mi parecer,
debéisles mandar hacer
un muy gentil capirote.   20

---

1 *secaz*: secuaz.
5 *galleta*: vasija con un caño torcido para verter el líquido que contiene.
14 *natío*: naturaleza.
17 *almodrote*: salsa compuesta de distintas cosas.
20 *capirote*: "Cobertura de la cabeza, que está algo levantada y como que termina en punta". *Dicc. de Auts.*

53 EL AUCTOR SOBRE LA CANCIÓN VIEJA QUE DICE:

Besábale y enamorábale
la doncella al villanchón;
besábale y enamorábale
y él metido en un rincón.

    La doncella enamorada
de un villano tan grosero,
hablábale muy de vero
como amadora penada;
a él no se le da nada
ni le escucha su razón.
Besábale y enamorábale
la doncella al villanchón.
    Namórale la doncella
haciéndole mil favores,
mil halagos y primores,
y el grosero huye della;
diz que más quiere que a ella
llevar lleno su zurrón.
Besábale y enamorábale, etc.

54 SOBRE LA CANCIÓN VIEJA Y MAL ENTENDIDA, QUE DICE ANSÍ

Señor Gómez Arias,
doleos de mí,
soy mochacha y niña
y nunca en tal me vi.

    Señor Gómez Arias,
vos me trajistes,
y en tierra de moros
vos me vendistes.

Yo no sé la causa
porque lo hecistes,   10
que yo sin ventura
no os lo merecí.
   Señor Gómez Arias, etc.

  Si mi triste madre
tal cosa supiese   15
con sus mesmas manos
la muerte se diese.
No hay hombre en el mundo
que no se doliese
de la desventura   20
que vino por mí.
   Señor Gómez Arias, etc.

  En cas de mi padre
estaba encerrada,
de chicos y grandes   25
querida y mirada.
Véome ora triste
e enajenada,
triste fue la hora
en que yo nací.   30
   Señor Gómez Arias, etc.

  Señor Gómez Arias,
habed compasión
de la sin ventura
que queda en prisión.   35
Conmueva mi llanto
vuestro corazón;
no seáis tan cruel
en dejarme así.
   Señor Gómez Arias, etc.   40

  Señor Gómez Arias,
si a Córdoba fuerdes,
a mi padre y madre
me encomendedes;

y de mis hermanos 45
vos os guardedes,
que no os den la muerte
por amor de mí.
Señor Gómez Arias, etc.

55 OTRA CANCIÓN CONTRAHECHA AL CANTAR VIEJO QUE DICE:

*Lo que demanda
el romero, madre,
lo que demanda
no se lo dan.*

CANCIÓN

Lo que demanda 5
el primero padre,
lo que demanda
ya se lo dan.
 Cinco millares 10
de años había
que en cuita y pesares
el hombre vivía;
remedio pedía
la culpa de Adán, 15
*lo que demanda
ya se lo dan.*
 La puerta del cielo
estaba cerrada,
ninguno del suelo 20
tenía allí entrada;
la Virgen sagrada
nos quita este afán;
*lo que demanda
ya se lo dan.* 25

El género humano
con grande agonía
pidie al soberano
viniese el Mesía;
llegado es el día   30
do muere Satán;
*lo que demanda
ya se lo dan.*

  Allá desde dentro
le dan peticiones   35
a Dios en el centro
los santos varones;
oyó los pregones
de los que allá están;
lo que demanda   40
ya se lo dan.

[*Cancionero* (Sevilla, 1874), pp. 39, 65, 68 y 139.]

CRISTÓBAL CABRERA *

(1513-1597)

56   Mi ánima, Señor, es navegante
por este mar del mundo, mar amargo,
mar ancho, mar profundo, mar tan largo,
que cansa tal viaje al caminante.

* Cristóbal Cabrera, de Zaratán, cerca de Valladolid; pasó a Méjico muy joven, donde se ordenó sacerdote y regresó a España en 1545. Fue más tarde a Roma, en cuya Biblioteca Vaticana depositó sus obras. Escribió en castellano y en latín numerosas obras, destacando el *Instrumento espiritual dirigido a la Santísima Virgen María*, dos volúmenes que están

Peligros van detrás y van delante; 5
la navecilla teme con el cargo;
no puede sin tu cruz dar su descargo...
¡Oh, sálveme tu cruz, tu cruz triunfante!

¡Oh Espíritu, que espiras donde quieres,
y guías y confirmas los que amas! 10
Requieren tu favor mis menesteres.

Si tú, mi Dios, me mueves y me inflamas,
iré do tú, mi luz, conmigo fueres,
al puerto celestial a do me llamas.

> [De *Poetas religiosos inéditos del siglo XVI*, edic. de Marcelo Macías y García (La Coruña, 1890), p. 31.]

GONZALO DE FIGUEROA *

57   DEL MESMO AUTOR A NUESTRA SEÑORA,
PARA LA NATIVIDAD DE CRISTO,
AL TONO DE LA PAVANA

¡Oh Virgen preciosa, no sé cómo alabe
tus altas virtudes y grandes hazañas,
pues veo que cupo en tus sacras entrañas
aquel que en el cielo ni tierra no cabe.

---

en la Biblioteca Vaticana, que contienen quinientos sonetos sacros y ciento cincuenta a otros tantos salmos. Véase Elisa Ruiz, "Cristóbal Cabrera, apóstol grafómano", *Cuadernos de Filología Clásica*, XII (1977), pp. 58 y ss.

* Gonzalo de Figueroa, natural de Cáceres, autor de la glosa "a diezyseys coplas de las de don Jorge Manrique" (Sevilla, 1550), que lleva detrás diversas glosas y villancicos sacros, no exentos de cierta curiosidad.

No haya quien cuadre
sino a ti ser madre
del que a Dios tiene por padre.
Según lo que digo mi pluma no yerra,
que en tu sacro vientre tomó Dios solaz,
al cual hizo cierto más sancto y capaz
que a todos los sanctos y cielos y tierra.
Pues tanto favor
te hizo el Señor,
ruega, Señora, por mí, pecador.

58

¿Dónde lo meresciste,
cuán triste,
dónde lo meresciste?

Dime cuándo mereció
tu desventura
que se haga criatura
quien nos crió;
que pague quien no comió
lo que comiste,
¿dónde lo meresciste?
Que nazca en tan pobre suerte
la riqueza,
que tenga suma flaqueza
el tan fuerte,
que la vida guste muerte
por ti, triste,
¿dónde lo meresciste?

[*Cancionerillo* (Sevilla, 1550), reedición de A. Pérez Gómez (Cieza, 1969).]

DON JUAN COLOMA *

(† 1586-1587)

59   No deseó jamás la clara fuente
el ciervo con la flecha atravesado,
nunca la dulce patria el desterrado
lo que mi alma ser a vos presente.

Sostuvo la esperanza en su acidente   5
mi vida y en palabras la [ha] llevado;
mas ya no puedo ser más engañado,
que el tiempo me lo muestra claramente.

Y ansí, si la esperanza ya vencida
presume levantarme deste suelo,   10
comigo torna a dar mayor caída,

y queda ya con solo este consuelo
que os ha de ver el alma dolorida,
pues no ha de ser eterno el mortal velo.

> [*Cancionero general de obras nuevas...* (Zaragoza, 1554), reed. de A. Morel-Fatio, en *L'Espagne au XVIe et au XVIIe siècle* (París, 1878), p. 581.]

---

* Don Juan Coloma, primer conde de Elda, padre del historiador Carlos Coloma, era en 1566 alcaide del castillo de Alicante y en 1573 virrey y capitán general de Cerdeña. Debió de morir muy anciano, hacia 1586-1587. Tradujo el *Triunfo de la muerte,* de Petrarca, y escribió dos poemas religiosos extensos: *Década de la pasión de Jesu Christo* y el *Cántico de la gloriosa resurrección* (Cagliari, 1576). Fue elogiado por Cervantes.

JERÓNIMO DE URREA *

VILLANCICO

60   *A una partida*

Yo me parto y no me aparto
y partiendo no me vó,
porque con vos quedo yo.

Y aunque me parto no parte
lo que yo só propiamente, 5
porque vo dell alma ausente,
y no só yo, que ella es más parte
y queda con vos presente.
Es yo mi alma que os vio
y con vos queda penada, 10
ella es yo y yo nonada
y esa a vos de mí partió:
así que yo no só yo.

No soy aquel que vos veis,
ni soy cosa en que pensáis; 15
no só yo quien vos miráis,
mas soy el que ver queréis
más lejos de donde estáis.
Soy una sombra o hechura
del que solía ser yo; 20
la figura de aquel só
sin ser más que sepultura
donde ell alma se enterró.

[*Cancionero general* (Zaragoza, 1554), edic. cit., p. 556.]

---

* Jerónimo de Urrea sirvió a Carlos V en las guerras de Flandes, Italia y Alemania y en 1566 era virrey de Pulla. Tradujo el *Caballero determinado* (Amberes, 1555) y el *Orlando furioso* (Lyon, 1556). Es autor del libro de caballerías titulado *Don Clarisel de las flores*, inédito en parte.

NÚÑEZ DE REINOSO *

61   COPLAS GLOSANDO ESTE VILLANCICO

> *Pues que vivo en tierra ajena,*
> *muy lejos de do nascí,*
> *¿quién habrá dolor de mí?*

¿Quién será tan piadoso
que se duela de mi mal,   5
perdido mi natural,
mi descanso y mi reposo?
Pues vivo siempre dudoso
y lejos de do nascí,
¿quién habrá dolor de mí?   10
  Fuerte es mi mal y tormento
y cansado mi deseo;
ya ninguna cosa veo
que me pueda dar contento.
Muerto ya mi pensamiento,   15
muy lejos de do nascí,
¿quién habrá dolor de mí?
  Si con tanto mal no muero,
señora, de vos ausente,
es porque veros presente   20
y gozar de vos espero.
Mas, pues falta lo que quiero
muy lejos de do nascí,
¿quién habrá dolor de mí?

---

* Núñez de Reinoso, de Guadalajara, probablemente de origen converso, estudió en Salamanca y en Ciudad Rodrigo conoció a Feliciano de Silva, al que dirigió una epístola. Más tarde pasó a Italia y publicó en Venecia, en 1552, la novela titulada *Historia de los amores de Clareo y Florisea...*, que contiene al final diversos poemas.

Si alguno pïedad
tiene desta vida dura,
es tan poca mi ventura,
que se muda su bondad;
pues crece mi soledad
muy lejos de do nascí,
¿quién habrá dolor de mí?

Aquellas fuentes de España,
aquellos campos de gloria
me lastiman la memoria,
y pensar n'ellos me daña;
que, pues vivo en tierra extraña,
muy lejos de do nascí,
¿quién habrá dolor de mí?

Al sol que va caminando
cuando nasce, yo le pido
que de mis males vestido
mi mal vaya pregonando;
continuamente penando
muy lejos de do nascí,
¿quién habrá dolor de mí?

Ninguno acá no me quiere;
no sé yo lo que les hice;
sólo mi dolor me dice
que ningún placer espere;
que, pues mi ventura muere
muy lejos de do nascí,
¿quién habrá dolor de mí?

De dos primas que tenía,
la una ya me faltó;
y la otra me quedó
donde vella no podía.
Sin placer, sin alegría,
muy lejos de do nascí,
¿quién habrá dolor de mí?

Quien come extraño manjar
y quien bebe agua ajena
que crezca siempre su pena
es justo, por más penar.

Ya, muerto con sospirar,
muy lejos de do nascí, 65
¿quién habrá dolor de mí?

¿Quién me puede remediar,
entre mi fortuna y guerra,
andando de tierra en tierra
y de lugar en lugar; 70
sin mis amigos tratar,
muy lejos de do nascí,
¿quién habrá dolor de mí?

FIN

Pues que, sin lo merecer,
aquí todos me combaten, 75
a puñaladas me maten,
sin de mi mal se doler.
Perdido ya mi placer,
muy lejos de do nascí,
¿quién habrá dolor de mí? 80

62

Desavenido cuidado
me ha tomado entre sí.
¡Nunca tal cuidado vi!

Yo nunca vi tal cuidar,
ni lo entiendo ni lo sé; 5
pero mi mal ni mi fe
no se pueden ya mudar;
pero pues para penar
me ha tomado entre sí,
¡nunca tal cuidado vi! 10

[*Historia de los amores de Clareo y Florisea y de los trabajos de Iseu, con otras obras en verso, parte al estilo español, y parte al italiano, agora nuevamente sacada a luz* (Venecia, 1552), pp. 20 y 42.]

SANTA TERESA DE JESÚS
(1515-1582)

63 VILLANCICOS

Vivo sin vivir en mí,
y tan alta vida espero,
que muero porque no muero.

Vivo ya fuera de mí,
después que muero de amor,   5
porque vivo en el Señor,
que me quiso para sí;
cuando el corazón le di
puso en mí este letrero:
"Que muero porque no muero."   10
Esta divina unïón,
y el amor con que yo vivo,
hace a mi Dios mi cautivo
y libre mi corazón;
y causa en mí tal pasión   15
ver a mi Dios prisionero,
que muero porque no muero.
¡Ay, qué larga es esta vida!
¡Qué duros estos destierros,
esta cárcel y estos hierros   20
en que está el alma metida!
Sólo esperar la salida
me causa un dolor tan fiero,
que muero porque no muero.
Acaba ya de dejarme,   25
vida, no me seas molesta;
porque muriendo, ¿qué resta,
sino vivir y gozarme?
No dejes de consolarme,
muerte, que ansí te requiero: 30
que muero porque no muero.

64   *Véante mis ojos*
dulce Jesús bueno;
véante mis ojos,
muérame yo luego.

Vea quien quisiere 5
rosas y jazmines,
que si yo te viere
veré mil jardines.
Flor de serafines,
Jesús Nazareno, 10
véante mis ojos,
muérame yo luego.
    No quiero contento,
mi Jesús ausente,
que todo es tormento 15
a quien esto siente;
sólo me sustente
tu amor y deseo.
Véante mis ojos,
dulce Jesús bueno; 20
véante mis ojos,
muérame yo luego.

> [*Obras*, BAE, t. LIII, p. 510, aunque este último se atribuye actualmente a Isabel de Jesús, hermana del padre Jerónimo Gracián. Con dos estrofas más, como anónimo, figura en el ms. 4.154 de la Biblioteca Nacional de Madrid, f. 75v.]

ANTONIO DE VILLEGAS [*]
(† 1550)

65   CANCIÓN

¡Oh ansias de mi pasión;
dolores que en venir juntos
habéis quebrado los puntos
de mi triste corazón!
    Con dos prisiones nos ata
el amor cuando se enciende:
hermosura es la que prende,
y la gracia es la que mata.
    Ya mi alma está en pasión;
los miembros tengo difuntos
en ver dos contrarios juntos
contra un triste corazón.

66   COPLAS A UN VILLANCICO VIEJO

En la peña, sobre la peña,
duerme la niña y sueña.

La niña que amor había
de amores se trasportaba;
con su amigo se soñaba;
soñaba, mas non dormía:
que la dama enamorada,
y en la peña,
no duerme, si amores sueña.

---

[*] Antonio de Villegas es el autor de la curiosa obra *Inventario*, impresa en Medina del Campo en 1565, que contiene sonetos, canciones y glosas, más una *Historia de Píramo y Tisbe*, la conocida novelita de *Abindarráez* y otra de tipo sentimental y pastoril titulada *Ausencia y soledad de amor*.

El corazón se le altera 10
con el sueño en que se vio;
si no vio lo que soñó,
soñó lo que ver quisiera.
Hace representación
en la peña 15
de todo el sueño que sueña.

Sueños son que, Amor, envías
a los que traes desvelados;
pagas despiertos cuidados
con fingidas alegrías. 20
Quien muere de hambre los días,
las noches manjares sueña
suso en la peña.

67   ¡Oh, quién tuviese un corazón de acero
que no fuese falsado de arma alguna,
para sufrir los golpes de Fortuna,
y aquellas ansias tristes con que muero!

Leed, señora, mi vivir primero, 5
y revolved sus hojas una a una,
tomando la inocencia de la cuna,
hasta llegar al término postrero.

Adonde podréis ver una firmeza
con accidentes duros y süaves, 10
llagada de los pies a la cabeza.

Dolores que de agudos son ya graves;
veréis una rendida fortaleza,
do tiene Amor las fuerzas, vos las llaves.

---

2 *falsado*: atravesado, herido.

68   LLANTO DE PÍLADES POR LA MUERTE DE ORESTES, SU GRAN AMIGO

    Yo soy Pílades captivo;
Pílades soy, triste yo,
sombra viva, aunque no vivo,
mortaja del que murió,
semejanza de hombre vivo.
    Tronco de vida desierto,
sin sustancia y sin virtud,
y cuando más me concierto,
soy cual es el ataúd
que vivo de llevar muerto.
    La dulce conversación
que con Orestes tenía
hase vuelto en confusión,
fantasma de noche y día
para el triste corazón.
    Ardo en llamas encendidas
cuando más tiemblo de frío,
lleno de ajenas heridas;
mirad qué sujeto el mío
para gobernar dos vidas.
    Sola un alma de consuno
animábamos los dos,
y con la muerte del uno,
que Orestes se fue con Dios,
mueren los dos y ninguno.

1 Pílades, hijo de Eutrofio, rey de Fócida, era primo de Orestes, de quien fue muy amigo. Ayudó a éste a matar a Egisto y Clitemnestra, y, para expiar el crimen, Orestes es enviado al pueblo de los Tauros para apoderarse de la estatua de Artemisa. Le acompaña el fiel Pílades, pero el rey de los Tauros quiere aplicar la ley que exigía el sacrificio de uno de los dos a la sombría diosa; uno y otro pretenden salvar al amigo, muriendo en su lugar. La suerte decidió que fuese Orestes el inmolado, pero Ifigenia, al levantar el cuchillo, reconoce a Orestes, su hermano, y lo salva, huyendo con la estatua de Artemisa.

Así que entre muertos vivo,
topo de tierra cubierto
que con llanto eterno esquivo;
lloro a Orestes porque es muerto,
y a mí porque quedo vivo.   30

¡Oh, mi Orestes, homicida
desta alma que no reposa!
La dulzura de la vida
que por ti me fue sabrosa
sin ti tengo aborrecida.   35

Dijérasme que te ibas
o quisieras esperarme;
sabes de qué bien me privas;
tú moriste por matarme,
yo vivo porque tú vivas.   40

Con los muertos me retiro;
los vivos ya no me aplacen,
y donde quiera que miro,
los que menos bien me hacen
me ayudan con un sospiro.   45

Y consuélome captivo
con un engaño encubierto
con que a todos apercibo
que en este Pílades muerto
traigo yo a Orestes vivo.   50

Toda mi conversación
es acordar bien pasado;
sólo me siento aliviado
mientras paso la pasión
del un lado al otro lado.   55

¡Con qué banquetes, cuitado,
regalo mi triste vida!
Los manjares, de cuidado;
de lágrimas, la bebida,
y un muerto por convidado.   60

Para llevar mis tormentos
¿qué haré Pílades sin ti?
Que después que te perdí

todos los cuatro elementos
se conjuran contra mí:
   la tierra tiene en prisión
al que causó mis enojos;
el aire sospiros son;
el agua, siempre en los ojos,
y el fuego, en el corazón.
   Si se convierte en lo amado
el corazón del captivo
por buena ley va probado,
pues yo acá te tengo vivo,
que allá me tienes finado.
   Dos almas que juntas son
no pueden jamás partirse,
ni sufre amor división,
ni puede desimprimirse
carácter del corazón.
   Yo durmiendo, yo despierto,
me asombro de mi figura;
el buitre de Ticio cierto,
cruel monstruo de natura,
que vivo la mitad muerto.
   A cuestas con mi enemigo,
pues mi amigo me dejó;
querría morir contigo,
sino porque muerto yo
no se acabase mi amigo.

[*Inventario*, edic. de F. López Estrada, I (Madrid, 1955), pp. 135 y 140; II (Madrid, 1956), pp. 54 y 131-133.]

---

83 Ticio, gigante hijo de la Tierra o de Júpiter y Elara; habiendo ultrajado a Letona, fue precipitado en el Tártaro, donde un buitre le devoraba las entrañas, siempre renacientes.

LORENZO DE SEPÚLVEDA *

69   ROMANCE DEL REY DON RODRIGO

 Triste estaba don Rodrigo,
desdichado se llamaba;
gimiendo estaba y llorando
la gran pérdida de España;
no sólo porque la pierde,				5
mas porque della fue causa:
porque dio bestial amor
a esa maldita Cava:
que si al rey dello le plugo,
a la Cava le pesaba;				10
mas su padre don Julián
ha tomado la venganza:
él con su malvada hija
en Berbería se pasan,
con el obispo don Orpas,			15
que con él se concertaba.
Hace trato con los moros,
venden la tierra cristiana:
entraron por Gibraltar
como quien entra en su casa;			20
ganan a Málaga y Ronda,

---

* Lorenzo de Sepúlveda, sevillano, escribano de profesión y aficionado al género dramático, publicó en 1551 sus *Romances nueuamente sacados...* "en metro castellano y en tono de romances viejos que es lo que agora se usa". En el prólogo explica claramente su propósito: dar lectura a los que no podían comprar el grueso volumen de Alfonso el Sabio y servir "a los que cantarlos quisieren en lugar de otros muchos que yo he visto impresos, harto mentirosos y de muy poco fructo". Son romances un poco prosaicos, pero su papel fue muy interesante al volver a versificar las antiguas gestas.

Antequera con Granada;
toda Castilla la Vieja,
que ninguno lo estorbaba,
sino el triste rey Rodrigo,
que hobo con ellos batalla,
de donde salió vencido,
ya que la noche cerraba.
Llamándose va cuitado,
su persona denostaba;
los ojos mirando al cielo
con gran pena lamentaba;
quéjase de su ventura,
desta suerte razonaba:
"¡Oh mal venturoso rey,
postrer godo que reinaba,
hoy pierdes tu tierra y reino,
Fortuna lo trastornaba!
¡Oh conde don Julián,
maldita sea tu saña:
que gran crueldad has mostrado
contra la triste de España:
yo, malo, que obré el pecado,
merecía haber la paga:
maldita sea la tu hija,
que de tan gran mal fue causa!
Mis ojos sean malditos,
que su hermosura miraran:
que a no mirarla ellos,
todo este mal se excusaba.
¡Oh gran Dios de cielo y tierra,
perdona esta mi alma!
No miréis, justo Señor,
su pecado, pues pagaba
el cuerpo que lo tal hizo,
a ella haced librada!"
Y con gemidos crecidos,
sus ojos tornados agua,
entrara por un jaral,
sus vestidos desnudaba:

perdióse el rey don Rodrigo,
que hasta agora no se halla.
Los moros siguen victoria
hasta la peña horadada;
hízoles cara Pelayo, 65
ese Duque de Cantabria:
que con su sobrado esfuerzo
de lo perdido ganaba.
Con las gentes que han huido
a Esturias de Santillana, 70
diole Dios muy gran victoria,
que hasta León cobraba.
Toman todos corazón
sobre la gente pagana.
Otros reyes sucedieron 75
que lo perdido ganaran,
hasta el quinto Fernando,
que el Católico llamaran,
que con su esfuerzo ganó
el buen reino de Granada. 80

[*Romances nueuamente sacados de historias antiguas de la Crónica de España...* (Anvers, 1551), fol. 68.]

ALONSO DE FUENTES *
(1515-d.1567)

70
    En Córdoba está Abderramen,
próspero y con ufanía;
esperando está las parias
que los cristianos le envían:
ciento y ochenta doncellas
hermosas en demasía,
las noventa fijasdalgo,
y esotras gentes de villa,
las cuales entre sus moros
cada un año repartía,
cuando le vino una nueva
en que cierto le decía
de cómo el rey don Ramiro,
también el rey don García,
lo mismo Fernán González,
que era conde de Castilla,
matando sus mensajeros
grande escarnio le hacían,
y no les quisieron dar
las parias que le pedían.
Abderramen, muy sentido,
gran gente juntado había:
della de pie y de caballo,
que en los campos no cabía;
y así, con muy gran poder,
entró luego por Castilla,

---

* Alonso de Fuentes, sevillano, es autor del *Libro de los quarenta cantos...*, reeditado numerosas veces en el siglo XVI. También es autor de una *Suma de Filosofía natural, en la qual asimismo se trata de astrología, astronomía y otras ciencias en estilo nunca visto* (Sevilla, 1547), que ofrece más de una curiosidad.

y en las gentes que tomaba
grandes cruezas hacía,
matando todos los hombres
que renegar no querían; 30
y arrancábales las tetas
a las mujeres que había.
Sabido por don Ramiro
cómo los moros venían,
como rey muy esforzado 35
al encuentro les salía,
porque no pudo creer
ser tantos cuantos decían.
Sus batallas, ordenadas,
en un monte se ponía, 40
do vio venir tantos moros,
que todo el campo cubrían,
y que cansaba la vista,
y el cabo no parecía.
Temiendo su perdición, 45
en Simancas se metía,
y luego con muy gran priesa
unas cartas escribía
al conde Fernán González,
que era señor de Castilla; 50
también al rey de Navarra,
que llamaban don García,
en las cuales la gran cuita
en que estaba, les decía;
y ellos, con gran presteza, 55
a Simancas se venían,
pero, informados del caso,
grande temor les ponía
de ver que para un cristiano
doscientos moros había. 60
Sabiendo ya que los moros
ya contra ellos venían,

---

39 *batalla*: "En lo antiguo se llamaba el centro del ejército, a distinción de la vanguardia y retaguardia". *Auts.*

temiendo su gran poder,
el rey Ramiro decía:
"En verdad, ningún consejo
para valernos tenía;
pero encomiéndome a Dios,
que a los afligidos guía,
y a un cuerpo glorïoso
que allá en mi tierra yacía,
que es del señor Santiago,
que está enterrado en Galicia,
que convertió aquella gente,
que era también descreída,
y por él, nuestro Señor
grandes milagros hacía;
al cual doy y hago rey
de toda la tierra mía,
y encomiéndole a mis gentes,
y mi hacienda y mi vida".
Y el conde Fernán González,
también el rey don García,
respondieron: "Otro santo,
muy devoto a maravilla,
está y yace en nuestra tierra,
que san Millán se decía,
al cual damos nuestro estado,
porque él nos lo ampararía."
Otro día de mañana
a la batalla salían,
y queriendo pelear,
grandes promesas hacían
a Dios y a aquellos dos santos
que por patrones tenían:
que para siempre jamás
tributo les pagarían,
encomendándose a ellos,
todos puestos de rudillas.
Los moros, que así los vieron,
creyendo que se rendían,
vinieron luego a tomallos;

pero mal les sucedía,
porque fueron recebidos
con dalles grandes heridas;
y en esto, visiblemente,   105
dos caballeros venían
en unos caballos blancos,
hermosos en demasía,
e juntos con los cristianos,
a los moros perseguían,   110
los cuales con grande espanto
se pusieron en huida,
matándose unos a otros,
por huir quien más podía;
porque afirmaban los moros   115
que a todos los parecía
que para cada uno de ellos
mil caballeros había
de aquellos caballos blancos,
que muy recio los herían.   120
Tras dellos van los cristianos;
grande matanza hacían:
de Simancas hasta Aza
aqueste alcance seguían.
Habida ya la victoria,   125
la gente ya recogida,
robando ya todo el campo,
do grande riqueza había,
hacen reconoscimiento
que a aquestos santos debían   130
imponiéndoles tributo
en las tierras que tenían,
y aquestos tributos pagan
los castellanos hoy día.

[*Libro de los cuarenta cantos pelegrinos* (Zaragoza, 1564), p. 458.]

124 *alcance*: seguimiento, persecución.

FRANCISCO DE GUZMÁN *

[FRAGMENTO]

71 [...] Y avísote, si bien gozar quisieres
de vida reposada, si casares,
con moza no casar, si viejo fueres,
ni busques los placeres en pesares.
Del tercio tiempo menos que tuvieres
es bueno ser la hembra que tomares:
que nunca bien lo vivo con lo muerto,
ni frío con calor terná concierto.
   No cieguen los deseos vuestras mentes,
que siendo muy discordes en los días
seréis en condiciones diferentes,
siguiendo desonantes fantasías.
Así como los valles muy calientes
conviene que seáis, y sierras frías:
que mucho diferentes del carnero
se muestran los intentos del cordero.
   Al tiempo que el dormir el viejo quiere,
la moza, que quizá velar querría,
se enfada, y cuanto más querida fuere
muéstrase más con él en todo fría;
y como entonces más el celo hiere
(dolor que la vejez contino cría),
el viejo llorará que no es querido;
la moza porque vive su marido.
   Contempla tú los gozos que ternías
con una vieja seca ya, sin dientes,
o cuánto (siendo mozo) la querrías,
si algo de la ley mundana sientes;

---

* De Francisco de Guzmán, citado por Cervantes en su *Canto de Calíope*, se sabe sólo que era capitán al servicio de Emperador; sus *Triunfos morales* (Amberes, 1557) tuvieron notable éxito. Es autor también de una *Glosa sobre la obra que hizo don Jorge Manrique a la muerte de su padre* (Lisboa, 1633).

y viendo lo que tú por ti verías,
   verás lo que las mozas florecientes   30
   querrán en tal edad a sus maridos,
   si fueren los cuitados ya podridos.

> [De los *Trivnfos morales* (Sevilla, 1581), folios 152-153.]

HERNANDO DE ACUÑA
(1520?-1580?)

72   FÁBULA DE NARCISO
                    [FRAGMENTOS]

   [...] De Cefiso y Leríope engendrado,
fue por su mal Narciso, tan hermoso,
que en mostrándose al mundo, fue estimado
por un don celestial maravilloso.
Esto puso a sus padres en cuidado,   5
que un bien tan excesivo y milagroso,
como exceder parece a la natura,
es común opinión que poco dura.
   Iba creciendo el mozo, y mil querellas
con sospiros y lágrimas crecían   10
por donde andaba en dueñas y donzellas,
sin poderse valer cuantas le vían;
no sin admiración en todas ellas
de la nueva mudanza que sentían:
que la más libre, en viéndole presente,   15
prueba lo que es amar fundadamente.
   Mas él, que es contra Amor endurecido,
y de seguille está tan apartado,
que como a otro el ser aborrecido,
tanto y más le aborrece el ser amado,   20
de ninguna entre tantas fue movido,
ni de ajeno dolor toma cuidado:

que si hay cosa que iguale a su belleza,
es sólo su desdén y su aspereza [...]
   Y con este temor su madre vino, 25
donde a los pueblos su respuesta daba
el hadado Tiresias adivino,
que a todos la verdad pronosticaba.
Pídele si a Narciso su destino,
breves o largos días le otorgaba: 30
que tan nueva belleza en mortal vida,
cuanto más es amada es más temida.
   Como acabó la madre su pregunta,
sobre tan importante y cara cosa,
aunque está la esperanza al temor junta, 35
quedó de la respuesta temerosa.
Ésta le da Tiresias, en que apunta
el mal futuro en condición dudosa:
que el niño cuya vida saber quiere
gran tiempo vivirá si no se viere [...] 40
   En piedra natural está cavado
el vaso de la fuente, tan guardada,
que de ninfa o pastor ni de ganado,
ni de ave o fiera fue jamás tocada.
Defiéndela del sol por cada lado 45
una espesura de árboles cerrada,
y el verde suelo pintan tiernas flores
de mil diversidades de colores.
   En la fuente, y el valle, la natura
no dejó ningún obra para el arte, 50
que con sombra agradable y con frescura
parece que convida a cada parte.
Y sale la corriente a la verdura,
do con dulce sonido se reparte
en chicos arroyuelos de manera, 55
que hacen inmortal la Primavera.

---

27 *Tiresias*: famoso adivino de Tebas, ciego desde joven, que desempeña un importante papel en la historia mítica de Grecia.

No tan presto Narciso ve delante
la dulce sombra del lugar presente,
que se alegra en el alma, y al instante
a refrescarse va junto a la fuente.   60
Donde el que, siempre amado y nunca amante,
al Amor despreció tan libremente,
a pena nunca vista es condenado
de Amor, que no perdona este pecado [...]

Mas su mirar no entiende, que es mirarse,   65
ni que éste su querer era quererse,
ni que su desear es desearse,
ni su no conocer desconocerse.
Extraño mal, que a sí le dañe amarse,
que venga a ser provecho aborrecerse,   70
y convenga ser dél su propia vida
antes que tan amada, aborrecida.

Ya va creciendo el agua que corría
con la que de sus ojos él derrama,
ni de comer se acuerda en todo el día,   75
ni hay para él noche ni reposo o cama.
No cesa un punto su mortal porfía,
habla, gime, sospira, llora y llama;
turba la fuente con su llanto crudo,
no ve su sombra, y queda ciego y mudo.   80

No hay remedio ni cosa que sea parte
para consuelo de pasión tan nueva,
ni hambre o sueño que de allí le aparte,
ni otra razón o fuerza que le mueva.
Busca, tienta, procura, usando de arte,   85
y en fin ya la experiencia y larga prueba
le descubren y muestran el engaño:
que así lo quiere Amor para más daño.

Descúbrese el engaño, y él entiende
lo que hasta aquel punto no ha entendido,   90
que él solo es el que daña, y el que ofende,
y sólo es el dañado y ofendido.
Que él es el que arde, y el que el fuego enciende,
el movedor de todo, y el movido;

que el que desea es él, y el deseado, 95
y en fin que es el amante y el amado.
¡Oh cuál fue su dolor, y cuál su llanto
luego que entiende lo que no entendía!
Que se aumentan en él, y crecen cuanto
más imposible su esperança vía! 100
A las aves del aire pone espanto,
y las fieras del bosque enternecía;
los árboles que cerca de allí estaban
los ramos a sus quejas inclinaban [...]

73   Cuando era nuevo el mundo y producía
gentes, como salvajes, indiscretas,
y el cielo dio furor a los poetas
y el canto con que el vulgo los seguía,

fingieron dios a Amor y que tenía 5
por armas fuego, red, arco y saetas,
porque las fieras gentes no sujetas
se allanasen al trato y compañía.

Después, viniendo a más razón los hombres,
los que fueron más sabios y constantes 10
al Amor figuraron niño y ciego;

para mostrar que dél y destos nombres
les viene por herencia a los amantes
simpleza, ceguedad, desasosiego.

74   Como vemos que un río mansamente,
por do no halla estorbo, sin sonido
sigue su natural curso seguido
tal que aun apenas murmurar se siente;

pero si topa algún inconveniente
rompe con fuerza y pasa con rüido,
tanto que de muy lejos es sentido
el alto y gran rumor de la corriente;

por sosegado curso semejante
fueron un tiempo mis alegres días,
sin que queja o pasión de mí se oyese;

mas como se me puso Amor delante,
la gran corriente de las ansias mías
fue fuerza que en el mundo se sintiese.

75

A LA SOLEDAD

Pues se conforma nuestra compañía,
no dejes, soledad, de acompañarme,
que al punto que vinieses a faltarme
muy mayor soledad padecería.

Tú haces ocupar mi fantasía
sólo en el bien que basta a contentarme,
y no es parte sin ti para alegrarme,
con todo su placer, el alegría.

Contigo partiré, si no me dejas,
los altos bienes de mi pensamiento,
que me escapan de manos de la muerte.

Y no te daré parte de mis quejas,
ni del cuidado, ni de mi tormento,
ni dártela osaré por no perderte.

76

AL REY NUESTRO SEÑOR

Ya se acerca, señor, o es ya llegada
la edad gloriosa en que promete el cielo
una grey y un pastor solo en el suelo,
por suerte a vuestros tiempos reservada.

Ya tan alto principio en tal jornada
os muestra el fin de vuestro santo celo,
y anuncia al mundo, para más consuelo,
un monarca, un imperio y una espada.

Ya el orbe de la tierra siente en parte
y espera en todo vuestra monarquía,
conquistada por vos en justa guerra.

Que a quien ha dado Cristo su estandarte,
dará el segundo más dichoso día
en que, vencido el mar, venza la tierra.

> [*Varias poesías* (Madrid, 1591), reed. de A. Vilanova (Barcelona, 1954), pp. 48 y ss., 203, 204, 244 y 260.]

GUTIERRE DE CETINA

(1520-1557)

77
Ojos claros, serenos,
si de un dulce mirar sois alabados,
¿por qué, si me miráis, miráis airados?
Si cuanto más piadosos
más bellos parecéis a aquel que os mira,
no me miréis con ira
porque no parezcáis menos hermosos.
¡Ay, tormentos rabiosos!
Ojos claros, serenos,
ya que así me miráis, miradme al menos.

78

    Cubrir los bellos ojos
 con la mano que ya me tiene muerto,
 cautela fue por cierto,
 que ansí doblar pensastes mis enojos.
 Pero de tal cautela   5
 harto mayor ha sido el bien que el daño:
 que el resplandor extraño
 del sol se puede ver mientras se cela.
 Así que aunque pensastes
 cubrir vuestra beldad única, inmensa,   10
 yo os perdono la ofensa,
 pues, cubiertos, mejor verlos dejastes.

79

    No miréis más, señora,
 con tan grande atención esa figura,
 no os mate vuestra propia hermosura.
 Huid, dama, la prueba
 de lo que puede en vos la beldad vuestra;   5
 y no haga la nuestra
 venganza de mi mal piadosa y nueva.
 El triste caso os mueva
 del mozo convertido entre las flores
 en flor, muerto de amor de sus amores.   10

80

    Aires süaves que, mirando atentos,
 escucháis la ocasión de mis cuidados,
 mientras que la triste alma, acompañados
 con lágrimas, os cuenta sus tormentos,

    así alegres veáis los elementos,   5
 y, en lugares do estáis enamorados,
 las hojas y los ramos delicados
 os respondan con mil dulces acentos.

[79] 10 Alude al mito de Narciso.

De lo que he dicho aquí, palabra fuera
de entre estos valles salga a do sospecha
pueda jamás causarme aquella fiera.

Yo deseo callar; mas ¿qué aprovecha?
Que la vida, que ya se desespera,
para tanto dolor es casa estrecha.

81   ¡Ay, sabrosa ilusión, sueño süave!,
¿quién te ha enviado a mí? ¿Cómo viniste?
¿Por dónde entraste al alma o qué le diste
a mi secreto por guardar la llave?

¿Quién pudo a un dolor fiero, tan grave,
el remedio poner que tú pusiste?
Si el ramo tinto en Lete en mí esparciste,
ten la mano al velar, que no se acabe.

Bien conozco que duermo y que me engaño
mientra envuelto en un bien falso, dudoso,
manifiesto mi mal se muestra cierto;

pero, pues excusar no puedo un daño,
hazme sentir, ¡oh sueño p̈iadoso!,
antes durmiendo el bien que el mal despierto.

82   Cercado de temor, lleno de espanto,
en la barca del triste pensamiento,
los remos en las manos del tormento,
por las ondas del mar del propio llanto,

navegaba Vandalio; y si algún tanto
la esperanza le da propicio el viento,
la imposibilidad, en un momento,
le cubre el corazón de oscuro manto.

[82] 5 *Vandalio*: nombre poético de Cetina.

Vandalio, ¿qué harás hora? —decía—
Fortuna te ha privado de la estrella
que era en el golfo de la mar tu guía."

Y andándola a buscar, ciego sin ella,
cuando por más perdido se tenía,
viola ante los nublados ir más bella.

83 Como garza real, alta en el cielo,
entre halcones puesta y rodeada,
que siendo de los unos remontada,
de los otros seguirse deja a vuelo;

viendo su muerte acá bajo, en el suelo,
por ocultar virtud manifestada,
no tan presto será de él aquejada
que a voces mostrará su desconsuelo.

Las pasadas locuras, los ardores
que por otras sentí, fueron, señora,
para me levantar remontadores;

pero viéndoos a vos, mi matadora,
el alma dio señal en sus temores
de la muerte que paso cada hora.

84 El cielo de sus altos pensamientos
con las alas de amor ledo subía
Vandalio, y ni el peligro lo desvía,
ni le ponen temor mil escarmientos.

[83] 11 *remontadores*: los halcones que hacían elevarse las aves a gran altura.
[84] 2 *ledo*: contento.

Las nubes deja atrás; deja los vientos
vencidos del valor de su osadía,
cuando de las palabras que decía
al sol, suenan acá tales acentos:

"Si fue temeridad, ojos, del cielo
osar tan sin valor, volar tan alto,
sabiendo de Faetón el caso fiero,

consentidme una vez que sin recelo
mire vuestra beldad; después, si el salto
viniese a ser mortal, mortal le quiero."

85 Entre armas, guerra, fuego, ira y furores,
que al soberbio francés tienen opreso,
cuando el aire es más turbio y más espeso,
allí me aprieta el fiero ardor de amores.

Miro el cielo, los árboles, las flores,
y en ellos hallo mi dolor expreso;
que en el tiempo más frío y más avieso
nacen y reverdecen mis temores.

Digo llorando: "¡Oh dulce primavera!,
¿cuándo será que a mi esperanza vea,
verde, prestar al alma algún sosiego?"

Mas temo que mi fin mi suerte fiera
tan lejos de mi bien quiere que sea
entre guerra y furor, ira, armas, fuego.

86   A LOS HUESOS DE LOS ESPAÑOLES MUERTOS EN CASTELNOVO *

Héroes glorïosos, pues el cielo
os dio más parte que os negó la tierra,
bien es que por trofeo de tanta guerra
se muestren vuestros huesos por el suelo.

Si justo desear, si honesto celo 5
en valeroso corazón se encierra,
ya me parece ver o que se atierra
por vos la Hesperia nuestra, o se alza a vuelo.

No por vengaros, no, que no dejastes
a los vivos gozar de tanta gloria, 10
que envuelta en vuestra sangre la llevastes;

sino para probar que la memoria
de la dichosa muerte que alcanzastes
se debe envidiar más que la victoria.

87

Horas alegres que pasáis volando
porque a vueltas del bien mayor mal sienta;
sabrosa noche que en tan dulce afrenta
el triste despedir me vas mostrando;

importuno reloj que, apresurando 5
tu curso, mi dolor me representa;
estrellas con quien nunca tuve cuenta,
que mi partida vais acelerando;

---

* La batalla de Castelnovo tuvo lugar en 1539, cuando sitiaron ese pueblo de Austria Ulanen, gobernador de Bosnia, y Barbarroja; pero los españoles, mandados por Francisco Sarmiento, defendieron la plaza obstinadamente.

gallo que mi pesar has denunciado,
lucero que mi luz va obscureciendo,   10
y tú, mal sosegada y moza Aurora:

   si en vos cabe dolor de mi cuidado,
id poco a poco el paso deteniendo,
si no puede ser más, siquiera un hora.

CANCIÓN

   Hermosísimos ojos
(que ya no os osaré decir ojuelos,
como para templar mis desconsuelos
os solía llamar en mis enojos),
¿qué locura, qué antojos,   5
qué atrevida osadía
le ha venido de vos al alma mía?
¡Ay, deseo rabioso!,
¿dó me llevas vencido y temoroso?
Ojos, quien no entendió vuestra excelencia   10
presente, ¿qué dirá a tan larga ausencia?
   Mas, bien considerado,
no me está mal en esto el ser ausente;
que si el bien que mirando un alma siente
embaraza el sentido enamorado,   15
el verme ora alejado
del mayor bien de veros
me podría valer para entenderos;
que si el sol no se puede
mirar, porque su luz la vista excede,   20
la mano enmedio puesta es el remedio,
y así, a vuestra beldad la ausencia es medio.
   El alma enamorada
mientras vuestra beldad tiene presente,
puesto todo el sentir, toda la mente   25
en vos, de lo demás queda olvidada.
Y así, toda ocupada

en el bien de miraros,
no le queda valor para alabaros.
Agora que no os veo, 30
que diga algo de vos pide el deseo;
y es justo que se haga lo que pide
si con la flaca fuerza el querer mide.
   Mas, ojos, si sois tales
que el humano saber no os comprehende, 35
¿cómo os alabará quien sólo entiende
que sois de cuyo sois solos iguales?
¡Ay, memorias mortales!
¡Ay, ingrata memoria!
¿Es posible que en vos hay pena y gloria? 40
Ojos, decí, es honesto
que mi bien y mi mal esté en vos puesto?
¡Ay, nueva calidad! ¡Ay, caso fiero!,
que muero porque os vi y por veros muero.
   La lanza que traía 45
Aquiles, peligrosa, extraña y fuerte,
tornándolo a tocar, libre de muerte
dejaba al que ella mesma antes hería;
ningún medio tenía
para que no muriese, 50
si tocado otra vez de ella no fuese.
A vos, ojos hermosos,
la mesma calidad hace famosos.
En vos hallé mi muerte conocida,
y en vos, muerto de amor, hallo la vida. 55
   Decir que sois piadosos
loor es; mas, ¡ay Dios, qué impropio os viene!
¿Diré que no lo sois? Menos conviene,
que es más impropio en ojos tan hermosos.
Que sois falsos, mañosos, 60
diría, si creyese
que a vuestra hermosura no ofendiese;
mas ¿quién hay que esto vea
que la crueldad que en vos escondéis crea?
¿Quién pensará de vos, hermosos ojos, 65
que cause tal beldad tales enojos?

Aquel volador pece
he visto yo salir del mar volando;
y mientras del morir va recelando,
entre dos muertes puesto, una padece:
en el agua aparece
quien su morir aguarda,
y en el aire otra muerte si se tarda.
Yo, que muero mirando,
de vos, por no morir, me vo alejando;
mas si en el aire de la ausencia tardo
veo otra muerte de que más me guardo.
   De la tormenta huye
el fuerte y el cobarde marinero,
y mientras mira el mar turbado y fiero,
el temor de la muerte lo destruye;
pero después concluye
que quien no sabe otra arte
conviene que de aquella no se aparte.
Así yo, mientras os miro
airados, me acobardo y me retiro;
mientras con ceño estáis, temo presente.
Mas ¿de qué viviré, de vos ausente?
   Vuestro hermoso ceño,
vuestro blando mirar, süave, honesto,
y aquel blando volver grave y apuesto
con semblante dormido y zahareño
¿a qué, salvo a su dueño,
se iguala que se entienda?
¿Qué comparación hay que no os ofenda?
Ojos, en vos se encierra
muerte, vida, pesar, placer, paz, guerra.
Pues si tales extremos son extremo
en vos, ¡ved si de vos con razón temo!
   Ojos, si los afetos
que a sentir dais, decir no se permiten,
porque, por ser por vos, con vos compiten,
mejor es que en el alma estén secretos.
Temerosos concetos
son del que se os atreve

a mirar ni a decir lo que se os debe;
y más es atrevido
el que os niega el loor que os es debido.
Y así yo, ni presente sin miraros, 110
ni ausente puedo estar sin alabaros.

Si como es cosa vuestra
deseo saber decir lo que en vos cabe,
ojos, vos lo sabéis y Amor lo sabe.
Mas, canción, pues tan alto se nos muestra 115
el misterio que toco,
callar mucho es mejor que decir poco.

[De las *Obras*, edic. de Joaquín Hazañas y de la Rua (Sevilla, 1895).]

JUAN DE IRANZO [*]

89   A UN LAÚD, UNO QUE LO TAÑÍA

De herirte, laúd, jamás me alejo,
ni el Amor de herirme se refrena;
a ti te ciñe cuerda, a mí cadena;
tú suenas dulcemente, yo me quejo.

Tu pecho está herido, yo no dejo 5
de tener en el mío llaga y pena;
a ti y a mí nos tiempla mano ajena;
tú eres por ti mudo, yo perplejo.

Tú de box, yo amarillo; tú, hincadas
las clavijas que tuercen donde quiero; 10
yo, mil flechas de amor, de Amor guiadas.

---

[*] Juan de Iranzo, quizá sevillano, elogiado por Argote de Molina en su *Discurso sobre la poesía castellana* al lado de Cetina, y por Juan de la Cueva en su *Ejemplar poético*, era capitán y sargento mayor.

Retrato de **Fernando** de Herrera.

BALTASAR DE EL ALCAÇAR.

Bien pudo gloriarse la edad de nuestro gran Monarca Filipo Segundo, pues no fue menos felice de buenos ingenios que la del claro Augusto, en que florecieron el Divino Virgilio, el numeroso Oracio, i el insigne Tibulo: pues en ella salio a luz el ilustre varon Baltasar del Alcaçar:

Retrato de Baltasar de el Alcázar.

Tú eres muerto, yo muero si te hiero;
los golpes te dan vidas acordadas;
dolor es vida en mí, sin él yo muero.

> [Del ms. 506 de la Biblioteca Provincial de Toledo, fol. 54.]

JUAN FARFÁN *

90

A UN CORNUDO

¡Oh carnero muy manso!, ¡oh buey hermoso,
asno trabajador, siempre contento
de tu mujer freçada y paramento;
mastín blando al que viene deseoso,

no se dirá por ti: "¡Qué hombre celoso, 5
qué bravo, qué feroz y qué sangriento!"
Destocado al sereno, un largo cuento
oyes de tu vecino, el más ocioso.

El que dentro de casa está encerrado,
contemplando en tus hechos y renombre, 10
dice: "Vivas mil años, padre honrado;

"que si todo el correr que está en mi nombre
a tus pies por natura fuera dado,
pudiéramos decirte ciervo y hombre."

> [Del ms. 506 de la Biblioteca Provincial de Toledo, fol. 388.]

---

* Juan Farfán, lo mismo que Iranzo, y del mismo círculo, figura también en el cancionero de las *Flores de varia poesía*.

GREGORIO SILVESTRE
(1520-1569)

91   CANCIÓN

Señora, vuestros cabellos
de oro son,
y de acero el corazón
que no se muere por ellos.

No son de oro, que no es el
oro de tanto valor;
porque no hay cosa mejor,
los comparamos con él.
Yo digo que el oro es dellos
y ellos son
tesoros del corazón,
que siempre contempla en ellos.
    Son de lumbre, son de cielo,
son de sol, y más si hay más
adonde suba el compás
lo más precioso del suelo.
No hay que comparar con ellos,
de oro son,
y de acero el corazón
que no se muere por ellos.
    Vuestros cabellos, señora,
son de oro para mí,
que cada uno por sí
me enriquece y me enamora.
Las almas ponéis en ellos
en prisión,
y es de acero el corazón
que no se muere por ellos.

92   CANCIÓN

¡Ay de mí,
que muero después que os vi,
y ay de vos,
que daréis la cuenta a Dios!

Contra mí fuimos los dos:
yo en morir por quien me olvida,
y vos en quitar la vida
a quien se muere por vos.
Para mí
yo quedo pagado así,
pero vos,
¿qué cuenta daréis a Dios?
  Si vale aquí el disculpar,
morir por vos, os disculpa,
mas de matarme sin culpa,
¿qué disculpa podéis dar?
Yo de mí
diré que a vos me rendí,
pero vos,
¿qué cuenta daréis a Dios?
  Con el dolor que me adiestra,
cuando pienso en aquel día,
no siento la pena mía
y lloro la culpa vuestra.
Y es así
que pienso decir allí:
señor Dios,
yo pasaré por los dos.

93   ¡Oh dulce gusto extraño y peregrino
gustado en esos labios divinales,
veneras de las perlas orientales
y puertas del imperio cristalino!

Más colorados que el coral más fino, 5
más dulce que la miel de los panales
y que la ambrosia y néctar celestiales
que a dioses por manjar no más convino.

Aquel dichoso rato que gozaba
la paz a tanta fe sólo debida, 10
el ser de nuestras almas se trocaba.

La una con la otra tan unida,
y un alma en los dos cuerpos animaba
y dos en cada cuerpo daban vida.

94   ELEGÍA A LA MUERTE DE DOÑA MARÍA

¡Ay muerte dura!, ¡ay dura y cruda muerte!,
¡ay muerte!, ¡y cuál me tienes
de haber sido tan presta y presurosa!
Para mi mal, ¡qué cierta, fiera y fuerte,
y qué ligera vienes!, 5
y para el bien ¡qué torpe y espaciosa!
Llevaste a la preciosa
y alegre y clara luz del alma mía:
murió doña María;
y ahora, por doblarme la querella, 10
quieres que viva yo, muriendo ella.
Dejaste, ¡oh cruel muerte!, enriquecido
con este fiero asalto
el cielo y todo el mundo arrüinado;
y sin ventura a mí, triste, perdido, 15
y miserable falto,
y de todos los bienes despojado;
y al suelo desdichado
sin bien, sin luz, sin gloria y ornamento,
sin paz y sin contento, 20
privado el dulce amor de su tesoro;
y a todo el mundo en lamentable lloro.

Aquella dulce prenda tan preciosa,
de quien aun ser el suelo
pisado de sus pies no merecía,
que hizo la edad nuestra venturosa,
ahora pisa el cielo
adonde su virtud resplandecía,
y la serena mía,
con alta voz sonora y dulce canto,
al muchas veces santo,
alaba eternamente, demandando
la paz de quien por ella está llorando.

En todo lo que miro me parece
que muestra y representa
la funesta ocasión de mis dolores;
el sol se eclipsa y no me resplandece,
ni el fuego me calienta,
y las plantas me niegan sus olores,
los frutos sus sabores,
y todo bien, su gozo y alegría,
y la desdicha mía,
la fuente me secó donde manaba
el ser que a cualquier cosa se le daba.

Mas tanto mi dolor cruel, esquivo
crece, vive y revive,
cuanto más lejos de mi bien me veo;
mi clara luz es muerta y yo soy vivo;
yo muero y ella vive,
y della vive en mí solo el deseo;
que es muerta, no lo creo,
y voy por los lugares do la vía,
y con esta alegría
encuentro a quien me puede decir della...
¡Y no me atrevo a preguntar por ella!

Por ella en vivo fuego inextinguible
holgaba que estuviera
mi alma consumida y abrasada;
en todo lo demás era imposible
que cosa me atrajera
si en esta piedra imán no era tocada,

 y como enderezada
y el aguja llevase siempre al norte
del celestial consorte,
no me quedó en la tierra otro consuelo,   65
sino que he de subir a verla al cielo.

 Triste canción, en lágrimas bañada,
toda deshecha en llanto,
la causa mostrarás del dolor tanto,
y sin ser preguntada   70
dirás cómo padecen siempre mengua
el corazón y el alma por la lengua.

95 Mortales, ¿habéis visto mayor cosa
que siendo Muerte me he tornado vida,
y de áspera, cruel y desabrida
me he hecho blanda, dulce y amorosa?

 Ya me codician todos por hermosa   5
y de quien era más aborrecida
soy con alegre cara recibida,
por suerte deseada y venturosa.

 ¿Sabéis de qué manera, el mortal velo
del alma santa desaté de aquella   10
por quien era el vivir dulce, agradable?

 Murió doña María y subió al cielo;
quedó hecho el vivir muerte sin ella,
y alegre vida, yo, dulce y afable.

96 Decid los que tratáis de agricultura
en este valle umbroso y desabrido:
¿qué fruto del deleite habéis tenido
que no se os torne luego en amargura?

Del gusto y del regalo y la dulzura
¿qué espigas y qué grano habéis cogido
que no salga nublado y revenido
del silo de la triste sepultura?

Del mal terreno y mala sementera
¿qué se puede segar, sino sospecha,
disgusto, confusión, remordimiento?

El alma siente ya desde la era
cómo ha de baratar de la cosecha
agosto seco, de eternal tormento.

[De *Las obras* (Granada, 1582), fols. 70v, 301, 306, 315v y 317v.]

JORGE DE MONTEMAYOR

(1520-1561)

97
Aunque, señora, me muero,
el morir no me atormenta,
porque el alma se sustenta
en virtud de lo que os quiero.

Que no ha sido el cuerpo, no,
quien tal tormento meresce,
sola el alma es quien padesce
desde el punto que os miró.
Y aunque otra gloria no espero
que por vuestra causa sienta,
baste ver que se sustenta
en virtud de lo que os quiero.

98

VILLANCICO AJENO

Véante mis ojos,
y muérame yo luego,
dulce amor mío
y lo que yo más quiero.

MONTEMAYOR

A trueque de verte
la muerte me es vida;
si fueres servida,
mejora mi suerte,
que no será muerte
si en viéndote muero,
dulce amor mío
y lo que yo más quiero.
¿Do está tu presencia?
¿Por qué no te veo?
¡Oh cuánto un deseo
fatiga en ausencia!
Socorre, paciencia,
que yo desespero
por el amor mío
y lo que yo más quiero.

99

¿Qué pude ser, señora, antes que os viese,
pues viéndoos cobré el ser que no tenía?
¿Qué pudo ser sin vos el alma mía,
o qué sería de mí si así no fuese?

Según ahora me siento, aunque viviese,
no era el alma, no, por quien vivía,
que un natural instinto me regía,
hasta que vuestro rostro ver pudiese.

Y viendo el resplandor y hermosura
del rostro transparente y delicado
do tanta perfición pintó natura,

de vos recebí un ser tan extremado,
que no pudiendo haber en mí mal cura
lo sufro y me sustento en mi cuidado.

100   CÁNTICA

*Cor mundum crea in me, Deus,
et spiritum rectum innova in visceribus meis.*

Cría en mí, Señor, corazón limpio,
y espíritu derecho renueva en mis entrañas.
En mí cría, Señor, corazón limpio,
pues me desamparó el que yo tenía;
de su salud está muy olvidado,
sin camino se anda y sin provecho.
Salido es de su tierra, y peregrino
se anda en vanidades, como loco;
llaméle, y nunca quiso responderme,
que sus pecados proprios le vendieron.
Pues cría en mí, Señor, corazón nuevo,
corazón limpio, manso y muy humilde,
pacífico, benigno y pïadoso,
que al prójimo no haga mal ni diga,
no vuelva mal por mal como solía,
mas cumpla rectamente tu precepto.
Y sobre cuantos hay, ame a ti solo,
de ti piense contino y de ti hable,
y gracias te dé siempre por tus obras,
en los himnos y cantos se deleite.
Y aunque en la tierra esté, allá en el cielo
esté, converse y loe tu figura.
Tal corazón como éste cría luego,
hazlo de nada, y presto, pues que puedes.
Y sea el corazón tal por tu gracia,
cual por naturaleza ser no puede.
Que la gracia del alma de ti viene
por creación divina, y luego hace
más claro el corazón que sol ni luna.

Ésta es quien las virtudes trae consigo,
y quien todos los vicios echa fuera.
Espíritu derecho en mis entrañas
renueva, y traerme ha por buen camino, 35
y de toda afección mala y terrena
limpio me dejará, y quedaré libre,
y subirme ha a las cosas celestiales;
juntarme ha por amor con todas ellas,
él proprio me hará que yo las ame, 40
y el amador y amado por la fuerza
de aquel amor, se hacen ambos uno.
Pues luego aquel espíritu que amare
las obras corporales será cuerpo,
y aquel solo espíritu, que ama 45
las obras del espíritu perfecto.
Pues dame un tal espíritu, que suba
a tu contemplación continamente.
Que espíritu eres tú, Señor eterno,
y espíritu han de ser los que te adoran, 50
que en espíritu limpio y verdadero
quieres ser adorado justamente.
Pues dame tú espíritu que busque
las cosas tuyas proprias, no las suyas,
y no lo que él quisiere, sino aquello 55
de que tú, gran Señor, fueres servido.
Renueva en mis entrañas, que están muertas,
un espíritu nuevo, y aun de nuevo
en este pecador debes hacelle:
que aquel que tú primero en mí pusiste, 60
mis males le ahogaron, y mis culpas.
Dame espíritu nuevo que renueve
lo que es por mi pecado envejescido.
Mi alma ame a ti naturalmente
como a su Señor proprio, sobre todos. 65
Que el amor natural es muy derecho,
por cuanto de tu solo amor procede;
pero su voluntad mala e inicua
la tiene en sí el pecado envejescida,
y este amor natural está embotado. 70

Pues renueva, Señor, con gracia tuya
este amor, porque vuelva en este punto
a su naturaleza, y a ti ame,
y a ti solo desee, y a ti quiera.
Y este amor sea tan firme en mis entrañas, 75
que allí eche raíces y florezca
mi ánima, y dé fruto de alabanzas;
y de tal suerte quede, que peligro
de muerte ni otra cosa no le impida
a estar conforme a ti, que le criaste. 80

> [*El Cancionero*, edic. de A. González Palencia (Madrid, 1932), pp. 3, 26, 57 y 324.]

101

Desdeñado soy de amor,
guárdeos Dios de tal dolor.

Soy del Amor desdeñado,
de Fortuna perseguido,
ni temo verme perdido, 5
ni aún espero ser ganado;
un cuidado a otro cuidado
me añade siempre el amor:
guárdeos Dios de tal dolor.
   En quejas me entretenía, 10
¡ved qué triste pasatiempo!;
imaginaba que un tiempo
tras otro tiempo venía;
mas la desventura mía
mudólo en otro peor: 15
guárdeos Dios de tal dolor.

102

Cuando triste yo nací,
luego nací desdichada;
luego los hados mostraron
mi suerte desventurada.
El sol escondió sus rayos, 5
la luna quedó eclipsada,

murió mi madre en pariendo
moza hermosa y mal lograda.
El ama que me dio leche
jamás tuvo dicha en nada, 10
ni menos la tuve yo
soltera ni desposada.
Quise bien y fui querida,
olvidé y fui olvidada;
esto causó un casamiento 15
que a mí me tiene cansada.
Casara yo con la tierra,
no me viera sepultada
entre tanta desventura
que no puede ser contada. 20
Moza me casó mi padre,
de su obediencia forzada;
puse a Sireno en olvido,
que la fe me tenia dada.
Pago también mi descuido 25
cual no fue cosa pagada;
celos me hacen la guerra
sin ser en ellos culpada.
Con celos voy al ganado,
con celos a la majada, 30
y con celos me levanto
contino a la madrugada.
Con celos como a su mesa
y en su cama so acostada,
si le pido de qué ha celos 35
no sabe responder nada.
Jamás tiene el rostro alegre,
siempre la cara inclinada,
los ojos por los rincones,
la habla, triste y turbada. 40
¿Cómo vivirá la triste
que se ve tan mal casada?

[*La Diana*, edic. de F. López Estrada en Clásicos Castellanos, t. 127, pp. 127 y 241.]

JUAN SÁNCHEZ BURGUILLOS *
(1520?-1575)

103   BERNARDO PIDE LA LIBERTAD DE SU PADRE

En corte del casto Alfonso
Bernaldo a placer vivía,
sin saber de la prisión
en que su padre yacía.
A muchos pesaba della,   5
mas nadie gelo decía;
ca non osaba ninguno,
que el rey gelo defendía;
y sobre todos pesaba
a dos deudos que tenía: 10
uno era Vasco Meléndez,
a quien la presión dolía,
y el otro Suero Velázquez,
que en el alma lo sentía.
Para descubrir el caso   15
en su poridad metían
a dos dueñas fijasdalgo,
que eran de muy gran valía:
una era Urraca Sánchez,
la otra dicen María,   20
Meléndez era el renombre
que sobre nombre tenía.
Con estas dueñas fablaron
en gran poridad un día,
diciendo: —Nos vos rogamos,   25

---

* Juan Sánchez Burguillos, quizá sevillano, fue elogiado por Herrera como "repentista", es autor de numerosos romances y poemas de tipo cancioneril, cuya edición ha preparado Alberto Blecua.
24 *poridad*: secreto.

señoras, por cortesía,
que le digáis a Bernaldo,
por cualquier manera o vía,
cómo yace preso el conde
su padre don Sancho Díaz;   30
que trabaje de sacarlo,
si pudiere en cualquier guisa,
que nos al rey le juramos
que de nos no lo sabría.
Las dueñas cuando lo oyeron   35
a Bernaldo lo decían.
Cuando Bernaldo lo supo
pesóle a gran demasía,
tanto que dentro en el cuerpo
la sangre se le volvía.   40
Yendo para su posada
muy grande llanto hacía;
vistióse paños de duelo
y delante el rey se iba.
El rey, cuando así lo vio   45
desta suerte le decía:
—Bernaldo, ¿por ventura
cobdicias la muerte mía?
Bernaldo dijo: —Señor,
vuestra muerte no querría,   50
mas duéleme que está preso
mi padre gran tiempo había;
señor, pídovos por merced,
y yo vos lo merecía,
que me lo mandedes dar.   55
Empero el rey con gran ira
le dijo: —Partíos de mí,
y no tengáis osadía
de más esto me decir,
ca sabed que os pesaría,   60
ca yo vos juro y prometo
que en cuantos días yo viva,
que de la prisión non veades
fuera a vuestro padre un día.

Bernaldo con gran tristeza
aquesto al rey respondía:
—Señor, rey sois y faredes
a vuestro querer y guisa;
empero yo ruego a Dios,
también a Santa María,
que vos meta en corazón
que lo soltedes aína;
ca yo nunca dejaré
de vos servir todavía.
Mas el rey con todo esto
amábale en demasía,
y ansí se pagaba dél,
tanto cuanto más le vía,
por lo cual siempre Bernaldo
ser fijo del rey creía.

[Del *Cancionero de romances* de M. Nucio, s. a., fol. 136, y R. Menéndez Pidal, *Romancero hispánico,* I (Madrid, 1957), pp. 202-203.]

PEDRO DE ANDRADE CAMINHA *
(1520?-1589)

CANTIGA

A esta Cantiga velha:
¡Véante mis ojos,
y muérame yo luego,
dulce amor mío
y lo que yo más quiero!

* Pedro de Andrade Caminha, camarero de don Duarte, nieto del rey don Manuel, es poeta aficionadísimo a glosar cancioncillas castellanas.

> Aunque verte temo, 5
> muero por mirarte;
> todo en ti es extremo,
> todo en mí es amarte.
> Sin saber desearte
> de deseos muero, 10
> *¡dulce amor mío*
> *y lo que yo más quiero!*
> Cuando veo tus ojos
> siento en mí otra suerte,
> blandos mis enojos 15
> y dulce mi muerte.
> Ya no puedo verte
> y otro bien no espero,
> *¡dulce amor mío*
> *y lo que yo más quiero!* 20

105 VILANCETE

Señora, que no miráis,
que si penas tengo
vos me las dais.

> Cuanto sufro y cuanto siento
> escrito traigo en mis ojos, 5
> mil cuidados, mil enojos,
> y nunca un contentamiento.
> Vase como niebla al viento
> la vida, y vos lo causáis,
> señora, y no lo miráis. 10
> Yo vivo de mi cuidado
> y muero de vuestro olvido,
> cuanto por uno he ganado
> tanto por otro he perdido.
> Ando como sin sentido, 15
> ciego y loco, y no miráis
> que sola vos lo causáis.

106
ENDECHAS

A mi vida llena
de enojos, enojos,
ojos dieron pena,
muerte darán ojos.
    Diéronme cuidados,
engaños, engaños,
daños no pensados,
nunca vistos daños.
    Duras ansias mías,
tristes cuentos, cuentos,
tormentos los días,
las noches tormentos.
    Nunca al dolor mío
valió ruego, ruego,
ciego que me guío
por sólo otro ciego.
    Váseme la vida
volando, volando,
llegando a perdida
mas nunca llegando.
    ¡Oh si ya llegase
la mi muerte, muerte,
suerte que acabase
mi tan dura suerte!

107
VILANCETE

A este Vilancete velho:

¡Vos me habéis muerto,
niña en cabello,
vos me habéis muerto!

El cabello hermoso,
suelto y esparcido,
me quitó el reposo,
me prendió el sentido.
Tenía escondido
dolor grave y cierto
con que me habéis muerto.
   Quedó allí forzada
y de amor vencida,
la vida enlazada,
la alma detenida.
Entre muerte y vida,
pena y desconcierto
me dejó por muerto.
   Verte así deseaba
aunque de ello indino,
vida allí buscaba,
muerte allí me vino.
En deseo contino
de peligro cierto
vivo aunque soy muerto.
   La hora dichosa
en que así te veo,
es la más hermosa
que halla mi deseo.
¡Ved si es devaneo
buscar por buen puerto
al peligro cierto!

[De las *Poesías inéditas* publicadas por J. Priebsch (Halle, 1898), pp. 228, 231, 238 y 386.]

DIEGO DE FUENTES *
(1525?-1575?)

108   ¿Qué me sirven mis cabellos,
*pues no quiso a mi pastor
dejallos gozar Amor?*

¿Qué sirve tener comigo
cabellos que el sol deshacen,
pues de mi pastor no hacen
más cuenta que de enemigo?
Yo soy de esto buen testigo,
*pues no quiso a mi pastor
dejallos gozar Amor.*

Unas veces lo procuro,
mas luego vuelvo con no;
dice Amor, desdigo yo;
él promete, yo lo juro.
No queda el hecho seguro,
*pues no quiso a mi pastor
dejallos gozar Amor.*

¡Ay, cabellos mallogrados,
cuán poco sirve el teneros,
pues no pudo mereceros
él, por quien fuisteis criados!
De hoy más iréis destrenzados,
*pues no quiso a mi pastor
dejallos gozar Amor.*

Si cuando Amor aquejaba
mi zagal en tal manera,
entonces dél me doliera;

---

* Diego de Fuentes, aragonés, a juzgar por sus *Obras,* llenas de alusiones a personajes de su tiempo, a Zaragoza y al Ebro. Es también autor de una *Vida de Ausias March,* en prosa, publicada en la traducción que hizo Montemayor en 1562, y de la *Conquista de África* (Amberes, 1570).

¡oh cuán bien que lo acertaba!
Pero ya se imaginaba
que gozallos mi pastor 30
no lo fiara de Amor.

    La culpa de tanto daño
sola a mí se debe dar,
pues no supe desviar
de mí tan notorio daño. 35
Ya está claro el desengaño,
pues no quiso a mi pastor
dejallos gozar Amor.

    Si con mis ojos le viese,
juro no le desechase, 40
ni que de mí se apartase
un punto le consintiese.
¡Ay, carillo, y quién te viese!
Vente a mí, mi buen pastor,
no tengas miedo de Amor. 45

109   Sin alas va volando el pensamiento;
lugar do deja, todo lo trasciende;
no teme el duro paso que le ofende
del hondo lago y cavernal asiento.

    Por la región noturna y aposento, 5
con ímpetu camina, donde entiende
hallar la ocasïón, o quién enciende
su mal intolerable y su tormento.

    No teme de las Parcas el camino,
mas va siguiendo el hilo de sus hados; 10
buscando va el Amor que le acompañe.

    Mas ¿quién puede escapar de un desatino,
si Amor enseña a los atormentados
por dó los llevará que no los dañe?

              [*Las obras de Diego de Fuentes* (Zaragoza,
               1563), fols. 5v y 70v.]

DIEGO RAMÍREZ PAGÁN *
(1524?-?)

110   Los ojos bellos, la amorosa frente,
los brazos, manos, pies, el claro viso,
que me ha hecho de mí mesmo diviso,
y en todo singular de la otra gente;

los crespados cabellos de oro ardiente, 5
el cuerdo resonar del dulce riso
que en tierra hacer solía un paraíso,
ya es un poco de polvo que no siente.

Y yo en dolor, y desdeñado, vivo
oscuras sin la lumbre que amé tanto, 10
como sin remos barco en mar esquivo.

Fenezca aquí mi enamorado canto,
seca es la vena del ingenio vivo,
y la cítara mía vuelta en llanto.

111   A UNA CLAVELLINA

Dulce clavel, de mano tan divina
a mí, bajo pastor, dado en consuelo;
dulce penar y dulce desconsuelo,
que meresció tan buena medicina.

---

* Diego Ramírez Pagán, murciano, estudió en Alcalá y en 1556 residía en Valencia como capellán de los duques de Segorbe. Amigo de Montemayor, Figueroa y Herrera; bajo el nombre de Dardanio y Silvano celebra la belleza de Marfira. Algún soneto, como el que comienza "Dardanio con el cuento del cayado" se hizo tan popular que en la *Floresta* figura con el encabezamiento que he copiado y una manecilla para llamar la atención del lector.

172   POESÍA DE LA EDAD DE ORO

    Dulce imitar la aurora matutina 5
con tu color de rubicundo velo,
clavel, que el corazón clavas sin duelo,
clavo cubierto en flor de clavellina.

    Dulce clavel, de ti vayan ornadas
las cítaras de aquellas nueve diosas 10
que en el Parnaso viven coronadas.

    Las vírgines y ninfas más hermosas
de ti guirnaldas tejan muy preciadas,
por honra del laurel, del mirto y rosas.

112 ESTE SONETO HA TENIDO MUCHOS PADRASTROS QUE NO LE HAN TRATADO BIEN, Y AGORA SU PROPIO PADRE LO RESTITUYE EN SU PRIMERA LIBREA

    Dardanio, con el cuento de un cayado,
el nombre y la figura deshacía
de aquella ninfa, a quien él mismo había
en mil cortezas de árboles cortado.

    Y con el rostro triste y demudado, 5
con un ¡ay! que del alma le salía:
"¡Oh perversa Marfira, —le decía—,
en quien puse mi fe, seso y cuidado,

    "si pudiese del alma tu retrato
quitar, cual de los árboles le quito, 10
no harías mi vida ser tan corta.

    "Mas, ¡ay!, cuán por demás triste me mato:
que lo que está en el corazón escrito,
borrarlo en la corteza poco importa!"

1 *cuento*: regatón o contera de la pica, la lanza o el bastón.

113 INDIRECTA A UNA DAMA

Vi una garza a par del cielo
y un neblí en su seguimiento
que volaba,
mas ella es de tanto vuelo,
que al más supremo elemento   5
se acercaba.
Maravillosa contienda,
que la sigue y la desea,
y da lugar
que se vaya y se defienda,   10
porque dure la pelea
y su volar.
El sacre que la seguía,
si con vuelo muy ligero
se encumbraba,   15
cuanto más alto subía,
tanto más bajo y rastrero
se quedaba.
Y visto el merescimiento
de la garza, y el denuedo   20
que tenía,
volaba con tanto tiento,
y estaba con tanto miedo,
que moría.

[De la *Floresta de varia poesía* (Valencia, 1562), pero los copio de la edic. de A. Pérez Gómez (Barcelona, 1950), I, p. 58, y II, pp. 41, 62 y 183.]

LUIS DE CAMÕES
(1524-1579)

114   MOTE ALEHIO

De dentro tengo mi mal:
que de fuera no hay señal.

VOLTA

Mi nueva y dulce querella
es invisible a la gente;
el alma sola la siente,   5
que el cuerpo no es dino della.
Como la viva centella
se encubre en el pedernal,
de dentro tengo mi mal.

115   MOTE

Ojos, herido me habéis,
acabad ya de matarme;
mas muerto, volvé a mirarme,
porque me resuscitéis.

VOLTAS

Pues me distes tal herida   5
con gana de darme muerte,
el morir me es dulce suerte,
pues con morir me dais vida.
Ojos, ¿qué os detenéis?   10
Acabad ya de matarme;
mas muerto, volvé a mirarme,
porque me resuscitéis.

La llaga, cierto, ya es mía,
aunque, ojos, vos no querráis;
mas si la muerte me dais,
el morir me es alegría.
Y así digo que acabéis,
oh ojos, ya de matarme;
mas, muerto, volvé a mirarme,
porque me resuscitéis.

Mote

Irme quiero, madre,
a aquella galera,
con el marinero
a ser marinera.

Voltas

Madre, si me fuere,
do quiera que vo,
no lo quiero yo,
que el Amor lo quiere.
Aquel niño fiero
hace que me muera
por un marinero
a ser marinera.

Él, que todo puede,
madre, no podrá,
pues el alma va,
que el cuerpo se quede.
Con él, por quien muero
voy, porque no muera:
que si es marinero,
seré marinera.

Es tirana ley
del niño señor
que por un amor
se deseche un rey.

Pues desta manera 25
quiero irme, quiero,
por un marinero
a ser marinera.

Decid, ondas, ¿cuándo
vistes vos doncella, 30
siendo tierna y bella,
andar navegando?
Mas ¿qué no se espera
daquel niño fiero?
Vea yo quien quiero: 35
sea marinera.

117   MOTE

¿Do la mi ventura?
Que no veo alguna.

VOLTAS

Sepa quien padece
que en la sepultura
se esconde ventura 5
de quien la merece.
Allá me parece
que quiere Fortuna
que yo halle alguna.

Naciendo mesquino, 10
dolor fue mi cama;
tristeza fue el ama,
cuidado el padrino.
Vestióse el destino
negra vestidura, 15
huyó la ventura.

No se halló tormento
que allí no se hallase;
ni bien que pasase
sino como viento. 20

¡Oh, qué nacimiento,
que luego en la cuna
me siguió Fortuna!
   Esta dicha mía,
que siempre busqué, 25
buscándola, hallé
que no la hallaría:
que quien nace en día
de estrella tan dura,
nunca halla ventura. 30
   No puso mi estrella
más ventura en min;
ansí vive en fin
quien nace sin ella.
No me quejo della: 35
quéjome que atura
vida tan escura.

118   Ondas que por el mundo caminando
contino vais llevadas por el viento,
llevad envuelto en vos mi pensamiento,
do está la que do está lo está causando.

   Dicilde que os estoy acrescentando, 5
dicilde que de vida no hay momento,
dicilde que no muere mi tormento,
dicilde que no vivo ya esperando,

   dicilde cuán perdido me hallastes,
dicilde cuán ganado me perdistes, 10
dicilde cuán sin vida me matastes,

   dicilde cuán llagado me feristes,
dicilde cuán sin mí que me dejastes,
dicilde cuán con ella que me vistes.

---

36 *atura*: dura.

119   El vaso reluciente y cristalino,
de ángeles agua clara y olorosa,
de blanca seda ornado y fresca rosa,
ligado con cabellos de oro fino;

bien claro parecía el don divino   5
labrado por la mano artificiosa
de aquella blanca ninfa, gracïosa
más que el rubio lucero matutino.

Nel vaso vuestro corpo se afigura,
rajado de los blandos miembros bellos,   10
y en el agua vuestra ánima pura;

la seda es la blancura, y los cabellos
son las prisiones y la ligadura
con que mi libertad fue asida dellos.

> [*Lírica de Camões,* edic. de J. M.ª Rodrigues y A. Lopes Vieira (Coimbra, 1932), pp. 14, 17, 19, 103, 148 y 163.]

JERÓNIMO DE LOMAS CANTORAL

(† 1570)

120   ¡Oh dulce sueño, dulce acertamiento!
¡Oh dulce descansar del día cansado!
Bien dicen que a la muerte es comparado
el hombre que en él baña el sentimiento.

3-4 Alude al conocido apotegma "Somnium imago mortis", tan citado en la poesía de la Edad de Oro.

¡Oh dulce reposar, do el pensamiento 5
el premio recibió del mal pasado,
si no cortara el hilo mi cuidado
y volviera más fuerte mi tormento!

¡Oh sabroso momento! Que aun despierto,
estando en sí era sueño o no dudaba, 10
tanto me vi contento y venturoso;

mas viendo que era bien que me sobraba,
de sólo imaginarlo quedé muerto
y conocí ser sueño mi reposo.

121   Ya, triste corazón, llegó el gozoso
día que de tinieblas, pena y lloro
te pudiera librar, si la que adoro
el ánimo tuviera p̈iadoso.

Si agora, cual primero, en doloroso 5
llanto yaces y aquellos rayos de oro
de nuestro sol te cubren su tesoro
con negra nube y velo tenebroso,

tuya es la culpa; tuya sea la pena,
auméntese el dolor, la lluvia crezca 10
y espesa niebla cubra nuestro día;

que quien de voluntad varia y ajena
de todo bien a ciegas se confía,
es bien que en noche y en temor padezca.

122   Tan rendida a su ley al alma tiene
mi firme y riguroso pensamiento,
que según su parar o movimiento,
la sube, baja, lleva o la detiene.

Ya el camino por do sigue o viene 5
de flores está lleno y de contento,
ya de asperezas do con lluvia o viento
o fuego hace que contino pene.

Y si tal vez, por caso de cansada,
a estarse queda o a rehusar prueba 10
el curso tan cruel de su porfía,

con ira al punto y rabia no pensada,
por entre abrojos ásperos la lleva,
haciendo de su sangre nueva vía.

123 AMORES Y MUERTE DE ADONIS

[FRAGMENTO]

[...] En este pensamiento envuelta, viene
por el aire ligera al bajo suelo,
donde puesta en la arena más estéril
la vuelve toda en orientales perlas;
las hierbas que sus pies sagrados tocan 5
al punto reverdecen, sin que valga
tenerlas Febo con sus rayos secas.
Toda cosa de verla con dulzura
se ríe, regucija y la festeja:
ríe el aire sereno y de su lumbre 10
recibe calidad, ríen las sombras,
ríen las hojas y las aves ríen;
las aguas ríen y, con un murmurio
concorde al rico sitio, dan belleza.
Nube obscura ni niebla allí no entra 15
que la diosa gentil y enamorada
con sus vivos sospiros no la esparza;
todo es sabroso, dulce y de amor lleno,
y todo atento en ella se recrea.

Ella sólo sospira y sólo mira 20
el resplandor de aquel sol de la tierra
que al alma en fuego y llanto la deshace,
y en él sólo descansa y se regala;
tal vez de un amoroso osar vencida,
le quiere despertar, y tal, medrosa 25
de enojarle y quebrarle el sueño dulce,
se acobarda, se encoge y se desvía.
Mas, al fin, pudo más amor que miedo,
y dél forzada, la rendida Venus
en tan dulce parlar soltó la lengua: 30
"Oh cualquier que tú seas, Dios o hombre
humano, que esquivando el enojoso
calor del sol, alivio dulce tomas,
despierta te suplico y si te agrada
algo de mí, aquí estoy; despierta luego, 35
porque cierto soy reina y presa tuya;
aparta ya de ti la pesadumbre
de la niebla del sueño, que te oprime
y estorba de gozar un bien tan alto,
y si vale ante ti un amor puro 40
y un corazón en llamas encendido,
te ruego que a mí vuelvas esa vista
dulcísima y süave, porque vea
si son tus claros ojos y serenos
cual todo lo demás que en ti se muestra 45
lleno de amor y de dulzura y gracia.

124 Ya de mis quietos días el sereno
cielo se va turbando, y con sosiego
en el alma se enciende un nuevo fuego,
que me consume dulcemente el seno.

Recoge, corazón, recoge el freno 5
y a más sano lugar te vuelve luego,
pues que de amor el más sabroso juego
está con hiel templado y con veneno.

Al sospirar y al llanto triste y laso,
a oscura luz y a noches congojosas
no tornes, ya que miras libre al cielo.

Huye a los ojos bellos, cierra el paso
al vano desear y a mentirosas
esperanzas, y cércate de hielo.

[*Obras de Jerónimo de Lomas Cantoral* (Madrid, 1578), fols. 83v, 85, 86, 187 y 225v.]

FRANCISCO DE TERRAZAS *

(¿1525?-¿1600?)

125   Dejad las hebras de oro ensortijado
que el ánima me tienen enlazada,
y volved a la nieve no pisada
lo blanco de esas rosas matizado.

Dejad las perlas y el coral preciado
de que esa boca está tan adornada;
y al cielo, de quien sois tan envidiada,
volved los soles que le habéis robado.

La gracia y discreción que muestra ha sido
del gran saber del celestial maestro,
volvédselo a la angélica natura;

y todo aquesto así restituido,
veréis que lo que os queda es propio vuestro:
ser áspera, cruel, ingrata y dura.

---

* Francisco de Terrazas, el más antiguo poeta mejicano de nombre conocido, fue elogiado por Cervantes en su *Canto de Calíope*.

126   ¡Ay basas de marfil, vivo edificio
obrado del artífice del cielo;
columnas de alabastro, que en el suelo
nos dais del bien supremo claro indicio.

¡Hermosos capiteles y artificio
del arco que aun de mí me pone celo!
¡Altar donde el tirano dios mozuelo
hiciera de sí mismo sacrificio!

¡Ay puerta de la gloria de Cupido,
y guarda de la flor más estimada
de cuantas en el mundo son ni han sido!,

sepamos hasta cuándo estáis cerrada
y el cristalino cielo es defendido
a quien jamás gustó fruta vedada.

> [*Flores de varia poesía*, ms. 2.973 de la Biblioteca Nacional, en Gallardo, *Ensayo*, I, cols. 1.003 y 1.007.]

JUAN DE MAL LARA
(1527-1571)

127 IMITACIÓN DEL EPIGRAMA 51, LIB. 3.°,
DE MARCIAL

Tenéis, señora Aldonza, tres treinta años,
tres cabellos no más y sólo un diente,
los pechos de cigarra propriamente
en que hay telas de arañas y de araños.

En vuestras sayas, tocas y otros paños   5
no hay tantas rugas como en vuestra frente;
la boca es desgarrada y tan valiente
que los puertos del mar no son tamaños.

En cantar parecéis mosquito o rana;
la zanca es de hormiga y de finado,   10
la vista es de lechuza a la mañana.

Oléis un cierto olor de desposado;
de cabra es vuestra espalda tan galana,
como de pato flaco y bien pelado.

Éste es vuestro traslado;   15
de todo cuanto oís, no os falta cosa.
¿Qué os falta, pues, decí, para hermosa?

> [De la *Filosofía vulgar* (Sevilla, 1568), pero los copio de la edic. de A. Vilanova, I (Barcelona, 1958), p. 156.]

FRAY LUIS DE LEÓN
(1527-1591)

128   CANCIÓN DE LA VIDA SOLITARIA

¡Qué descansada vida
la del que huye el mundanal rüido
y sigue la escondida
senda, por donde han ido
los pocos sabios que en el mundo han sido!   5
  Que no le enturbia el pecho
de los soberbios grandes el estado,
ni del dorado techo
se admira, fabricado
del sabio Moro, en jaspes sustentado.   10

No cura si la fama
canta con voz su nombre pregonera,
ni cura si encarama
la lengua lisonjera
lo que condena la verdad sincera. 15
   ¿Qué presta a mi contento,
si soy del vano dedo señalado;
si, en busca deste viento,
ando desalentado,
con ansias vivas, con mortal cuidado? 20
   ¡Oh monte, oh fuente, oh río!
¡Oh secreto seguro, deleitoso!,
roto casi el navío,
a vuestro almo reposo
huyo de aqueste mar tempestuoso. 25
   Un no rompido sueño,
un día puro, alegre, libre quiero;
no quiero ver el ceño
vanamente severo
de a quien la sangre ensalza, o el dinero. 30
   Despiértenme las aves
con su cantar sabroso no aprendido;
no los cuidados graves,
de que es siempre seguido
el que al ajeno arbitrio está atenido. 35
   Vivir quiero conmigo;
gozar quiero del bien que debo al cielo,
a solas, sin testigo,
libre de amor, de celo,
de odio, de esperanzas, de recelo. 40
   Del monte en la ladera,
por mi mano plantado tengo un huerto,
que con la primavera,
de bella flor cubierto,
ya muestra en esperanza el fruto cierto; 45
   y, como codiciosa
por ver y acrecentar su hermosura,

---

24 *almo*: vivificador, alimentador, puro.

desde la cumbre airosa
una fontana pura
hasta llegar corriendo se apresura; 50
y, luego sosegada,
el paso entre los árboles torciendo,
el suelo de pasada,
de verdura vistiendo
y con diversas flores va esparciendo. 55

    El aire el huerto orea
y ofrece mil olores al sentido;
los árboles menea
con un manso rüido,
que del oro y del cetro pone olvido. 60

    Ténganse su tesoro
los que de un falso leño se confían;
no es mío ver el lloro
de los que desconfían,
cuando el cierzo y el ábrego porfían. 65

    La combatida antena
cruje, y en ciega noche el claro día
se torna; al cielo suena
confusa vocería,
y la mar enriquecen a porfía. 70

    A mí una pobrecilla
mesa, de amable paz bien abastada,
me baste; y la vajilla,
de fino oro labrada,
sea de quien la mar no teme airada. 75

    Y mientras miserable-
mente se están los otros abrasando
con sed insacïable
del peligroso mando,
tendido yo a la sombra esté cantando. 80

    A la sombra tendido,
de hiedra y lauro eterno coronado,
puesto el atento oído
al son dulce, acordado,
del plectro sabiamente meneado. 85

129 A DON PEDRO PORTOCARRERO *

    Virtud, hija del cielo,
la más ilustre empresa de la vida,
en el escuro suelo
luz tarde conocida,
senda que guía al bien, poco seguida; 5
    tú dende la hoguera
al cielo levantaste al fuerte Alcides;
tú en la más alta esfera
con las estrellas mides
al Cid, clara victoria de mil lides. 10
    Por ti el paso desvía
de la profunda noche, y resplandece
muy más que el claro día
de Leda el parto, y crece
el Córdoba a las nubes, y florece. 15
    Y por tu senda agora
traspasa luengo espacio con ligero
pie y ala voladora
el gran Portocarrero,
osado de ocupar el bien primero. 20
    Del vulgo se descuesta,
hollando sobre el oro; firme aspira
a lo alto de la cuesta;
ni violencia de ira,
ni blando y dulce engaño le retira. 25

---

* Don Pedro Portocarrero, hijo de los marqueses de Villanueva del Fresno, fue en tres ocasiones rector de la Universidad de Salamanca, obispo de Calahorra, de Córdoba, de Cuenca e inquisidor general.
7 *Alcides*: Hércules.
14 *de Leda el parto*: alusión a Cástor y Pólux.
15 *el Córdoba*: el Gran Capitán, don Gonzalo Fernández de Córdoba.
21 *descuesta*: se aparta.

Ni mueve más ligera,
ni más igual divide por derecha
el aire, y fiel carrera,
o la traciana flecha
o la bola tudesca un fuego hecha.   30
  En pueblo inculto y duro
induce poderoso igual costumbre
y, do se muestra escuro
el cielo, enciende lumbre
valiente a ilustrar más alta cumbre.   35
  Dichosos los que baña
el Miño, los que el mar monstruoso cierra,
dende la fiel montaña
hasta el fin de la tierra,
los que desprecia de Eume la alta sierra. 40

130 A FRANCISCO DE SALINAS *

  El aire se serena
y viste de hermosura y luz no usada,
Salinas, cuando suena
la música extremada,
por vuestra sabia mano gobernada.   5
  A cuyo son divino
el alma, que en olvido está sumida,
torna a cobrar el tino
y memoria perdida
de su origen primera esclarecida.   10

---

* Francisco Salinas, de Burgos (1513-1590), quedó ciego a los diez años, estudió canto y órgano, aparte de griego y latín. Estuvo en Roma con el arzobispo de Santiago don Pedro Sarmiento estudiando en la Vaticana, y en 1575 obtuvo la cátedra de música de la Universidad de Salamanca, que desempeñó hasta su muerte. En 1577 en la misma Salamanca publicó su famosa obra *De Musica libri septem*.
2 *no usada*: no acostumbrada, infrecuente.

Y como se conoce,
en suerte y pensamiento se mejora;
el oro desconoce
que el vulgo vil adora,
la belleza caduca engañadora.   15
   Traspasa el aire todo
hasta llegar a la más alta esfera
y oye allí otro modo
de no perecedera
música, que es la fuente y la primera.   20
   [Ve cómo el gran Maestro
aquesta inmensa cítara aplicado,
con movimiento diestro
produce el son sagrado,
con que este eterno templo es sustentado.]   25
   Y como está compuesta
de números concordes, luego envía
consonante respuesta;
y entre ambos a porfía
se mezcla una dulcísima armonía.   30
   Aquí la alma navega
por un mar de dulzura y finalmente
en él ansí se anega,
que ningún accidente
extraño y peregrino oye y siente.   35
   ¡Oh desmayo dichoso!,
¡oh muerte que das vida!, ¡oh dulce olvido!,
¡durase en tu reposo
sin ser restituido
jamás aqueste bajo y vil sentido!   40
   A este bien os llamo,
gloria del apolíneo sacro coro,
amigos a quien amo
sobre todo tesoro,
que todo lo visible es triste lloro.   45

---

42 *apolíneo sacro coro*: el coro de las Musas.

¡Oh, suene de contino,
Salinas, vuestro son en mis oídos,
por quien al bien divino
despiertan los sentidos,
quedando a lo demás adormecidos! 50

131 A FELIPE RUIZ *

De la avaricia

En vano el mar fatiga
la vela portuguesa; que ni el seno
de Persia ni la amiga
Maluca da árbol bueno
que pueda hacer un ánimo sereno. 5
No da reposo al pecho,
Felipe, ni la India, ni la rara
esmeralda provecho:
que más tuerce la cara
cuanto posee más el alma avara. 10
Al capitán romano
la vida, y no la sed, quitó el bebido
tesoro persïano;
y Tántalo, metido
en medio de las aguas, afligido 15
de sed está; y más dura
la suerte es del mezquino, que sin tasa
se cansa ansí, y endura
el oro, y la mar pasa
osado, y no osa abrir la mano escasa. 20

* Felipe Ruiz, de Mota del Cuervo, poeta latino, muy buen amigo de fray Luis.
4 *Maluca*: también Malucas, las islas de las especias.
11 *capitán romano*: Creso, famoso por sus riquezas, que murió en la guerra de los partos; sus enemigos le echaron oro derretido en la boca.
18 *endurar*: "Significa guardar, vivir con economía". *Auts.*
20 *escasa*: avara.

¿Qué vale el no tocado
tesoro, si corrompe el dulce sueño,
si estrecha el ñudo dado,
si más enturbia el ceño,
y deja en la riqueza pobre al dueño?   25

PROFECÍA DEL TAJO

   Folgaba el rey Rodrigo
con la hermosa Cava en la ribera
del Tajo, sin testigo;
el río sacó fuera
el pecho y le habló desta manera: 5
   "En mal punto te goces,
injusto forzador; que ya el sonido
oyo, ya y las voces,
las armas y el bramido
de Marte, de furor y ardor ceñido.   10
   "¡Ay!, esa tu alegría
qué llantos acarrea, y esa hermosa,
que vio el sol en mal día,
a España ¡ay cuán llorosa!,
y al cetro de los Godos ¡cuán costosa!   15
   "Llamas, dolores, guerras,
muertes, asolamiento, fieros males,
entre tus brazos cierras;
trabajos inmortales
a ti y a tus vasallos naturales: 20
   "a los que en Constantina
rompen el fértil suelo, a los que baña
el Ebro, a la vecina
Sansueña, a Lusitania,
a toda la espaciosa y triste España.   25

---

21 *Constantina*: ciudad cercana a Sevilla.
24 *Sansueña*: parece tratarse de cierta ciudad antigua cerca de Cáceres.

"Ya dende Cádiz llama
el injuriado Conde, a la venganza
atento y no a la fama,
la bárbara pujanza,
en quien para tu daño no hay tardanza.   30
   "Oye que al cielo toca
con temeroso son la trompa fiera,
que en África convoca
el Moro a la bandera,
que al aire deslegada va ligera.   35
   "La lanza ya blandea
el árabe cruel, y hiere el viento,
llamando a la pelea;
innumerable cuento
de escuadras juntas veo en un momento.   40
   "Cubre la gente el suelo,
debajo de las velas desparece
la mar, la voz al cielo
confusa y varia crece,
el polvo roba el día y le escurece.   45
   "¡Ay!, que ya presurosos
suben las largas naves; ¡ay!, que tienden
los brazos vigorosos
a los remos, y encienden
las mares espumosas por do hienden.   50
   "El Éolo derecho
hinche la vela en popa, y larga entrada
por el herculeo estrecho
con la punta acerada
el gran padre Neptuno da a la armada.   55
   "¡Ay triste!, ¿y aún te tiene
el mal dulce regazo?, ¿ni llamado
al mal que sobreviene
no acorres?; ¿ocupado
no ves ya el puerto a Hércules sagrado?   60

---

53 *herculeo estrecho*: el estrecho de Gibraltar, donde estaban las columnas de Hércules.
59 *acorrer*: socorrer.

"Acude, acorre, vuela,
traspasa el alta sierra, ocupa el llano;
no perdones la espuela,
no des paz a la mano,
menea fulminando el hierro insano."

¡Ay, cuánto de fatiga,
ay, cuánto de sudor está presente
al que viste loriga,
al infante valiente,
a hombres y a caballos juntamente!

Y tú, Betis divino,
de sangre ajena y tuya amancillado,
darás al mar vecino
¡cuánto yelmo quebrado,
cuánto cuerpo de nobles destrozado!

El furibundo Marte
cinco luces las haces desordena,
igual a cada parte;
la sexta, ¡ay!, te condena,
¡oh cara patria!, a bárbara cadena.

NOCHE SERENA

A D.º Loarte *

Cuando contemplo el cielo,
de innumerables luces adornado,
y miro hacia el suelo
de noche rodeado,
en sueño y en olvido sepultado,
  el amor y la pena
despiertan en mi pecho un ansia ardiente;

---

* Diego de Loarte, arcediano de Ledesma, a quien fray Luis conoció en Salamanca en 1559, cuando Loarte contaba veinte años. Testimonió a favor de fray Luis en el proceso.

despiden larga vena
los ojos hechos fuente,
Loarte, y digo al fin con voz doliente: 10
 "Morada de grandeza,
templo de claridad y hermosura,
el alma, que a tu alteza
nació, ¿qué desventura
la tiene en esta cárcel baja, escura? 15
 "¿Qué mortal desatino
de la verdad aleja así el sentido,
que, de tu bien divino
olvidado, perdido
sigue la vana sombra, el bien fingido? 20
 "El hombre está entregado
al sueño, de su suerte no cuidando,
y, con paso callado,
el cielo, vueltas dando,
las horas del vivir le va hurtando. 25
 "¡Oh, despertad, mortales!:
¡mirad con atención en vuestro daño!;
las almas inmortales,
hechas a bien tamaño,
¿podrán vivir de sombras y de engaño? 30
 "¡Ay, levantad los ojos
aquesta celestial eterna esfera!;
burlaréis los antojos
de aquesa lisonjera
vida, con cuanto teme y cuanto espera. 35
 "¿Es más que un breve punto
el bajo y torpe suelo, comparado
con ese gran trasunto,
do vive mejorado
lo que es, lo que será, lo que ha pasado? 40
 "Quien mira el gran concierto
de aquestos resplandores eternales,
su movimiento cierto,
sus pasos desiguales
y en proporción concorde tan iguales; 45

"la luna cómo mueve
la plateada rueda, y va en pos della
la luz do el saber llueve,
y la graciosa estrella
de amor la sigue reluciente y bella;

"y cómo otro camino
prosigue el sanguinoso Marte airado,
y el Júpiter benino,
de bienes mil cercado,
serena el cielo con su rayo amado;

"rodéase en la cumbre
Saturno, padre de los siglos de oro;
tras él la muchedumbre
del reluciente coro
su luz va repartiendo y su tesoro.

"¿Quién es el que esto mira
y precia la bajeza de la tierra,
y no gime y suspira,
y rompe lo que encierra
el alma y destos bienes la destierra?

"Aquí vive el contento,
aquí reina la paz; aquí, asentado
en rico y alto asiento,
está el Amor sagrado,
de glorias y deleites rodeado;

"inmensa hermosura
aquí se muestra toda, y resplandece
clarísima luz pura,
que jamás anochece;
eterna primavera aquí florece.

"¡Oh campos verdaderos!,
¡oh prados con verdad frescos y amenos!,
¡riquísimos mineros!,
¡oh deleitosos senos!,
¡repuestos valles de mil bienes llenos!"

49-50 *estrella de amor*: el planeta Venus.

134

A FELIPE RUIZ

¿Cuándo será que pueda
libre desta prisión volar al cielo,
Felipe, y en la rueda,
que huye más del suelo,
contemplar la verdad pura sin duelo?

    Allí a mi vida junto,
en luz resplandeciente convertido,
veré distinto y junto
lo que es y lo que ha sido,
y su principio propio y ascondido.

    Entonces veré cómo
la soberana mano echó el cimiento
tan a nivel y plomo,
do estable y firme asicnto
posee el pesadísimo elemento.

    Veré las inmortales
colunas do la tierra está fundada;
las lindes y señales
con que a la mar hinchada
la Providencia tiene aprisionada;

    por qué tiembla la tierra;
por qué las hondas mares se embravecen,
do sale a mover guerra
el cierzo, y por qué crecen
las aguas del océano y descrecen;

    de dó manan las fuentes;
quién ceba y quién bastece de los ríos
las perpetuas corrientes;
de los helados fríos
veré las causas, y de los estíos;

    las soberanas aguas
del aire en la región quién las sostiene;
de los rayos las fraguas;
dó los tesoros tiene
de nieve Dios, y el trueno dónde viene.

¿No ves cuando acontece
turbarse el aire todo en el verano?;
el día se enegrece,
sopla el gallego insano
y sube hasta el cielo el polvo vano; 40
  y entre las nubes mueve
su carro Dios ligero y reluciente;
horrible son conmueve,
relumbra fuego ardiente,
treme la tierra, humíllase la gente; 45
  la lluvia baña el techo;
invían largos ríos los collados;
su trabajo deshecho,
los campos anegados
miran los labradores espantados. 50
  Y de allí levantado,
veré los movimientos celestiales,
ansí el arrebatado,
como los naturales;
las causas de los hados, las señales. 55
  Quién rige las estrellas
veré, y quién las enciende con hermosas
y eficaces centellas;
por qué están las dos Osas
de bañarse en la mar siempre medrosas. 60
  Veré este fuego eterno,
fuente de vida y luz, dó se mantiene
y por qué en el ivierno
tan presuroso viene;
quién en las noches largas le detiene. 65
  Veré sin movimiento
en la más alta esfera las moradas
del gozo y del contento,
de oro y luz labradas,
de espíritus dichosos habitadas. 70

135
AL LICENCIADO JUAN DE GRIAL *

    Recoge ya en el seno
el campo su hermosura; el cielo aoja
con luz triste el ameno
verdor, y hoja a hoja
las cimas de los árboles despoja.　　　　　　5
    Ya Febo inclina el paso
al resplandor egeo; ya del día
las horas corta escaso;
ya Éolo al mediodía
soplando espesas nubes nos envía;　　　　10
    ya el ave vengadora
del Íbico navega los nublados
y con voz ronca llora,
y, el yugo al cuello atados,
los bueyes van rompiendo los sembrados.　15
    El tiempo nos convida
a los estudios nobles, y la fama,
Grial, a la subida
del sacro monte llama,
do no podrá subir la postrer llama.　　　　20
    Alarga el bien guiado
paso y la cuesta vence y solo gana
la cumbre del collado
y do más pura mana
la fuente, satisfaz tu ardiente gana;　　　　25

---

* Juan de Grial, de Calahorra, donde fue canónigo y secretario de don Pedro Portocarrero; en unión de otros doctos trabajó en expurgar y dar a luz con todo esmero las obras de San Isidoro de Sevilla: *Notae in S. Isidori Archiepiscopi Hispalensis in Originum, seu Etimologiarum libros* (Madrid, 1599). Amigo también del Brocense, fue a su vez poeta latino.

2 *aojar*: dar mal de ojo, amarillear.

7 *resplandor egeo*: la constelación de Capricornio, precursora del invierno.

11 *el ave vengadora del Íbico*: la grulla, que fue testigo de la muerte real del poeta Íbico y descubrió a los asesinos del mismo.

19 *sacro monte*: el monte Parnaso.

no cures si el perdido
error admira el oro y va sediento
en pos de un bien fingido,
que no ansí vuela el viento,
cuanto es fugaz y vano aquel contento.

   Escribe lo que Febo
te dicta favorable, que lo antigo
iguala y pasa el nuevo
estilo; y, caro amigo,
no esperes que podrá atener contigo;

   que yo, de un torbellino
traidor acometido y derrocado
del medio del camino
al hondo, el plectro amado
y del vuelo las alas he quebrado.

136   DE LA VIDA DEL CIELO

   Alma región luciente,
prado de bienandanza, que ni al hielo
ni con el rayo ardiente
fallece, fértil suelo,
producidor eterno de consuelo;

   de púrpura y de nieve
florida, la cabeza coronado,
a dulces pastos mueve,
sin honda ni cayado,
el buen Pastor en ti su hato amado;

   él va y en pos dichosas
le siguen sus ovejas, do las pace
con inmortales rosas,
con flor que siempre nace
y cuanto más se goza más renace;

---

35 *atener*: competir.

y dentro a la montaña
del alto bien las guía; ya en la vena
del gozo fiel las baña
y les da mesa llena,
pastor y pasto él solo, y suerte buena. 20
   Y de su esfera cuando
la cumbre toca, altísimo subido,
el sol, él sesteando,
de su hato ceñido,
con dulce son deleita el santo oído; 25
   toca el rabel sonoro,
y el inmortal dulzor al alma pasa,
con que envilece el oro
y ardiendo se traspasa
y lanza en aquel bien libre de tasa. 30
   ¡Oh son!, ¡oh voz!, ¡siquiera
pequeña parte alguna decendiese
en mi sentido, y fuera
de sí el alma pusiese
y toda en ti, oh Amor, la convirtiese!; 35
   conocería dónde
sesteas, dulce Esposo, y desatada
desta prisión adonde
padece, a tu manada
viviera junta, sin vagar errada. 40

137   AL APARTAMIENTO

   ¡Oh ya seguro puerto
de mi tan luengo error!, ¡oh deseado
para reparo cierto
del grave mal pasado!,
¡reposo dulce, alegre, reposado!; 5
   techo pajizo, adonde
jamás hizo morada el enemigo
cuidado, ni se asconde
invidia en rostro amigo,
ni voz perjura, ni mortal testigo; 10

sierra que vas al cielo
altísima, y que gozas del sosiego
que no conoce el suelo,
adonde el vulgo ciego
ama el morir, ardiendo en vivo fuego: 15
   recíbeme en tu cumbre,
recíbeme, que huyo perseguido
la errada muchedumbre,
el trabajar perdido,
la falsa paz, el mal no merecido; 20
   y do está más sereno
el aire me coloca, mientras curo
los daños del veneno
que bebí mal seguro,
mientras el mancillado pecho apuro; 25
   mientras que poco a poco
borro de la memoria cuanto impreso
dejó allí el vivir loco
por todo su proceso
vario entre gozo vano y caso avieso. 30
   En ti, casi desnudo
deste corporal velo, y de la asida
costumbre roto el ñudo,
traspasaré la vida
en gozo, en paz, en luz no corrompida. 35
   De ti, en el mar sujeto
con lástima los ojos inclinando,
contemplaré el aprieto
del miserable bando,
que las saladas ondas va cortando: 40
   el uno, que surgía
alegre ya en el puerto, salteado
de bravo soplo, guía,
en alta mar lanzado,
apenas el navío desarmado; 45
   el otro en la encubierta
peña rompe la nave, que al momento
el hondo pide abierta;

    al otro calma el viento;
otro en las bajas sirtes hace asiento; 50
    a otros roba el claro
día, y el corazón, el aguacero;
    ofrecen al avaro
Neptuno su dinero;
otro nadando huye el morir fiero. 55
    Esfuerza, opone el pecho,
mas ¿cómo será parte un afligido
    que va, el leño deshecho,
de flaca tabla asido,
contra un abismo inmenso embravecido? 60
    ¡Ay, otra vez y ciento
otras seguro puerto deseado!,
no me falte tu asiento,
y falte cuanto amado,
cuanto del ciego error es cudiciado. 65

138

EN LA ASCENSIÓN

    ¿Y dejas, Pastor santo,
tu grey en este valle hondo, escuro,
    con soledad y llanto;
y tú, rompiendo el puro
aire, te vas al inmortal seguro? 5
    Los antes bienhadados
y los agora tristes y afligidos,
    a tus pechos criados,
de ti desposeídos,
¿a dó convertirán ya sus sentidos? 10
    ¿Qué mirarán los ojos,
que vieron de tu rostro la hermosura,
    que no les sea enojos?
Quien oyó tu dulzura
¿qué no tendrá por sordo y desventura? 15
    Aqueste mar turbado
¿quién le pondrá ya freno?, ¿quién concierto

al viento fiero, airado?
Estando tú encubierto,
¿qué Norte guiará la nave al puerto?
 ¡Ay!, nube envidïosa
aun deste breve gozo, ¿qué te aquejas?,
¿dó vuelas presurosa?,
¡cuán rica tú te alejas!,
¡cuán pobres y cuán ciegos, ¡ay!, nos dejas! 25

139   A NUESTRA SEÑORA

 Virgen, que el sol más pura,
gloria de los mortales, luz del cielo,
en quien la piedad es cual la alteza,
los ojos vuelve al suelo
y mira un miserable en cárcel dura, 5
cercado de tinieblas y tristeza;
y, si mayor bajeza
no conoce, ni igual, jüicio humano,
que el estado en que estoy por culpa ajena,
con poderosa mano 10
quiebra, Reina del cielo, esta cadena.
 Virgen, en cuyo seno
halló la deïdad digno reposo,
do fue el rigor en dulce amor trocado,
si blando al riguroso 15
volviste, bien podrás volver sereno
un corazón de nubes rodeado;
descubre el deseado
rostro, que admira el cielo, el suelo adora;
las nubes huirán, lucirá el día; 20
tu luz, alta Señora,
venza esta ciega y triste noche mía.
 Virgen y Madre junto,
de tu Hacedor dichosa engendradora,
a cuyos pechos floreció la vida; 25
mira cómo empeora
y crece mi dolor más cada punto;

el odio cunde, la amistad se olvida;
si no es de ti valida
la justicia y verdad que tú engendraste, 30
¿adónde hallará seguro amparo?
Y pues Madre eres, baste
para contigo el ver mi desamparo.
    Virgen, del sol vestida,
de luces eternales coronada, 35
que huellas con divinos pies la Luna;
envidia emponzoñada,
engaño agudo, lengua fementida,
odio cruel, poder sin ley ninguna,
me hacen guerra a una; 40
pues, contra un tal ejército maldito
¿cuál pobre y desarmado será parte,
si tu nombre bendito,
María, no se muestra por mi parte?
    Virgen, por quien vencida 45
llora su perdición la sierpe fiera,
su daño eterno, su burlado intento;
miran de la ribera
seguras muchas gentes mi caída,
el agua violenta, el flaco aliento: 50
los unos con contento,
los otros con espanto; el más piadoso
con lástima la inútil voz fatiga;
yo, puesto en ti el lloroso
rostro, cortando voy onda enemiga. 55
    Virgen, del Padre Esposa,
dulce Madre del Hijo, templo santo
del inmortal Amor, del hombre escudo;
no veo sino espanto;
si miro la morada, es peligrosa; 60
si la salida, incierta; el favor mudo,
el enemigo crudo,
desnuda la verdad, muy proveída
de armas y valedores la mentira.
La miserable vida, 65
sólo cuando me vuelvo a ti, respira.

Virgen, que al alto ruego
no más humilde *sí* diste que honesto,
en quien los cielos contemplar desean;
como terreno puesto —
los brazos presos, de los ojos ciego —
a cien flechas estoy que me rodean,
que en herirme se emplean;
siento el dolor, mas no veo la mano
ni me es dado el huir ni el escudarme.
Quiera tu soberano
Hijo, Madre de amor, por ti librarme.

Virgen, lucero amado,
en mar tempestuoso clara guía,
a cuyo santo rayo calla el viento;
mil olas a porfía
hunden en el abismo un desarmado
leño de vela y remo, que sin tiento
el húmedo elemento
corre; la noche carga, el aire truena;
ya por el cielo va, ya el suelo toca;
gime la rota antena;
socorre, antes que embista en dura roca.

Virgen, no enficionada
de la común mancilla y mal primero,
que al humano linaje contamina;
bien sabes que en ti espero
dende mi tierna edad; y si malvada
fuerza que me venció ha hecho indina
de tu guarda divina
mi vida pecadora, tu clemencia
tanto mostrará más su bien crecido,
cuanto es más la dolencia,
y yo merezco menos ser valido.

Virgen, el dolor fiero
añuda ya la lengua, y no consiente
que publique la voz cuanto desea;
mas oye tú al doliente
ánimo que contino a ti vocea.

SONETOS

140
    Amor casi de un vuelo me ha encumbrado
adonde no llegó ni el pensamiento;
mas toda esta grandeza de contento
me turba, y entristece este cuidado,

    que temo que no venga derrocado
al suelo por faltarle fundamento;
que lo que en breve sube en alto asiento,
suele desfallecer apresurado.

    Mas luego me consuela y asegura
el ver que soy, señora ilustre, obra
de vuestra sola gracia, y que en vos fío:

    porque conservaréis vuestra hechura,
mis faltas supliréis con vuestra sobra,
y vuestro bien hará durable el mío.

141
    Alargo, enfermo, el paso, y vuelvo, cuanto
alargo el paso, atrás el pensamiento;
no vuelvo, que antes siempre miro atento
la causa de mi gozo y de mi llanto.

    Allí estoy firme y quedo, mas en tanto,
llevado del contrario movimiento,
cual hace el extendido en el tormento,
padezco fiero mal, fiero quebranto.

    En partes, pues, diversas dividida
el alma, por huir tan cruda pena,
desea dar ya al suelo estos despojos.

    Gime, suspira y llora dividida,
y en medio del llorar sólo esto suena:
—¿Cuánto volverá, Nise, a ver tus ojos?

> [Textos según la edic. de *La poesía de fray Luis de León*, de Oreste Macrí (Salamanca, 1970).]

ARIAS MONTANO
(1527-1598)

142
PARÁFRASIS
SOBRE EL CANTAR DE LOS CANTARES DE SALOMÓN

[FRAGMENTO]

Esposo

[...] Tal soy como en el campo nunca arado
rosa, que lejos el su olor extiende,
y la su vista a nadie se defiende,
y cunde más su olor si la han hollado,
viene en ella el rocío descombrado;   5
no tiene impedimento
para su crecimiento,
y da contentamiento
tal que cualquiera a verla es convidado.
   Soy el lirio en los valles esmerado   10
nacido entre los prados deleitosos,
que entre las verdes uvas muy hermosos
sus vástagos extiende, y muy preciado.
Por el mi olor de todos soy amado,
y al dulce movimiento   15
del pasajero viento
de mí espira un aliento
de grande suavidad acompañado.
   Aquella, que me vino tanto en grado,
tal es entre los rostros más hermosos   20
de las mujeres, como entre enojosos
espinos es el lirio delicado,
que mientras más está de ellos cercado
mayor contentamiento
da con su vencimiento;   25
y a su crecer exento
el sol le da favor muy abastado.

Esposa

Es el mi esposo tan aventajado
entre los hombres más presuntuosos,
cuanto entre los espesos y montuosos   30
ramos el verde cedro es escollado.
El fruto que produce es muy loado,
y cuando yo me siento
cansada y sin aliento,
debajo de él me asiento: 35
¡oh cuán dulce su fruto he yo hallado!

En las bodegas de mi dulce esposo
entré yo, no por mí, mas por su guía,
porque su dulce amor es mi bandera.
¡Ay, ay, amor, amor dulce y gracioso,   40
cómo me privas de la fuerza mía!
Dadme, dadme del vino, que no muera;
poned manzanas a mi cabecera,
y otros olores con que me consuele;
traed, traed de vino vasos llenos;   45
henchid, henchid mis senos
de olor que dentro de mi pecho cuele,
porque de amor el corazón me duele.

No puedo ya, no puedo ya tenerme,
porque el amor la fuerza me ha robado,   50
y gran desmayo acometerme siento.
¡Oh, si el mi bien viniese aquí a valerme!
¡Si lo sintiese yo estar a mi lado,
yo tornaría en mí con grande aliento!
¡Su izquierda mano por sustentamiento   55
sintiese yo debajo de mi cuello,
y sobre mí ciñese su derecha!
Sólo esto me aprovecha,
que otro remedio procurar, que vello,
es no cobrar vigor, antes perdello [...]   60

> [De la *Paráfrasis del maestro Arias Montano, sobre el Cantar de Cantares de Salomón, en tono pastoril* (Madrid, 1816), pp. 9 y 10.]

MALON DE CHAIDE
(1530?-1589)

143   SALM. 12

   ¿Hasta cuándo, Dios mío,
te olvidarás de mí, para valerme
con tu gran poderío,
sin quien he de perderme,
y apartarás tu rostro, por no verme?   5
   ¿Hasta cuándo, ¡ay!, perdida,
tardaré el consultar, el enmendarme,
y de tan triste vida
podré desenredarme,
y a tu manada, ¡oh gran Señor!, tornarme?   10
   ¿Cuándo será aquel día
que el corazón descanse de su duelo,
y el alma tibia y fría,
deshecho ya su hielo,
se abrase en amor tuyo, oh Rey del cielo?   15
   ¿Hasta cuándo conmigo,
¡ay alma desdichada!, en mi despecho,
mi sangriento enemigo
se ensalzará en su hecho,
robando los despojos de mi pecho?   20
   ¡Vuelve esos claros ojos
y rompe este ñublado con tu lumbre;
y arranca los abrojos
de la vieja costumbre
del vicio, tú que moras en la cumbre!   25
   ¡Óyeme, Señor mío,
Dios mío, pues te llamo; y de tu cielo
quebranta el brazo y brío
del príncipe del suelo,
que esparce del pecado el mortal hielo!   30

Alumbra los mis ojos,
porque jamás la sombra de la muerte
apañe mis despojos,
y el enemigo fuerte
diga: "Prevalecí, no hay defenderte."   35
    No tengan tal contento
los que traen mi alma atribulada,
ni salgan con su intento;
que esta gente malvada,
se alegrará, con verme derrocada.   40
    Mas yo, mi Dios, espero
en tu misericordia, que es el puerto,
do el roto marinero
halla el remedio cierto:
¡Piedad, Señor, socorre un pecho muerto!   45

[De *La conversión de la Magdalena*, edic. del
P. Félix García, Clásicos Castellanos, II, p. 91.]

JUAN DE ALMEIDA *
(† 1572?)

144
SONETO

¿A do mirasteis, ojos desdichados,
que así pagáis el yerro que hecistes?
Si venís de mirar lo que perdistes,
de allí venís a ciegos condenados.

---

* Don Juan de Almeida, natural de Toledo, estudió en Salamanca, donde fue rector en 1567 y amigo de fray Luis de León y del Brocense. Obtuvo el magisterio en Teología junto con Miguel Termón, "su criado". Se le ha querido identificar con Francisco de la Torre, aunque Jorge de Sena (*Francisco de la Torre e D. João de Almeida*, París, Gulbenkian, 1974) se inclina a creer que el incógnito poeta editado por Quevedo pudo ser el maestro Termón.

Sin culpa pagaréis, como culpados
por no querer mirar en lo que vistes;
con lo mesmo pagastes que ofendistes
quedando, en ver la luz, della privados.

   Llorad vuestro dolor y desventura,
pues por el pensamiento asegurastes
la vista, por llegar a su locura.

   Aquel atrevimiento que tomastes
de vuestra claridad fue sepultura,
adonde para siempre os sepultastes.

145 CANCIÓN A LA MUERTE DEL MAESTRO TERMÓN

   Alma dichosa y bella,
que desta mortal carga
libre, subiste al inmortal asiento,
a do luciente estrella
y en otra edad más larga,
gozas de eterno bien y de contento;
si, a dicha, algún momento
volvieses esos ojos,
de regocijo llenos,
a los que dél ajenos
dejaste celebrando tus despojos,
habrán de lastimarte,
si lástima cupiera en esta parte.
   Dichosa, ve en buen hora
do el miserable llanto
no enturbiará jamás aquesa frente;
la muerte de hora en hora
lamentará entre tanto
lo que no cobrará ya eternamente.
¡Oh miserable gente!,
¿de qué sirven cuidados
livianos, mentirosos,

de nada muy cuidosos,
de lo que más importa descuidados?
Dejad volver la rueda; 25
veréis que aun vuestro nombre apenas suena.
   Ni aquel gallardo ingenio
con que Termón divino
también el cielo y tierra conociste,
ni del honroso premio 30
que tanto a ti convino
de la azucena blanca, con que diste
un fin cruel y triste
al arbolillo tierno,
jamás no fueron parte 35
para poder librarte
de las medrosas sombras del infierno.
   Con cetro riguroso
al pueblo amedrentado
se está a quien le cupiere gobernando, 40
y a quien el revoltoso
furor del mar airado
le place, por él vaya navegando,
el cuello subjetando
a gente mal sufrida, 45
y esto por un tesoro
de vana plata o oro,
a trueco, por lo menos, de la vida.
Dichoso, que tu parte
pusiste do jamás podrá faltarte. 50
   [Y] pues agora mides
con pasos espaciosos
aquese claro y estrellado cielo,
siquiera deste olvides
los trances peligrosos, 55
envueltos en un triste y forte velo;
siquiera deste suelo
te place ver atenta
cuán poco nos espanta
el lazo a la garganta 60
y el barco casi todo en la tormenta.

Dirás: "¿No hay quién despierte?"
Mirad que es un suspiro nuestra muerte.

> [De la edic. de Jorge de Sena en *Francisco de la Torre e D. João de Almeida*, pp. 201 y 215.]

ISABEL VEGA *

146   GLOSA A ESTE VILLANCICO

Nunca más vean mis ojos
cosas que les den placer
hasta tornaros a ver.

Si pudiese con la vida
recobrarse el bien perdido,   5
yo la doy por bien perdida,
que el morir no es a medida
del dolor que he padecido;
y pues veros apartar
fue causa de mis enojos,   10
pues no queda que mirar
ni lágrimas que llorar,
nunca más vean mis ojos.
    ¿Qué puedo ya ver, señora,
habiéndote visto en mí?:   15
que el que te vido y te adora
no puede vivir un hora
más que cuando vive en ti.

---

* "Poetisa madrileña, o que, al menos, residió largos años en la Corte. Escribió sus versos en los últimos años de Carlos V y en tiempo de Felipe II", según dice don Manuel Serrano y Sanz en su *Antología*.

Mas pues que con mis gemidos
no puedo ya detener,   20
no se acabe el padecer,
ni suenen a mis oídos
cosas que les den placer.

Cuando me atormenta amor
con temor, ausencia y muerte,   25
tengo yo por buena suerte
vivir con tanto dolor
a trueque de esperar verte;
pero porque de sufrir
no se canse el padecer,   30
finge mi mal un placer
que es imposible sentir
hasta tornaros a ver.

[M. Serrano y Sanz, *Antología de poetisas líricas*, I (Madrid, 1915), p. 39.]

BALTASAR DEL ALCÁZAR
(1530-1606)

147   VILLANCICO

No quiero, mi madre,
los montes de oro,
sino sólo holgarme
con quien adoro.

La alma enamorada   5
y algo sospechosa
no cudicia cosa
sino verse amada;
y así estimo en nada
cualquiera tesoro,   10
sino sólo holgarme
con quien adoro.

Al que en esta vida
tesoros procura
déle la ventura
los que tuvo Mida;
yo, de Amor vencida,
no quiero tesoro,
sino sólo holgarme
con quien adoro.

Goce el avariento
sus bienes ajenos,
y en sus cofres llenos
funde su contento;
pero el fundamento
sobre que atesoro
es sólo holgarme
con quien adoro.

Y si hubiere alguna
que esto no me crea,
como yo se vea
y en igual fortuna;
verá que ninguna
cosa importa el oro
tanto como holgarme
con quien adoro.

SONETO

No el rey de los metales poderoso,
en ricos lazos, como yo, enlazado;
no el ámbar que me enciende, derramado
con la habla y espíritu dichoso;

no de alabastro el muro generoso
do, cual tesoro real, está guardado,
de las conchas el parto, sustentado
con arte del rubí maravilloso;

mas un modesto y no esquivo semblante,
un empacho cortés, con una escasa
mano, una vista breve y recelosa,

me tienen y ternán de aquí adelante
rico y medroso, cual aquel que pasa
único bien por parte peligrosa.

149 A LA ESPERANZA VANA

Si a vuestra voluntad yo soy de cera,
¿cómo se compadece que a la mía
vengáis a ser de piedra dura y fría?
De tal desigualdad, ¿qué bien se espera?

Ley es de amor querer a quien os quiera,
y aborrecerle, ley de tiranía:
mísera fue, señora, la osadía
que os hizo establecer ley tan severa.

Vuestros tengo riquísimos despojos,
a fuerza de mis brazos granjeados,
que vos nunca rendírmelos quisistes;

y pues Amor y esos divinos ojos
han sido en el delito los culpados,
romped la injusta ley que establecistes.

150 CENA JOCOSA

En Jaén, donde resido,
vive don Lope de Sosa,
y diréte, Inés, la cosa
más brava dél que has oído.

Tenía este caballero
un criado portugués...
Pero cenemos, Inés,
si te parece, primero.

La mesa tenemos puesta;
lo que se ha de cenar, junto;
las tazas y el vino, a punto;
falta comenzar la fiesta.

Rebana pan. Bueno está.
La ensaladilla es del cielo;
y el salpicón, con su ajuelo,
¿no miras qué tufo da?

Comienza el vinillo nuevo
y échale la bendición:
yo tengo por devoción
de santiguar lo que bebo.

Franco fue, Inés, ese toque;
pero arrójame la bota;
vale un florín cada gota
deste vinillo aloque.

¿De qué taberna se trajo?
Mas ya: de la del cantillo;
diez y seis vale el cuartillo;
no tiene vino más bajo.

Por Nuestro Señor, que es mina
la taberna de Alcocer:
grande consuelo es tener
la taberna por vecina.

Si es o no invención moderna,
vive Dios, que no lo sé;
pero delicada fue
la invención de la taberna.

Porque allí llego sediento,
pido vino de lo nuevo,
mídenlo, dánmelo, bebo,
págolo y voime contento.

---

24 *aloque*: el vino tinto claro o la mixtura de tinto y blanco.

Esto, Inés, ello se alaba;
no es menester alaballo;
sola una falta le hallo:
que con la priesa se acaba.

La ensalada y salpicón
hizo fin; ¿qué viene ahora?
La morcilla. ¡Oh, gran señora,
digna de veneración!

¡Qué oronda viene y qué bella!
¡Qué través y enjundias tiene!
Paréceme, Inés, que viene
para que demos en ella.

Pues, ¡sus!, encójase y entre,
que es algo estrecho el camino.
No eches agua, Inés, al vino,
no se escandalice el vientre.

Echa de lo trasaniejo,
porque con más gusto comas:
Dios te salve, que así tomas,
como sabia, mi consejo.

Mas di: ¿no adoras y precias
la morcilla ilustre y rica?
¡Cómo la traidora pica!
Tal debe tener especias.

¡Qué llena está de piñones!
Morcilla de cortesanos,
y asada por esas manos
hechas a cebar lechones.

¡Vive Dios, que se podía
poner al lado del Rey
puerco, Inés, a toda ley,
que hinche tripa vacía!

El corazón me revienta
de placer. No sé de ti
cómo te va. Yo, por mí,
sospecho que estás contenta.

Alegre estoy, vive Dios.
Mas oye un punto sutil:

¿No pusiste allí un candil?
¿Cómo remanecen dos?
  Pero son preguntas viles:
ya sé lo que puede ser:
con este negro beber
se acrecientan los candiles.
  Probemos lo del pichel.
¡Alto licor celestial!
No es el aloquillo tal,
ni tiene que ver con él.
  ¡Qué suavidad! ¡Qué clareza!
¡Qué rancio gusto y olor!
¡Qué paladar! ¡Qué color,
todo con tanta fineza!
  Mas el queso sale a plaza,
la moradilla va entrando,
y ambos vienen preguntando
por el pichel y la taza.
  Prueba el queso, que es extremo:
el de Pinto no le iguala;
pues la aceituna no es mala;
bien puede bogar su remo.
  Pues haz, Inés, lo que sueles:
daca de la bota llena
seis tragos. Hecha es la cena;
levántense los manteles.
  Ya que, Inés, hemos cenado
tan bien y con tanto gusto,
parece que será justo
volver al cuento pasado.

---

85 *pichel*: vaso alto y redondo, normalmente de estaño, con tapa y asa.
94 *moradilla*: de 'morada', berenjena.
102 *daca*: "v. d. que sólo tiene esta segunda persona de imperativo de activa. Lo mismo que *Da acá* o *Dame acá*; y como en *Da acá* se encontraron las dos *aa* en fin y principio de dicción, perdiéndose la una por sinalefa, quedó en una voz el *Daca*, que es usadísima". *Auts.*

Pues sabrás, Inés hermana,
que el portugués cayó enfermo...	110
Las once dan; yo me duermo;
quédese para mañana.

151   CONTRA UN MAL SONETO

"Al soneto, vecinos, al malvado,
al sacrílego, al loco, al sedicioso,
revolvedor de caldos, mentiroso,
afrentoso al señor que lo ha criado.

"Atalde bien los pies, como el taimado	5
no juegue dellos, pues será forzoso
que el sosiego del mundo y el reposo
vuelva en un triste y miserable estado.

"Quemalde vivo; muera esta ciñaza,
y sus cenizas Euro las derrame	10
donde perezcan al rigor del cielo."

Esto dijo el honor de nuestra España.
viendo un soneto de discurso infame,
pero valióle poco su buen celo.

[De las *Poesías* editadas por F. Rodríguez Marín (Madrid, 1910), pp. 8, 28, 33 y 201.]

EUGENIO SALAZAR DE ALARCÓN
(1530?-1603)

152 EN UNA AUSENCIA QUE HIZO SU CATALINA

Amor, ¿cómo permite tu derecho
que un águila caudal a un hombre embista
y con las fuertes presas de su vista
arranque un corazón de un libre pecho

y vuele al monte, que esto es más despecho, 5
con la sangrienta presa a ojos vista,
do no lo alcance la turbada vista
del ser donde el estrago deja hecho?

O manda, Amor, restituido sea
su corazón al pecho despojado, 10
o sácame tú en paz de aquesta empresa;

o cébese aquesta ave en mi costado
y en mis entrañas, donde yo la vea:
que no es justo que se huya con la presa.

---

* Eugenio Salazar de Alarcón, madrileño, hijo del escritor Pedro de Salazar, estudió en Salamanca, Alcalá y Sigüenza, fue corregidor de Canarias, oidor de la isla de Santo Domingo y más tarde fiscal de la Audiencia de Méjico. Es autor de un extenso volumen de poemas, titulado *Silva de poesía,* de un poema, *Navegación del alma* (manuscrito 3.669 de nuestra Biblioteca Nacional), y de unas célebres cartas en prosa.

SONETO

153
    ¡Oh lozanico vaso vidrïoso!
¡Oh agua clara, fresca, dulce y pura!
¡Oh rosas delicadas, en quien dura
un ser süave, lindo y oloroso!

    El claro cielo empíreo, glorioso,
¡oh limpio vidrio!, en ti se me figura;
y en esa tu agua dulce, la dulzura
que hinche aquel lugar tan deleitoso.

    Las coloradas rosas que en ti veo
las glorïosas almas representan
que gozan del bien sumo y alegría.

    Divinas esperanzas me sustentan:
Padre del cielo, cumple mi deseo:
¡que sea rosa tal el alma mía!

> [Textos de la *Silva de Poesía,* ms. C-56 de la Academia de la Historia, fols. 74v y 421, edic. preparada por J. M. Blecua Perdices.]

JERÓNIMO DE CONTRERAS *

154
    ¡Oh sol resplandeciente,
que vienes a dar lumbre a los mortales,
y alegras juntamente
las aves y animales,
extendiendo tus rayos celestiales!,

---

* Jerónimo de Contreras, quizá aragonés y militar, es autor de la novela bizantina *Selva de aventuras,* reeditada numerosas veces en el siglo XVI, y de un *Dechado de varios subietos* (Zaragoza, 1572), que ofrece cierta curiosidad.

alumbra el alma mía,
que está en escuridad con gran recelo
en esta tierra fría,
tan falta de consuelo,
esperando la luz del claro cielo.   10
   Y tú, muerte, ¿qué haces,
pues no precias a reyes, duques, condes,
mas todo lo deshaces,
y a mí no me respondes?
Pues ven, si has de venir; ¿por qué te escondes?   15
   Y tú, bien copïoso,
de suma majestad en quien confío,
allá do está mi esposo
me lleva, Señor mío,
quedando en este bosque el cuerpo frío.   20

155
   Entre todos los remedios
   que se hallan al pesar,
   el mejor es sospirar.
      Todo tormento se amansa
   en cualquier tribulación   5
   con el ¡ay!, porque descansa
   la pena del corazón.
   Yo no hallo a mi pasión,
   cuando quiero descansar
   sino sólo sospirar.   10
      Cuando el corazón sospira
   de lo más hondo del centro,
   es el alma que retira
   parte del mal que está dentro.
   Los ojos van al encuentro   15
   ayudando con llorar;
   mas mejor es sospirar.
      Siendo mortal la herida
   pocas veces tiene cura;
   más vale muerte que vida   20
   al que le falta ventura.

Pues quien vive con tristura,
cuando quiere descansar,
descanse con sospirar.
   Hay mal que no es de sufrir,   25
y es menester de sufrillo;
muere el hombre por decillo,
y no lo osa decir.
Pues si no quiere morir
y es menester de callar,   30
hable con el sospirar.

[De la *Selva de aventuras* (Barcelona, Claudes Bornat, 1565), fols. 25 y 38.]

DIEGO BERNARDES [*]

(1530-1605)

156   No son mis ojos de llorar cansados,
aunque de llorar me veo ciego;
ni puede el alma mía hallar sosiego,
o por desiertos vaya o por poblados.

De suerte me persiguen mis cuidados,   5
que de mi triste vida al cabo llego;
mas Átropos, por llanto ni por ruego,
cortar no quiere el hilo de mis hados.

---

[*] Diego Bernardes, de Ponte da Barca, vivió largos años en Lisboa, donde se relacionó con los grandes poetas de su tiempo. Acompañó al rey don Sebastián a la jornada de Alcazarquivir, donde fue hecho prisionero; sirvió más tarde a Felipe II.

No veo quien de mí tenga mancilla,
y que todos la tengan ¿qué aprovecha   10
si la causa del mal no la tuviere?

¡Oh duro caso, extraña maravilla,
que, por muerto, la vida me desecha,
y la muerte, por vivo, no me quiere!

157 VILANCETE

No enjuguéis, madre mía,
mis ojos con mis cabellos:
arde el alma, lloran ellos.

VOLTAS

Para llorar sin sosiego,
mi dolor, con su dolor   5
abren puertas al amor
que en mi alma enciende el fuego;
no los enjuguéis, os ruego,
que tal ardor sale dellos,
que abrasará mis cabellos.   10
  Dejadlos ir consumiendo
y no los vais enjugando,
paguen la culpa llorando
del bien que perdieron viendo;
lloren tristes encubriendo   15
las quejas que tengo dellos,
que son más que mis cabellos.
  Hasta llorando cegar
salgan mis lágrimas fuera,
que si yo no los tuviera,   20
no tuviera que llorar;
lloren solos sin secar
el mal que me nació dellos,
y vos no lloréis por ellos.

158   CANTIGA ALHEA

Ésta es la justicia
que mandan hacer
del que por amores
se quiso perder.

VOLTAS

Mandan que no vea
hora de contento,
y que su tormento
para siempre sea.
Mandan que en dolores
venga a fenecer,
pues que por amores
se quiso perder.
    Mandan, visto el yerro
de su culpa cierta,
echarle en destierro
en tierra desierta,
onde los temores
no dejen crecer
el fruto de amores
que pienso coger.
    Mandan, siendo muerto,
sea sepultado
en un triste prado
de espinas cubierto,
donde jamás flores
se vean nacer,
si no de colores
que quiten placer.
    Mandan en señal,
para más afrenta,
que ninguno sienta
dolor de su mal.
Por eso, amadores,

debéis de temer
amor que en amores
muestra su poder.

[De las *Obras completas*, edic. de Marques Braga (Lisboa, 1945), pp. 45, 157 y 183.]

DIEGO DE DUEÑAS *

159 Del alto trono de mis pensamientos
bajé buscando la memoria mía,
y vi muy claro que un pasó solía
ser bastante a causar cien mil tormentos.

Los pasados placeres, los contentos,
el descanso, la gloria, el alegría,
después que dejan nuestra compañía,
¿qué son sino un gran mar de descontentos?

El más bajo escalón de desventura
es haber sido un tiempo venturoso;
y a quien no tuvo bien, no hay mal muy grave.

Del mal pasado la mención segura
es gusto entre los gustos muy gustoso,
y gloria entre las glorias muy süave.

[*Flores de varia poesía,* ms. 2.973 de la Biblioteca Nacional, en Gallardo, *Ensayo,* I, col. 1.005.]

---

* Diego de Dueñas o Diego Rodríguez de Dueñas, nació en Jerez de la Frontera, estudió en Salamanca y se licenció de Leyes en 1570. Amigo de Pacheco y de Cairasco de Figueroa, hay poemas suyos en las *Flores de varia poesía* y en otros manuscritos de la época. Es bien conocida la *Sátira apologética en defensa del divino Dueñas,* de Francisco Pacheco, publicada por Rodríguez Marín en la RABM, XI (1907), pp. 1-25, de donde proceden los datos biográficos citados.

FERNANDO DE HERRERA
(1534-1597)

160

    Yo de vos no he de querer
galardón de mis suspiros,
pues de mi pena en serviros
me supe satisfacer.
    No tengo más que esperar
en la causa de mi pena,
pues es la causa tan buena
con que me puede salvar.
    Y pues llego a merecer
la gloria de mis suspiros,
de mis males con serviros
me puedo satisfacer.
    Pues nunca tenéis memoria
del daño que me hacéis,
para matarme la gloria
de mi mal no os acordéis.

161

    Callo la gloria que siento
en mi dulce perdición,
por no perder el contento
que tengo de mi pasión.
    Y más hago en encubrir
por la honra de mi pena,
que no me duele sufrir
el mal que el Amor ordena.
    ¿Quién publica mi tormento?
¿Será tal mi presunción
que perderé el sentimiento
que tengo de mi pasión?

Y estimo tanto la gloria
de mis penas recebida,
que tengo en más su memoria
que el descanso de mi vida.
  Por no perder el contento
de mi grande perdición,
no gozo de mi tormento
publicando mi pasión.

162   "Presa soy de vos solo, y por vos muero
(mi bella Luz me dijo dulcemente),
y en este dulce error y bien presente,
por vuestra causa sufro el dolor fiero.

  "Regalo y amor mío, a quien más quiero,
si muriéramos ambos juntamente,
poco dolor tuviera, pues ausente
no estaría de vos, como ya espero."

  Yo, que tan tierno engaño oí, cuitado,
abrí todas las puertas al deseo,
por no quedar ingrato al amor mío.

  Ahora entiendo el mal, y que engañado
fui de mi Luz, y tarde el daño veo,
sujeto a voluntad de su albedrío.

163   Osé y temí; mas pudo la osadía
tanto, que desprecié el temor cobarde.
Subí a do el fuego más me enciende y arde
cuanto más la esperanza se desvía.

  Gasté en error la edad florida mía;
ahora veo el daño, pero tarde,
que ya mal puede ser que el seso guarde
a quien se entrega ciego a su porfía.

Tal vez pruebo (mas ¿qué me vale?) alzarme
del grave peso que mi cuello oprime; 10
aunque falta a la poca fuerza el hecho.

Sigo al fin mi furor, porque mudarme
no es honra ya, ni justo que se estime
tan mal de quien tan bien rindió su pecho.

164
    Despoja la hermosa y verde frente
de los árboles altos el turbado
otoño, y dando paso al viento helado,
queda lugar a la aura de Ocidente.

    Las plantas que ofendió con el presente 5
espíritu de Céfiro templado
cobran honra y color, y esparce el prado
olor de bellas flores dulcemente.

    Mas, ¡oh triste!, que nunca mi esperanza,
después que la abatió desnuda el hielo, 10
torna avivar para su bien perdido.

    ¡Cruda suerte de amor, dura mudanza,
firme a mi mal, que el variar del cielo
tiene contra su fuerza suspendido!

165
CANCIÓN

Voz de dolor y canto de gemido
y espíritu de miedo, envuelto en ira,
hagan principio acerbo a la memoria
de aquel día fatal aborrecido
que Lusitania mísera suspira, 5

---

5 Alusión a la batalla de Alcazarquivir (1578) y a la muerte del rey don Sebastián.

desnuda de valor, falta de gloria;
y la llorosa historia
asombre con horror funesto y triste
dende el áfrico Atlante y seno ardiente
hasta do el mar de otro color se viste, 10
y do el límite rojo de Orïente,
y todas sus vencidas gentes fieras
ven tremolor de Cristo las banderas.

¡Ay de los que pasaron, confïados
en sus caballos y en la muchedumbre 15
de sus carros, en ti, Libia desierta,
y en su vigor y fuerzas engañados,
no alzaron su esperanza a aquella cumbre
de eterna luz; mas con soberbia cierta
se ofrecieron la incierta 20
vitoria; y sin volver a Dios sus ojos,
con yerto cuello y corazón ufano
sólo atendieron siempre a los despojos!
Y el santo de Israel abrió su mano,
y los dejó, y cayó en despeñadero 25
el carro y el caballo y caballero.

Vino el día cruel, el día lleno
de indinación, de ira y furor, que puso
en soledad y en un profundo llanto
de gente, y de placer el reino ajeno. 30
El cielo no alumbró, quedó confuso
el nuevo sol, presago de mal tanto;
y con terrible espanto
el Señor visitó sobre sus males,
para humillar los fuertes arrogantes, 35
y levantó los bárbaros no iguales,
que con osados pechos y constantes
no busquen oro, mas con crudo hierro
venguen la ofensa y cometido yerro.

Los ímpios y robustos, indinados, 40
las ardientes espadas desnudaron
sobre la claridad y hermosura
de tu gloria y valor, y no cansados
en tu muerte, tu honor todo afearon,

mesquina Lusitania sin ventura; 45
y con frente segura
rompieron sin temor con fiero estrago
tus armadas escuadras y braveza.
La arena se tornó sangriento lago,
la llanura con muertos, aspereza; 50
cayó en unos vigor, cayó denuedo,
mas en otros, desmayo y torpe miedo.

¿Son éstos, por ventura, los famosos,
los fuertes y belígeros varones
que conturbaron con furor la tierra, 55
que sacudieron reinos poderosos,
que domaron las hórridas naciones,
que pusieron desierto en cruda guerra
cuanto enfrena y encierra
el mar Indo, y feroces destruyeron 60
grandes ciudades? ¿Dó la valentía?
¿Cómo así se acabaron y perdieron
tanto heroico valor en sólo un día;
y lejos de su patria derribados,
no fueron justamente sepultados? 65

Tales fueron aquéstos cual hermoso
cedro del alto Líbano, vestido
de ramos, hojas con ecelsa alteza;
las aguas lo criaron poderoso,
sobre empinados árboles subido, 70
y se multiplicaron en grandeza
sus ramos con belleza;
y, extendiendo su sombra, se anidaron
las aves que sustenta el grande cielo,
y en sus hojas las fieras engendraron, 75
y hizo a mucha gente umbroso velo:
no igualó en celsitud y hermosura
jamás árbol alguno a su figura.

Pero elevóse con su verde cima,
y sublimó la presunción su pecho, 80
desvanecido todo y confïado,
haciendo de su alteza sólo estima.
Por eso Dios lo derribó deshecho,

a los ímpios y ajenos entregado,
por la raíz cortado;
que opreso de los montes arrojados, 85
sin ramos y sin hojas y desnudo,
huyeron dél los hombres espantados,
que su sombra tuvieron por escudo;
en su rüina y ramos cuantas fueron
las aves y las fieras se pusieron. 90

Tú, infanda Libia, en cuya seca arena
murió el vencido reino Lusitano,
y se acabó su generosa gloria,
no estés alegre y de ufanía llena,
porque tu temerosa y flaca mano 95
hubo sin esperanza tal vitoria,
indina de memoria;
que si el justo dolor mueve a venganza
alguna vez el español coraje,
despedazada con aguda lanza 100
compensarás muriendo el hecho ultraje;
y Luco, amedrentado, al mar inmenso
pagará de africana sangre el censo.

166   Oye tú solo, eterno y sacro río,
el grave y mustio son de mi lamento;
y mesclado en tu grande crecimiento
lleva al padre Nereo el llanto mío.

Los suspiros ardientes que a ti envío, 5
antes que los derrame leve viento,
acoge en tu sonante movimiento,
porque se asconda en ti mi desvarío.

No sean más testigos de mi pena
los árboles, las peñas que solían 10
responder y quejarse a mi gemido.

---
1 Alude al Guadalquivir.
4 *Nereo*: Neptuno.

Y en estas ondas, y corriente llena,
a quien vencer mis lágrimas porfían,
viva siempre mi mal y amor crecido.

167

El color bello en el humor de Tiro
ardió, y la nieve vuestra en llama pura,
cuando, Estrella, volvistes con dulzura
los ojos, por quien mísero suspiro.

Vivo color de lúcido zafiro,
dorado cielo, eterna hermosura,
pues merecí alcanzar esta ventura,
acoged blandamente mi suspiro.

Con él mi alma, en el celeste fuego
vuestro abrasada, viene, y se transforma
en la belleza vuestra soberana.

Y en tanto gozo, en su mayor sosiego,
su bien en cuantas almas halla informa:
que en el comunicar más gloria gana.

168

ELEGÍA

No bañes en el mar sagrado y cano,
callada Noche, tu corona oscura,
antes de oír este amador ufano.
Y tú alza de la húmida hondura
las verdes hebras de la bella frente,
de náyades lozana hermosura.

---

1 *humor de Tiro*: la púrpura, que se hacía en Tiro.
9 Herrera coloca un punto sobre la *a* de *alma* para impedir la sinalefa.

Aquí, do el grande Betis ve presente
la armada vencedora, que el Egeo
manchó con sangre de la turca gente,
   quiero decir la gloria en que me veo;
pero no cause invidia este bien mío
a quien aun no merece mi deseo.
   Sosiega el curso, tú, profundo río,
oye mi gloria, pues también oíste
mis quejas en tu puro asiento frío.
   Tú amaste, y como yo también supiste
del mal dolerte, y celebrar la gloria
de los pequeños bienes que tuviste.
   Breve será la venturosa historia
de mi favor; que breve es la alegría
que tiene algún lugar en mi memoria.
   Cuando del claro cielo se desvía
del sol ardiente el alto carro apena,
y casi igual espacio muestra el día,
   con blanda voz, que entre las perlas suena,
teñido el rostro de color de rosa,
de honesto miedo, y de amor tierno llena,
   me dijo así la bella desdeñosa
que un tiempo me negaba la esperanza,
sorda a mi llanto y ansia congojosa:
   "Si por firmeza y dulce amar se alcanza
premio de amor, yo ya tener bien debo
de los males que sufro más holganza.
   "Mil veces, por no ser ingrata, pruebo
vencer tu amor, pero al fin no puedo;
que es mi pecho a sentillo rudo y nuevo.
   "Si en sufrir más me vences, yo te ecedo
en pura fe y afetos de terneza:
vive de hoy más ya confiado y ledo."
   No sé si oí, si fui de su belleza
arrebatado, si perdí el sentido;
sé que allí se perdió mi fortaleza.

---

9 Alusión a la batalla de Lepanto. El poema será, por lo tanto, de 1571.

Turbado dije al fin: "Por no haber sido
éste tan grande bien de mí esperado,
pienso que debe ser (si es bien) fingido.   45

"Señora, bien sabéis que mi cuidado
todo se ocupa en vos; que yo no siento,
ni pienso, sino en verme más penado.

"Mayor es que el humano mi tormento,
y al mayor mal igual esfuerzo tengo,   50
igual con el trabajo el sentimiento.

"Las penas que por sola vos sostengo
me dan valor, y mi firmeza crece
cuanto más en mis males me entretengo.

"No quiero concederos que merece   55
mi afán tal bien que vos sintáis el daño:
más ama quien más sufre y más padece.

"No es mi pecho tan rudo, o tan estraño,
que no conosca en el dolor primero
si en esto que dijiste cabe engaño.   60

"Un corazón de impenetrable acero
tengo para sufrir, y está más fuerte,
cuanto más el asalto es bravo y fiero.

"Diome el cielo en destino aquesta suerte,
y yo la procuré, y hallé el camino   65
para poder honrarme con mi muerte."

Lo demás que entre nos pasó no es dino,
Noche, de oír el Austro presuroso,
ni el viento de tus lechos más vecino.   70

Mete en el ancho piélago espumoso
tus negras trenzas y húmido semblante;
que en tanto que tú yaces en reposo
podrá Amor darme gloria semejante.

169   Serena Luz, en quien presente espira
divino amor, que enciende y junto enfrena
el noble pecho, que en mortal cadena
al alto Olimpo levantarse aspira;

ricos cercos dorados, do se mira   5
tesoro celestial de eterna vena;
armonía de angélica sirena,
que entre las perlas y el coral respira,

¿cuál nueva maravilla, cuál ejemplo   10
de la inmortal grandeza nos descubre
aquesta sombra del hermoso velo?

Que yo en esa belleza que contemplo
(aunque a mi flaca vista ofende y cubre),
la inmensa busco, y voy siguiendo al cielo.

170   CANCIÓN *

Cuando con resonante
rayo, y furor del brazo poderoso
a Encélado arrogante
Júpiter glorïoso
en Edna despeñó vitorïoso,   5
  y la vencida Tierra,
a su imperio sujeta y condenada,
desamparó la guerra
por la sangrienta espada
de Marte, con mil muertes no domada,   10
  en la celeste cumbre,
es fama que con dulce voz presente,
Febo, autor de la lumbre,
cantó süavemente,
revuelto en oro la encrespada frente.   15
  La sonora armonía
suspende atento al inmortal senado;
y el cielo, que movía
su curso arrebatado,
se reparaba al canto consagrado.   20

---
* Dirigida a don Juan de Austria por la victoria (1571) sobre los moriscos.
3 *Encélado*: uno de los titanes derrotados por Júpiter.

Halagaba el sonido
al alto y bravo mar y airado viento
su furor encogido,
y con divino aliento
las musas consonaban a su intento.   25
    Cantaba la vitoria
del cielo, y el horror y la aspereza,
que les dio mayor gloria,
temiendo la crüeza
de la Titania estirpe y su bruteza.   30
    Cantaba el rayo fiero,
y de Minerva la vibrada lanza,
del rey del mar ligero
la terrible pujanza,
y del hercúleo brazo la venganza.   35
    Mas del sangriento Marte
las fuerzas alabó y desnuda espada,
y la braveza y arte
de aquella diestra armada,
cuya furia fue en Flegra lamentada.   40
    "A ti, decía, escudo,
a ti, valor del cielo poderoso,
poner temor no pudo
el escuadrón dudoso
con enroscadas sierpes espantoso.   45
    "Tú solo a Oromedonte
diste, bravo y feroz, horrible muerte
junto al doblado monte,
y con dichosa suerte
a Peloro abatió tu diestra fuerte.   50
    "¡Oh hijo esclarecido
de Juno!, ¡oh duro y no cansado pecho,
por quien Mimas vencido,

---

40 *Flegra*: antigua ciudad de Macedonia, situada en el valle donde los gigantes pelearon con los dioses y fueron muertos por Hércules.
46 *Oromedonte*: otro de los gigantes o titanes, como Peloro, Mimas y Runco, citados más abajo.

y en peligroso estrecho
el pavoroso Runco fue deshecho! 55
　"Tú, ceñido de acero,
tú, estrago de los hombres rabïoso,
con sangre hórrido y fiero,
y todo impetüoso,
el grande muro rompes presuroso. 60
　"Tú encendiste en aliento
y amor de guerra y generosa gloria
al sacro ayuntamiento,
dándole la vitoria
que hará siempre eterna su memoria. 65
　"A ti Júpiter debe,
libre ya de peligro, que el profano
linaje que se atreve
alzar armada mano
sujeto sienta ser su orgullo vano. 70
　"Mas aunque resplandesca
esta vitoria tuya esclarecida
con fama, que meresca
tener eterna vida,
sin que de oscuridad esté ofendida, 75
　"vendrá tiempo, en que sea
tu nombre, tu valor puesto en olvido,
y la tierra posea
valor tan escogido,
que ante él el tuyo quede oscurecido. 80
　"Y el fértil Ocidente,
en cuyo inmenso piélago se baña
mi veloz carro ardiente,
con claro honor de España,
te mostrará la luz desta hazaña. 85
　"Que el cielo le concede
de César sacro el ramo glorïoso
que su valor herede,
para que al espantoso
turco quebrante el brío corajoso. 90
　"Veráse el ímpio bando
en la fragosa, inaccesible cumbre,

que sube amenazando
a la celeste lumbre,
confiado en su osada muchedumbre.   95

"Y allí, de miedo ajeno,
corre cual suelta cabra, y se abalanza
con el fogoso trueno
de su cubierta estanza,
y sigue de sus odios la venganza.   100

"Mas luego que aparece
el joven de Austria en la enriscada sierra,
el temor entorpece
a la enemiga tierra,
y con ella acabó toda la guerra.   105

"Cual tempestad ondosa
con horrísono estruendo se levanta,
y la nave, medrosa
de aquella furia tanta,
entre peñascos ásperos quebranta;   110

"o cual del cerco estrecho
el flamígero rayo se desata
con largo sulco hecho,
y rompe y desbarata
cuanto al encuentro su ímpetu arrebata.   115

"La fama alzará luego,
y con doradas alas la Vitoria
sobre el orbe de fuego,
resonando su gloria
con puro resplandor de su memoria;   120

"y llevarán su nombre
de los últimos soplos de Ocidente
con inmortal renombre
al purpúreo Orïente,
y a do hiela y abrasa el cielo ardiente.   125

"Si Peloro tuviera
de su ecelso valor alguna parte,
él solo te venciera,
aunque tuvieras, Marte,
doblado esfuerzo y osadía y arte.   130

"Si éste valiera al cielo
contra el profano ejército arrogante,
no tuvieras recelo
tú, Júpiter tonante,
ni arrojaras el rayo resonante.   135

"Traed, pues, ya volando,
¡oh cielos!, este tiempo espacïoso
que fuerza dilatando
el curso glorïoso;
haced que se adelante presuroso."   140

Así la lira suena,
y Jove el canto afirma, y se estremece
sacudido, y resuena
el cielo, y resplandece,
y Mavorte medroso se oscurece.   145

171 Cual oro era el cabello ensortijado
y en mil varias lazadas dividido;
y cuanto en más figuras esparcido,
tanto de más centellas ilustrado;

tal, de lucientes hebras coronado,   5
Febo aparece en llamas encendido;
tal discurre en el cielo esclarecido
un ardiente cometa arrebatado.

Debajo el puro, proprio y sutil velo
amor, gracia y valor, y la belleza   10
templada en nieve y púrpura se vía.

Pensara que se abrió esta vez el cielo,
y mostró su poder y su riqueza,
si no fuera la Luz de la alma mía.

---

145 *Mavorte*: Marte.

172

AL SUEÑO

Süave sueño, que con tardo vuelo
las alas perezosas blandamente
bates, de adormideras coronado,
por el sereno y adormido cielo,
ven ya al estremo puesto de Ocidente, 5
y del licor sagrado
baña mis ojos; que, de amor cansado,
con las revueltas de mi pensamiento,
no admito algún reposo,
y el dolor desespera al sufrimiento. 10
¡Oh sueño venturoso,
ven ya, ven dulce amor de Pasitea,
a quien rendirse a tu valor desea!
  Divino sueño, gloria de mortales,
descanso alegre al mísero afligido, 15
sueño amoroso, ven a quien espera
descansar breve tiempo de sus males,
con el humor celeste desparcido.
¿Cómo sufres que muera
libre de tu poder quien tuyo era? 20
¿No es dureza dejar un solo pecho
en perpetuo tormento
y que no entienda el bien que al mundo has hecho
sin gozar de tu aliento?
Ven, sueño blando, sueño deleitoso,
vuelve a mi alma ya, vuelve el reposo. 25
  Sienta yo en este paso tu grandeza,
baja esparciendo el inmortal rocío,
huya la Alba, que en torno resplandece;
mira mi grave llanto y mi tristeza
y la razón del descontento mío, 30
y mi frente humedece,
en la sazón en que la lumbre crece.

---

12 *Pasitea*: una de las tres Gracias, hija de Júpiter y Eurinomo.

Vuelve, sabroso sueño, y las hermosas
alas suenen ahora,
y huya con sus alas presurosas
la desabrida Aurora;
y lo que en mí faltó la noche fría
acabe la cercana luz del día.

    Una corona fresca de tus flores,
sueño, ofrezco, y descubre el dulce efeto
en los cansados cercos de mis ojos;
que el aire, lleno en líquidos olores,
ya tiene por qué sea más secreto;
y destos mis enojos
destierra, manso sueño, los despojos.
Ven ya, pues, blando sueño, ven dichoso,
antes que el Orïente
descubra al sol con fuego presuroso.
Ven ya, sueño presente,
y acabará el dolor: así te vea
en brazos de tu dulce Pasitea.

    Canción, si no agradares hecha en sueño,
como yo alcance a ser del sueño oído,
sufre el mal que te diere
quien más cuidado en tu dolor pidiere.

173   AL CONDE DE GELVES

    Señor, si este dolor del mal que siento
yo veo quebrantado en mi memoria
y olvidada la triste y grave historia,
dura ocasión de todo mi tormento,

    de España con voz alta y noble aliento
cantaré los trïunfos y vitoria,
y alzando al cielo igual su eterna gloria
daré a vuestro valor insine asiento.

    Mas unas encrespadas trenzas de oro,
un resplandor divino, una armonía
y gracia nunca vista en nuestro suelo;

una belleza a quien suspenso adoro,
impiden esta altiva empresa mía,
y en su furor me llevan hasta el cielo.

[Textos según la edic. de J. M. Blecua de la *Obra poética* (Madrid, 1975).]

ANÓNIMOS

174 VILLANCICO

Sopla fuerte el caramillo,
Gil gaitero,
que's nacido ya el lucero.

Mira que relumbra el cielo
y se esconden las cabrillas,   5
cien mil ángeles de vuelo
van cantando maravillas,
deja ya las zancadillas,
Gil gaitero,
que's nacido ya el lucero.   10
Tú, Juan, toca tu bandurria;
tú, el albogue, Bernabé;
tú, Pedruelo, silva y hurria;
tú, Gil, tañe tu rabé;
yo mi flauta tocaré,   15
Gil gaitero,
que's nacido ya el lucero.
Llevemos gran concordanza,
ninguno pierda el compás:
tú, Gil, zurdo, suena más,   20
tú no tanto, Pero Panza,
tú delante guía la danza,

Gil gaitero,
que's nacido ya el lucero.

[*Cancionero espiritual* (Valladolid, 1549), edic. de Bruce W. Wardropper (Valencia, 1954), p. 75.]

175 VILLANCICO

¡Qué madre y doncella,
tan bella!

¡Qué madre graciosa,
morena y hermosa,
de Dios generosa
esposa y doncella.
¡Tan bella!
Monte de visión,
ciprés de Sión,
y vara de Arón,
de Jacob estrella.
¡Tan bella!
El Dios infinito,
hombre pobrecito,
en un portalito
parió esta doncella,
tan bella.
Fuera de la villa,
que ésta es mancilla,
no tiene mantilla,
ni do pueda habella.
¡Tan bella!
Sola con un viejo,
so un portalejo
y todo el consejo
del cielo con ella.
¡Tan bella!

246   POESÍA DE LA EDAD DE ORO

   Al Niño que llora
  la Virgen lo adora,
  Joseph lo enamora.   30
  Ya calla con ella.
  ¡Tan bella!
   Con frío al sereno,
  lo pone en el heno
  y en su pobre seno   35
  lo abriga ella.
  ¡Tan bella!

> [*Villancicos, o cancionero para cantar la noche de Navidad...* (Granada, 1568), reed. facsímil de A. Pérez Gómez (Valencia, 1950).]

LUIS DE RIBERA *

(¿1532?-d.1611)

176 Del ciego error de la pasada vida
  salgo a puerto de nuevos desengaños:
  seguí mi antojo y conocí mis daños,
  enferma la razón, mas no perdida.

  Resisto la costumbre envejecida   5
  que sabe despeñarme en los engaños,
  que por mi mal amó tiempos y años,
  pasados en deshonra conocida.

---

* Luis de Ribera, sevillano, hijo de Alonso de Ribera, que fue algún tiempo gobernador de Chile, residió en el Perú y, por estar al lado del rey cuando las revoluciones de Pizarro contra el virrey Núñez Vela, fue nombrado teniente de la ciudad de Chuquijaca. Muy viejo, desde el Potosí (1.º de mayo de 1611) envió a su hermana sor Constanza María de Ribera sus *Sagradas poesías,* publicadas en Sevilla al año siguiente.

Retrato de Alonso de Ercilla. Grabado que aparece en *La Araucana*. Salamanca, 1574.

Romances

NVEVAMENTE SACAdos de historias antiguas dela Cronica de España por Lorenço de Sepulueda vezino de Seuilla.

Van añadidos muchos nūca vistos, compuestos por vn cauallero Cesario, cuyo nombre se guarda para mayores cosas.

EN ANVERS.
En casa de Philippo Nucio,
1566
Con priuilegio.

Portada facsímil *Romances nvevamente sacados de historias antiguas*. 1566.

Y en tanto vituperio como ofrece
el muerto fuego, que las gentes vieron
entonces abrasarme con mi afrenta,

siento el dolor que en la vergüenza crece,
temo enemigos que vencer pudieron,
y lloro aun libre de tan gran tormenta.

177   Todo lo vence amor, todo lo espera,
igual es con la muerte en poderío,
divino ardor que no lo anega el río
de la tribulación y angustia fiera.

Sólo el amor no acaba su carrera
con las cenizas del cadáver frío;
en gloria sigue el abrasado estío,
que en cuerpo fue süave primavera.

De amor se paga Dios, y quien le ama
consume en este fuego sus pecados,
puro se entrega como el oro puro.

Que aquella sacra y penetrante llama,
sobre los nudos dulcemente dados,
de esperanza y de fe levanta un muro.

178   Cubrid de flores a la bella Esposa,
que se apaga el oriente en sus mejillas,
y un eceso de amor vuelve amarillas,
almas, si ya os tocó llama hermosa.

Revivid la temprana y fresca rosa
que vïola parece, ¡maravillas
de vehemente ardor, y cómo humillas
al alma por tu santa unión ansiosa!

Las preciadas camuesas de sus huertos
traed para que huela, y el semblante
suyo fortaleced con nuevas flores;

que yace de amorosos desconciertos
ella herida, y el amor triunfante.
¿Qué mucho que la venza mal de amores?

179
Venga mi dulce amado, venga al huerto,
a las eras de aromas olorosas;
coja los puros lirios, coja rosas,
si el claro amor de ambos es tan cierto.

Herido está el Esposo y casi muerto
(¡oh más bella entre todas las hermosas!),
porque volviste flechas ponzoñosas
tu mirar y cabello en el desierto.

"Hermana, dijo, dulce amiga, ufana
quedarás de la llaga de mi pecho,
paloma amada, al inflamar tus ojos.

"¿Cómo de tanto mal estás lozana,
si te convidan mi florido lecho,
y de mi amor castísimos despojos?"

180
Rosas, brotad al tiempo que levanta
la cabeza triunfal del breve sueño
el sacro vencedor, trocado el ceño,
y huella el mundo su divina planta.

El cisne entre las ondas dulce canta,
y el campo, al espirar olor risueño,
al renovado Fénix, sobre el leño
ve pulirse las plumas y se espanta.

Brotad, purpúreas rosas, y el aliento
vuestro, mezclado de canela y nardo, 10
bañe el semblante de carbuncos hecho.

Mueva el coro la voz y el instrumento,
el coro celestial, si más gallardo,
puede ofrecerse a más heroico hecho.

> [De las *Sagradas poesías* (Madrid, 1626), pero las copio de la BAE, XXXV, pp. 56, 62, 64 y 66.]

ALONSO DE ERCILLA

(1533-1595)

181   LA ARAUCANA

CANTO II

[...] Ya la rosada Aurora comenzaba
las nubes a bordar de mil labores,
y a la usada labranza despertaba
la miserable gente y labradores,
y a los marchitos campos restauraba 5
la frescura perdida y sus colores,
aclarando aquel valle la luz nueva,
cuando Caupolicán viene a la prueba.
  Con un desdén y muestra confiada
asiendo del troncón duro y nudoso, 10
como si fuera vara delicada
se le pone en el hombro poderoso.
La gente enmudeció maravillada
de ver el fuerte cuerpo tan nervoso;

---

9 *muestra*: expresión, rostro.

    la color a Lincoya se le muda 15
    poniendo en su vitoria mucha duda.

    El bárbaro sagaz despacio andaba,
y a toda prisa entraba el claro día;
el sol las largas sombras acortaba,
mas él nunca descrece en su porfía; 20
al ocaso la luz se retiraba,
ni por eso flaqueza en él había;
las estrellas se muestran claramente,
y no muestra cansancio aquel valiente.

    Salió la clara luna a ver la fiesta, 25
del tenebroso albergue húmedo y frío,
desocupando el campo y la floresta
de un negro velo, lóbrego y sombrío.
Caupolicán no afloja de su apuesta;
antes con nueva fuerza y mayor brío 30
se mueve y representa de manera,
como si peso alguno no trujera.

    Por entre dos altísimos egidos
la esposa de Titón ya parecía,
los dorados cabellos esparcidos 35
que de la fresca helada sacudía,
con que a los mustios prados florecidos
con el húmedo humor reverdecía,
y quedaba engastado así en las flores
cual perlas entre piedras de colores. 40

    El carro de Faetón sale corriendo
del mar por el camino acostumbrado;
sus sombras van los montes recogiendo
de la vista del sol, y el esforzado
varón el grave peso sosteniendo 45
acá y allá se mueve no cansado,
aunque otra vez la negra sombra espesa
tornaba a parecer corriendo apriesa.

    La luna su salida provechosa
por un espacio largo dilataba; 50
al fin turbia, encendida y perezosa,

---

34 *la esposa de Titón*: la Aurora.

de rostro y luz escasa se mostraba;
paróse al medio curso más hermosa
a ver la extraña prueba en qué paraba;
y viéndola en el punto y ser primero, 55
se derribó en el ártico hemisfero;

y el bárbaro en el hombro la gran viga
sin muestra de mudanza y pesadumbre,
venciendo con esfuerzo la fatiga,
y creciendo la fuerza por costumbre. 60
Apolo en seguimiento de su amiga
tendido había los rayos de su lumbre,
y el hijo de Leocán en el semblante
más firme que al principio y más constante.

Era salido el sol cuando el enorme 65
peso de las espaldas despedía,
y un salto dio en lanzándole disforme
mostrando que aún más ánimo tenía.
El circunstante pueblo en voz conforme
pronunció la sentencia y le decía: 70
"Sobre tan firmes hombros descargamos
el peso y grande carga que tomamos."

El nuevo juego y pleito difinido
con las más ceremonias que supieron,
por sumo capitán fue recibido, 75
y a su gobernación se sometieron;
creció en reputación; fue tan temido
y en opinión tan grande le tuvieron,
que ausentes muchas leguas dél temblaban
y casi como a rey le respetaban [...]. 80

CANTO XX

[...] Andando pues así, con el molesto
sueño que me aquejaba porfiando,
y en gran silencio el encargado puesto
de un canto al otro canto paseando,

---

4 *canto*: esquina.

vi que estaba el un lado del recuesto 5
lleno de cuerpos muertos blanqueando:
que nuestros arcabuces aquel día
habían hecho gran riza y batería.

No mucho después desto, yo, que estaba
con ojo alerta y con atento oído, 10
sentí de rato en rato que sonaba
hacia los cuerpos muertos un ruïdo,
que siempre al acabar se remataba
con un triste suspiro sostenido,
y tornaba a sentirse, pareciendo 15
que iba de cuerpo en cuerpo discurriendo.

La noche era tan lóbrega y escura
que divisar lo cierto no podía;
y así por ver el fin desta aventura,
aunque más por cumplir lo que debía, 20
me vine agazapado en la verdura
hacia la parte que el rumor se oía,
donde vi entre los muertos ir oculto
andando a cuatro pies un negro bulto.

Yo de aquella visión mal satisfecho, 25
con un temor que agora aun no le niego,
la espada en mano y la rodela al pecho,
llamando a Dios sobre él aguijé luego;
mas el bulto se puso en pie derecho,
y con medrosa voz y humilde ruego 30
dijo: "Señor, señor, merced te pido
que soy mujer y nunca te he ofendido.

"Si mi dolor y desventura extraña
a lástima y piedad no te inclinaren,
y tu sangrienta espada y fiera saña 35
de los términos lícitos pasaren,
¿qué gloria adquirirás de tal hazaña,
cuando los justos cielos publicaren

---

5 *recuesto*: "el sitio o paraje que está en pendiente o declive". Auts.
8 *riza*: "el destrozo y estrago que se hace en alguna cosa". Auts.

que se empleó en una mujer tu espada,
viuda, mísera, triste y desdichada? 40

"Ruégote, pues, señor, si por ventura,
o desventura como fue la mía,
con amor verdadero y con fe pura
amaste tiernamente en algún día,
me dejes dar a un muerto sepultura, 45
que yace entre esta muerta compañía:
mira que aquel que niega lo que es justo
lo malo aprueba ya y se hace injusto.

"No quieras impedir obra tan pía
que aun en bárbara guerra se concede, 50
que es especie y señal de tiranía
usar de todo aquello que se puede;
deja buscar su cuerpo a esta alma mía,
después furioso con rigor procede:
que ya el dolor me ha puesto en tal extremo 55
que más la vida que la muerte temo.

"Que no sé mal que ya dañarme pueda;
no hay bien mayor que no le haber tenido,
acábese y fenezca lo que queda
pues que mi dulce amigo ha fenecido. 60
Que aunque el cielo crüel no me conceda
morir mi cuerpo con el suyo unido,
no estorbará por más que me persiga,
que mi afligido espíritu le siga."

En esto con instancia me rogaba 65
que su dolor de un golpe rematase;
mas yo que en duda y confusión estaba,
aun teniendo temor que me engañase,
del verdadero indicio no fiaba
hasta que un poco más me asegurase, 70
sospechando que fuese alguna espía
que a saber cómo estábamos venía [...].

CANTO XXIII

[...] Debajo de una peña socavada
de espesas ramas y árboles cubierta,

vimos un callejón y angosta entrada,
y más adentro una pequeña puerta
de cabezas de fieras rodeada,
la cual de par en par estaba abierta,
por donde se lanzó el robusto anciano
llevándome trabado de la mano.

Bien por ella cien pasos anduvimos
no sin algún temor de parte mía,
cuando a una grande bóveda salimos
do una perpetua luz en medio ardía,
y cada banda en torno della vimos
poyos puestos por orden, en que había
multitud de redomas sobreescritas
de ungüentos, yerbas y aguas infinitas.

Vimos allí del lince preparados
los penetrantes ojos virtüosos
en cierto tiempo y conjunción sacados,
y los del basilisco ponzoñosos;
sangre de hombres bermejos enojados,
espumajos de perros que, rabiosos,
van huyendo del agua, y el pellejo
del pecoso chersidros cuando es viejo.

También en otra parte parecía
la coyuntura de la dura hiena,
y el meollo del cencris, que se cría
dentro de Libia en la caliente arena;
y un pedazo del ala de una harpía,
la hiel de la biforme anfisibena,
y la cola del áspide revuelta,
que da la muerte en dulce sueño envuelta.

---

19 *conjunción*: posición de los astros.
24 *chersidros*: reptil del orden de los ofidios.
27 *cencris*: el cencro, "especie de serpiente, cuya mordedura es semejante a la de la víbora". *Auts.*
30 *anfisibena*: "Animal venenoso, de quien se dice que tiene dos cabezas, y que anda igualmente al lado izquierdo y al derecho". *Auts.*

Moho de calavera destroncada
del cuerpo que no alcanza sepultura,
carne de niña por nacer sacada 35
no por donde la llama la natura,
y la espina también descoyuntada
de la sierpe cerastas, y la dura
lengua de la hemorrois, que aquel que hiere
suda toda la sangre hasta que muere. 40
  Vello de cuantos monstruos prodigiosos
la superflua natura ha producido,
escupidos de sierpes venenosos,
las dos alas del yáculo temido,
y de la seps los dientes ponzoñosos, 45
que el hombre o animal della mordido,
de súbito hinchado como un odre,
huesos y carne se convierte en podre.
  Estaba en un gran vaso trasparente
el corazón del grifo atravesado, 50
y ceniza del Fénix que en oriente
se quema él mismo de vivir cansado;
el unto de la scítala serpiente,
y el pescado equineis, que en mar airado
al curso de las naves contraviene, 55
y a pesar de los vientos las detiene.
  No faltaban cabezas de escorpiones
y mortíferas sierpes enconadas,
alacranes y colas de dragones
y las piedras del águila preñadas; 60

---

38 *cerastas*: cerastes, víbora con un apéndice a modo de cuerno en cada ojo.
39 *hemorrois*: "especie de serpiente venenosa cuya mordedura es tan mortífera que en un día hace perder toda la sangre por la boca, narices y otras partes del cuerpo que hace se abran". *Auts.*
44 *yáculo*: otra especie de serpiente.
54 *el pescado equineis*: la rémora, de la que se decía que detenía el curso de las naves.
60 *la piedra del águila*: la piedra *aetites,* que se creía que se encontraba en los nidos de las águilas y tenía virtudes curativas para las embarazadas.

buches de los hambrientos tiburones,
menstruo y leche de hembras azotadas,
landres, pestes, venenos, cuantas cosas
produce la natura ponzoñosas. [...]

[*La Araucana,* edic. de Marcos A. Morínigo
e Isaías Lerner, edit. Castalia (Madrid, 1979).]

HERNÁN GONZÁLEZ DE ESLAVA *

(1534-1601?)

182 LIRAS

*Glosando su propio soneto
"Columna de cristal"*

Espíritu del cielo,
sacado del divino que lo ha hecho;
beldad pura en el suelo
que al mundo ha satisfecho;
columna de cristal, dorado techo. 5
 El cielo diamantino
encima de los dos arcos triunfales,
do muestra el Rey divino
a todos los mortales
dos soles en un sol, y dos corales. 10
 Las rosas no tocadas
de quien toman valor las naturales
de color esmaltadas;
las puertas celestiales
que alumbran a las perlas orientales. 15

* Hernán González de Eslava, presbítero que vivió en Méjico desde 1558, es autor de diversos *Coloquios espirituales y sacramentales* y de *Canciones divinas* (Méjico, 1610).

Por ver los dos diamantes,
está continuo Amor puesto en acecho,
envidioso de amantes,
amando sin provecho
a quien el mundo todo ha de dar pecho. 20

Marfil incomparable
do van los diez rubíes trecho a trecho;
y si esto es admirable,
cotejen que de hecho
atrás dejó a la nieve el blanco pecho. 25

Atrás quedan las flores,
atrás queda el dulzor de los panales,
atrás quedan primores,
atrás ricos metales,
y más atrás el medio de mis males. 30

¿No os duele mi agonía
ni os duelen mis tormentos desiguales
con verme noche y día
en penas infernales,
ay, pecho guarnecido en pedernales? 35

Si nunca os causé daño,
si nunca contra vos puse pertrecho,
si nunca os traté engaño,
si nunca os di despecho,
¿por qué, pues sois mi bien, mal me habéis hecho? 40

Mirad la pena fiera
de quien la tierra y mar se condolece;
mirad que, la gotera
si siempre permanece,
la piedra cava el agua y la enternece. 45

Con flaca vïolencia,
el agua muerta en peñas del desierto
no halla resistencia,
ni halla el rigor [cierto]
que halla en vos la vida que yo vierto. 50

De benigna templanza
por lustre, vuestro rostro resplandece;
y mi seso no alcanza

de qué causa recrece
tan alta propiedad que os endurece. 55

En cuanto habéis querido,
de mi querer al vuestro me convierto;
y viendo mi sentido
regir con tal concierto,
vos, pecho, estáis cerrado, el mío abierto. 60

En mí reina el quereros,
en vos una ocasión que me aborrece;
en mí el obedeceros,
en vos lo que me empece:
en mí crece el amor y en vos descrece. 65

Estáis endurecido
con verme de la muerte estar cubierto,
para mi bien dormido,
para mi mal despierto:
pues, pecho, ¿qué ganáis hiriendo a un muerto? 70

183
*Da dulzor divino
la Vid verdadera,
porque yo no muera.*

Medicina cierta
nuestro Dios me aplica, 5
con que vivifica
el ánima muerta.
Y es del Cielo puerta
y luz y carrera,
porque yo no muera. 10

[El primer poema figura en las *Flores de varia poesía*, pero lo traslado, lo mismo que el cantarcillo del *Coloquio XI*, de los *Poetas novohispanos* de A. Méndez Plancarte (México, 1942), pp. 39 y 41.]

ALONSO DE BARROS

184
    Cuanto más lo considero,
más me lastima y congoja
ver que no se muda hoja
que no me cause algún daño;
    aunque, si yo no me engaño,
todos jugamos un juego,
    y un mismo desasosiego
padecemos sin reposo;
    pues no tengo por dichoso
al que el vulgo se lo llama,
    ni por verdadera fama
la voz de solos amigos. [...]

    Ni hay trabajo de más paga
que el que algún peligro excusa.
    Ni honra para el que acusa,
aunque sea a su enemigo.
    Ni nos alegra el amigo,
como al tiempo que se hace.
    Ni a gran honra satisface
moderado pensamiento.
    Ni hay pilar de tal sustento
como el premio y el castigo.
    Ni será durable amigo
el que sin causa se inflama.
    Ni hay hierro contra el que ama,
que le tome a mala parte.

---

* Alonso de Barros, de Segovia, cuya *Filosofía cortesana moralizadora* (Madrid, 1567) obtuvo mucho éxito, hasta el punto de publicar B. Ximénez Patón otra edición titulada *Heráclito de Alonso de Barros*, porque concordó en ella las máximas del autor con las de los grandes poetas de la Antigüedad.

Ni el que no sabe su arte
debe por él ser honrado.
   Ni sé cuál da más cuidado:
la ventura o desventura. [...]   30

   Ni hay lastimosa memoria
como al padre el hijo muerto
   Ni el que vive sin concierto
cosa intenta sin perder.
   Ni suele permanecer   35
la honra en ocio ganada.
   Ni es arte muy acetada
cuando no es útil su efeto.
   Ni del ánimo inquïeto
se espera conformidad.   40
   Ni puede haber gravedad
donde está amor declarado.
   Ni hay vicio más disfrazado
que el que parece virtud. [...]

> [*Filosofía cortesana moralizadora* (Madrid, 1567, por la viuda de Alonso Gómez), en la BAE, t. XLII, pp. 231 y 235.]

FRANCISCO DE FIGUEROA

(1536?-1617?)

185   Partiendo de la luz, donde solía
venir su luz, mis ojos han cegado;
perdió también el corazón cuitado
el precioso manjar de que vivía.

   El alma desechó la compañía   5
del cuerpo, y fuese tras el rostro amado;
así en mi triste ausencia he siempre estado
ciego y con hambre y sin el alma mía.

Agora que al lugar, que el pensamiento
nunca dejó, mis pasos presurosos
después de mil trabajos me han traído,

cobraron luz mis ojos tenebrosos
y su pastura el corazón hambriento,
pero no tornará el alma a su nido.

186 Fiero dolor, que alegre alma y segura
hacer pudieras triste y temerosa,
¿cómo con mano larga y enojosa
derramas sobre mí tanta dulzura?

No siente otro descanso, ni procura
mayor deleite el alma congojosa,
que abrir la vena fértil y abundosa
al llanto que me da mi desventura.

Por ti le alcanza, que tu sombra encubre
la causa de mis lágrimas apenas,
confiada a mi mismo pensamiento.

Mas sólo he de llorar las que van llenas
del fuego que me abrasa, y se descubre
que nacen de más áspero tormento.

187 Ya cumpliste tu curso perezoso,
año en tristeza y en dolor gastado:
¡así pluguiera a Dios fuera llegado
también el fin de mi vivir penoso!

Tú empiezas, año alegre, y doloroso
has de ser para mí, cuanto el pasado,
si en ti no alcanza el áspero cuidado
su fin o el alma de su error reposo.

Mas si mi hado injusto ha ya dispuesto
que viva luengamente, y mi ventura 10
de uno en otro dolor fiero me lleve,

dame junto el dolor y la tristura
por momentos, y pasa tú tan presto
cuanto pasó mi bien escaso y breve.

188   Blanco marfil en ébano entallado,
süave voz indignamente oída,
dulce mirar (por quien larga herida
traigo en el corazón) mal ocupado;

blanco pie por ajeno pie guiado; 5
oreja sorda a remediar mi vida,
y atenta al son de la razón perdida;
lado (no sé por qué) junto a tal lado.

Raras, altas venturas, ¿no me diera
la Fortuna cortés, gozar un'hora 10
del alto bien que desde vos reparte?

O el sol, que cuanto mira, orna y colora
¿no me faltara aquí porque no viera
un sol más claro en tan obscura parte?

189   Cuando esperaba el corazón y ardía
(que hoy arde, mas arder ya será en vano,
por culpa de la airada injusta mano
que rompió el hilo a la esperanza mía),

hermosa falda vi de blanca y fría 5
nieve, tendida por un verde llano,
tan pura, que jamás sol ni pie humano
bañó tocando su beldad natía.

Bien la pude coger, bien cerca tuve
con qué amansar mi fuego; mas turbado,   10
ya tendida la mano, me detuve.

En tanto (¡ay! ¿dónde?) mi vecina gloria
huyó cual sueño o sombra, y no ha quedado
d'ella sino el dolor y la memoria.

CANCIÓN

Sale la Aurora de su fértil manto
rosas süaves esparciendo y flores,
pintando el cielo va de mil colores
y la tierra otro tanto,
cuando la dulce pastorcilla mía,   5
lumbre y gloria del día,
no sin astucia y arte
de su dichoso albergue alegre parte.

Pisada del gentil blanco pie, crece
la hierba, y nace en monte, en valle o llano   10
cualquier planta que toca con la mano,
cualquier árbol florece;
los vientos, si soberbios van soplando,
con su vista amansando,
en la fresca ribera   15
del río Tibre siéntase y me espera.

Deja por la garganta cristalina
suelto el oro, que encoje el subtil velo;
arde de amor la tierra, el río, el cielo,
y a sus ojos se inclina.   20
Ella de azules y purpúreas rosas
coge las más hermosas,
y tendiendo su falda
teje dellas después bella guirnalda.

En esto ve que el sol, dando al aurora   25
licencia, muestra en la vecina cumbre
del monte el rayo de su clara lumbre,
que el mundo orna y colora;

túrbase, y una vez arde y se aíra;
otra teme y suspira
por mi luenga tardanza,
y en mitad del temor cobra esperanza.
 Yo, que estaba encubierto, los más raros
milagros de fortuna y de amor viendo,
y su amoroso corazón leyendo
poco a poco en sus claros
ojos (principio y fin de mi deseo)
como turbar los veo,
y enojado conmigo
temblando ante ellos me presento y digo:
 "Rayos, oro, marfil, sol, lazos, vida
de mi vida y mi alma y de mis ojos,
pura frente, que estás de mis despojos
más preciosos ceñida;
ébano, nieve, púrpura y jazmines,
ámbar, perlas, rubines,
tanto vivo y respiro
cuanto sin miedo y sobresalto os miro."
 Alza los ojos a mi voz, turbada,
y, mirando los mios, segura y leda,
sin moverlos, a mí se llega, y queda
de mi cuello colgada,
y así está un poco embebecida; y luego
con amoroso fuego,
blandamente me toca,
y bebe las palabras de mi boca.
 Después comienza en son dulce y sabroso
(y a su voz cesa el viento y para el río):
"Dulce esperanza mia, dulce bien mío;
fuente, sombra, reposo
de mi sedienta, ardiente y cansada alma;
vista serena y calma;
¡muera aquí, si más cara
no me eres que los ojos de la cara!"
 Así dice ella, y nunca en tantos nudos
fue de hiedra o de vid olmo enlazado,
cuanto fui de sus brazos apretado,

hasta el codo desnudos;
y entrando en el jardín de los amores,
cogí las tiernas flores
con el fruto dichoso:
¿quién vio nunca pastor tan venturoso?

    Canción: si alguno de saber procura
lo que después pasamos,
si envidioso no es, di que gozamos
cuanta Amor pudo dar gloria y ventura.

191
    Blancas y hermosas manos, que colgado
tenéis de cada dedo mi sentido;
hermoso y bello cuerpo, que escondido
tenéis a todo el bien de mi cuidado;

    divino y dulce rostro, que penado
tenéis mi corazón después que os vido,
¿por qué ya no borráis de vuestro olvido
al que de sí por vos vive olvidado?

    Volved con buen semblante ya, señora,
aquesos ojos llenos de hermosura;
¡sacad esta vuestra alma a dulce puerto!

    Mirad que me es mil años cada hora,
y es mengua que quien vio vuestra figura
muera ya tantas veces, siendo muerto.

192
    Quien ve las blancas y hermosas rosas
de mano virginal recién cogidas,
y con diversos tallos retejidas,
guirnaldas bellas hacen y olorosas;

    quien gusta de las aves más preciosas
las tiernas pechuguillas convertidas
en líquidos manjares y comidas
süaves, odoríferas, sabrosas;

y quien panales albos destilando
la rubia miel de la amarilla cera,   10
a lo que al gusto y vista más provoca,

pues tal es de mi ninfa el rostro, cuando
mi vista de la suya reverbera
y bebo las palabras de su boca.

[*Poesías de Francisco de Figueroa,* edic. de A. González Palencia (Madrid, 1943).]

SEBASTIÁN DE CÓRDOBA

(† h.-1603)

193   ¡Oh dulces prendas, por mi bien tornadas,
dulces y alegres para el alma mía,
estando yo sin vos, ¿cómo vivía?,
prendas del alto cielo derivadas!

Mis culpas os perdieron, y apartadas,   5
el alma, aunque animaba, no sentía;
sentía, pero no como debía;
que estaban sus potencias alteradas.

Pues en un hora junto me llevastes
por mí todo mi bien cuando partistes,   10
y conocéis el mal que me dejastes,

si ya por la bondad de Dios volvistes,
no os apartéis del alma que sanastes,
porque no muera entre dolores tristes.

* Sebastián de Córdoba, de Úbeda, que volvió a lo 'divino' las obras de Boscán y Garcilaso, es también autor de otros poemas religiosos de escaso interés.

194 Cuando me paro a contemplar mi estado
y a ver los pasos por do me ha traído,
hallo, según que anduve tan perdido,
que hubiera merecido ser juzgado.

    Bajando de la gracia en bajo estado
esteba de mis culpas tan herido,
que quien me viera, fuera conmovido
a me llamar con lástima cuitado.

    Mas la esperanza me entregó sin arte
a quien puede, mirándome, sanarme,
y cierto como puede es el querello;

    que pues la vida puso por librarme,
y El sólo puede darla por su parte,
pudiendo, ¿qué hará sino hacello?

> [*Las Obras de Boscán y Garcilaso, trasladadas en materias cristianas y religiosas* (Granada, 1575), pero los copio de la edic. de Glen R. Gale (University of Michigan, 1971), pp. 93 y 102.]

FRANCISCO DE LA TORRE

195 Sigo, silencio, tu estrellado manto,
de transparentes lumbres guarnecido,
enemiga del sol esclarecido,
ave noturna de agorero canto.

    El falso mago Amor, con el encanto
de palabras quebradas por olvido,
convirtió mi razón y mi sentido,
mi cuerpo no, por deshacelle en llanto.

Tú, que sabes mi mal, y tú, que fuiste
la ocasión principal de mi tormento,　　10
por quien fui venturoso y desdichado,

oye tú solo mi dolor, que al triste
a quien persigue cielo violento
no le está bien que sepa su cuidado.

196   ¡Cuántas veces te me has engalanado,
clara y amiga noche! ¡Cuántas, llena
de escuridad y espanto, la serena
mansedumbre del cielo me has turbado!

Estrellas hay que saben mi cuidado　　5
y que se han regalado con mi pena;
que, entre tanta beldad, la más ajena
de amor tiene su pecho enamorado.

Ellas saben amar, y saben ellas
que he contado su mal llorando el mío,　　10
envuelto en las dobleces de tu manto.

Tú, con mil ojos, noche, mis querellas
oye y esconde, pues mi amargo llanto
es fruto inútil que al amor envío.

197   CANCIÓN

Tórtola solitaria, que llorando
tu bien pasado y tu dolor presente,
ensordeces la selva con gemidos;
cuyo ánimo doliente
se mitiga penando　　5
bienes asegurados y perdidos:
si inclinas los oídos

a las piadosas y dolientes quejas
de un espíritu amargo,
—breve consuelo de un dolor tan largo—
con quien amarga soledad me aquejas,
yo con tu compañía
y acaso a ti te aliviará la mía.

   La rigurosa mano que me aparta
como a ti de tu bien, a mí del mío,
cargada va de triunfos y vitorias.
Sábelo el monte y río,
que está cansada y harta
de marchitar en flor mis dulces glorias;
y si eran transitorias,
acabáralas golpe de Fortuna;
no viera yo cubierto
de turbias nubes cielo que vi abierto
en la fuerza mayor de mi fortuna,
que acabado con ellas
acabarán mis llantos y querellas.

   Parece que me escuchas y parece
que te cuento tu mal, que roncamente
lloras tu compañía desdichada;
el ánimo doliente,
que el dolor apetece,
por un alivio de su suerte airada,
la más apasionada
mas agradable le parece, en tanto
que el alma dolorosa,
llorando su desdicha rigurosa,
baña los ojos con eterno llanto;
cuya pasión afloja
la vida al cuerpo, al alma la congoja.

   ¿No regalaste con tus quejas tiernas,
por solitarios y desiertos prados,
hombres y fieras, cielos y elementos?
¿Lloraste tus cuidados
con lágrimas eternas,
duras y encomendadas a los vientos?
¿No son tus sentimientos

de tanta compasión y tan dolientes,
que enternecen los pechos
a rigurosas sinrazones hechos,
que los haces crueles de clementes? 50
¿En qué ofendiste tanto,
cuitada, que te sigue miedo y llanto?

Quien te ve por los montes solitarios,
mustia y enmudecida y elevada,
de los casados árboles huyendo, 55
sola y desamparada
a los fieros contrarios,
que te tienen en vida padeciendo;
señal de agüero horrendo,
mostrarían tus ojos añublados 60
con las cerradas nieblas
que levantó la muerte y las tinieblas
de tus bienes supremos y pasados:
llora, cuitada, llora,
al venir de la noche y de la aurora. 65

Llora desventurada, llora cuando
vieres resplandecer la soberana
lámpara del oriente luminoso,
cuando su blanca hermana
muestra su rostro blando 70
al pastorcillo de su sol quejoso,
y con llanto piadoso
quéjate a las estrellas relucientes,
regálate con ellas,
que ellas también amaron bien, y dellas 75
padecieron mortales accidentes;
no temas que tu llanto
esconda el cielo en el noturno espanto.

¿Dónde vas, avecilla desdichada?
¿Dónde puedes estar más afligida? 80
¿Hágote compañía con mi llanto?
¿Busco yo nueva vida,

---

69 Alude al mito de Diana, la Luna, enamorada del pastor Endimión. Véase la nota en la p. 86.

que la desventurada
que me persigue y que te aflige tanto?
Mira que mi quebranto, 85
por ser como tu pena rigurosa,
busca tu compañía;
no menosprecies la doliente mía
por menos fatigada y dolorosa,
que si te persuadieras, 90
con la dureza de mi mal vivieras.
  ¿Vuelas al fin y al fin te vas llorando?
El cielo te defienda y acreciente
tu soledad y tu dolor eterno.
Avecilla doliente, 95
andes la selva errando
con el sonido de tu arrullo eterno;
y cuando el sempiterno
cielo errare tus cansados ojos,
llórete Filomena, 100
ya regalada un tiempo con tu pena,
sus hijos hechos míseros despojos
del azor atrevido,
que adulteró su regalado nido.
  Canción, en la corteza deste roble, 105
solo y desamparado
de verdes hojas, verde vid y verde
hiedra, quedad, que el hado
que mi ventura pierde
más estéril y solo se me ha dado. 110

198 ¡Tirsis!, ¡ah Tirsis!, vuelve y endereza
tu navecilla contrastada y frágil
a la seguridad del puerto; mira
que se te cierra el cielo.
  El frío Bóreas y el ardiente Noto 5
apoderados de la mar insana
anegaron ahora en este piélago
una dichosa nave.

Clamó la gente mísera y el cielo
escondió los clamores y gemidos
entre los rayos y espantosos truenos
de su turbada cara.

¡Ay, que me dice tu animoso pecho
que tus atrevimientos mal regidos
te ordenan algún caso desastrado
al romper de tu Oriente!

¿No ves, cuitado, que el hinchado Noto
trae en sus remolinos polvorosos
las imitadas mal seguras alas
de un atrevido mozo?

¿No ves que la tormenta rigurosa
viene del abrasado monte, donde
yace muriendo vivo el temerario
Encélado y Tifeo?

Conoce, desdichado, tu fortuna
y prevén a tu mal, que la desdicha
prevenida con tiempo no penetra
tanto como la súbita.

¡Ay, que te pierdes! Vuelve, Tirsis, vuelve;
tierra, tierra, que brama tu navío,
hecho prisión y cueva sonorosa
de los hinchados vientos.

Allá se avenga el mar, allá se avengan
los mal regidos súbditos del fiero
Eolo con soberbios navegantes
que su furor desprecian.

Miremos la tormenta rigurosa
dende la playa, que el airado cielo
menos se encruelece de contino
con quien se anima menos.

---

24 *Encélado y Tifeo*: dos de los titanes derrotados por Júpiter
a los que les echó encima el monte Etna.

199 Camino por el mar de mi tormento
con una mal segura lumbre clara,
falta la luz de mi esperanza cara,
y falta luego mi vital aliento.

Llévame la tormenta en el momento
por adonde viviente no llevara,
si rigurosamente no trazara
dar fin en una roca al mal que siento.

Espántame del crudo mar hinchado
la clemencia que tiene de matarme
y en el punto me gozo de mi muerte.

Caí; la mar, en habiéndome gozado,
y porque era matarme remediarme,
a la orilla me arroja y a mi suerte.

200 ENDECHAS

Cristalino río,
manso y sosegado,
mil veces turbado
con el llanto mío:
 oye mis querellas
amorosamente,
sin que tu corriente
se turbe con ellas.
 Sólo a ti me vuelvo,
el furor huyendo
deste mar horrendo
que en mi mal revuelvo.
 No permitas tanto
no acetar mis dones,
como con pasiones
aumentar mi llanto.

Un hombre soy, quien
tiene el cielo tal,
que por dalle mal
le promete bien.   20
   Tú sólo te duele
de mi suerte amarga,
que una vida larga
no hay quien la consuele.
   Desterrado voy   25
de quien quiere el hado
que viva apartado
para ser quien soy.
   En el alma traigo
hierba ponzoñosa,   30
y en los ojos cosa
con que más la arraigo.
   Vi dichosamente
navegar mi nave
con el aura suave   35
de una voz doliente.
   Perdila, y el cielo
cerróse al momento,
destemplóse el viento,
no me sufrió el suelo.   40
   Llamé tu deidad
y ofrecí la nave,
ya pesada y grave
en la adversidad.
   Recibe estas sobras   45
del mar escapadas,
que, aunque desdichadas,
llevan fe y son obras.
   Y tu cara vea
tan florida y verde   50
como la que pierde
Flora y Amaltea.

---

52 *Amaltea*: la nodriza que alimentó a Zeus niño. Tiene relación con la famosa 'cornucopia' o cuerno de la abundancia.

Si contigo viera
la alta gloria tuya,
al cielo la suya   55
sólo le pidiera.
   Mas el cielo ordena
que apartado viva
el alma cautiva
y el cuerpo en cadena.   60
   Llorad, tristes ojos,
si a llorar se acaba,
una vida esclava
de penas y enojos;
   mejor moriréis   65
si acabáis llorando,
que desesperando
de lo que veréis.
   No os duela la vida
que estimastes tanto,   70
que, entre olvido y llanto,
va muy bien perdida.
   Con glorias inciertas
y esperanzas vanas
hacéis más livianas   75
las que lloráis muertas.
   No os engañe amor,
que, por no perderos,
quiere socorreros
con falso favor.   80
   Mirastes humanos
y entrada le distes;
siempre casos tristes
nacen de ojos vanos;
   mostróseos afable   85
sobre doble trato,
pero mi recato
le sintió mudable.
   Hízose tirano
de alma y corazón,   90

que sobre afición
carga cruel la mano.
   Saqueó mi pecho,
diole a un enemigo:
nunca falso amigo 95
puede hacer buen hecho.
   Llorad, ojos, tanto
que todo este olvido
salga convertido
en piadoso llanto. 100
   Doleos de mi mal
y no de mi muerte,
que tan mala suerte
buena es ser mortal.
   Y temed que el cielo 105
no haga mi pasión
desesperación
de rabioso celo,
   que esta muerte amarga,
con nombre de vida, 110
mientras más temida,
más cruelmente carga.

201
ÉGLOGA

Hácese una caverna umbrosa, donde
la altiva frente del sagrado Arages
a su Doris se ofrece vitoriosa
con la verde guirnalda, y con los trajes
que el remozado abril cela y esconde 5
de la cara de Febo luminosa;
habitación umbrosa
y doloroso abrigo,
ocasión y testigo
de muchas y tristísimas querellas 10
de sacros dioses y nereidas bellas;

    secreto alivio de ánimo afligido
a quien traen las estrellas
a llorar sinrazones de Cupido.
La noche amiga, que el silencio eterno   15
con los dobleces de su mano tiende
en los ya graves ojos de la tierra,
las luminarias del Olimpo enciende,
con quien se ha regalado amante tierno,
si ingrato pecho su ventura encierra.
Caían de la sierra   20
altísima las nieblas,
que las negras tinieblas
y el aire turbio de la noche espesa,
unas a otras sucediendo apriesa,
    cuando el sagrado Glauco, dividiendo   25
la refrenada y presa
agua del mar, salió su gruta huyendo.
Serénase la noche, y el turbado
cerco del ancho seno se serena,
a la deidad del sacro Glauco atentos.   30
Y él, conducido de la amarga pena,
que solicita su ánimo cansado,
alienta suspirando mar y vientos.
Cuyos tristes acentos,
llorando interrumpidos,   35
con ardientes gemidos,
declaraban la alma dolorosa
a la ninfa más dura y rigurosa
de las nereidas soberanas, cuando
de la alma congojosa   40
ansí soltó la triste voz llorando:
    "Ya que me desespera mi ventura,
mi mucho mal, mi poco sufrimiento,
de la incierta esperanza de mi vida,
ya que me desengaña mi tormento,   45

---

25 *Glauco*: natural de Antedón, en Beocia; pescador que se
    convirtió en deidad marina por haber comido la hierba que
    Cronos (Saturno) había sembrado.

mi mucho amor, mi mucha desventura
de la promesa de mi bien perdida,
verted, ojos, la alma consumida,
verted, dolientes ojos,
por últimos despojos 50
de las obsequias de mi triste muerte,
lágrimas piadosas
por la clemencia de mi amarga suerte,
menos fingidas, cuanto más forzosas.

"Llegó mi lamentable pena donde 55
mi desventura miserable llega;
una y otra me quita la esperanza;
una me mata y otra cruel me niega
el bien que a la desdicha corresponde,
como tras la tormenta la bonanza. 60
Un tiempo me engañó mi confianza
y aumentóse mi daño
con este dulce engaño,
que si en el tiempo que viví muriera,
que moría dichoso 65
por morir engañado conociera:
tal es un desengaño riguroso.

"Desengañado de mi bien agora,
agora de mi bien desengañado,
¿qué remedio me trae el crudo cielo 70
si no le sufre ya mi duro estado,
si presa ya del mal la alma llora
su fe perdida y su perdido celo?
Llorad, ojos, llorad mi desconsuelo,
llorad agora tanto, 75
que mitigue mi llanto
el aspereza de mi suerte dura,
jamás enternecida;
daránme vuestras lágrimas la muerte,
o la misericordia dellas vida. 80

"No la deseo, ni lo quiera el cielo
que padeciendo por aquella mano
que me puede matar y dar la vida,
siendo mi mal destino soberano,

siendo fatal mi duro desconsuelo, 85
quiera librar la alma consumida:
esto quiere mi suerte endurecida.
Y pues trabajos vienen,
trabajos me convienen;
medirme quiero con mi corta suerte, 90
que si no me remedio,
serálo de mis lágrimas la muerte.
"Ya que mi vida no consiente medio,
sacra deidad del mar, hermosa Scila,
miedo y terror del triste navegante 95
y del amante de tu cruel belleza;
más apacible y mansa que el constante
cielo sereno y más que la tranquila
agua de Tetis, falsa a mi firmeza,
si de tu sinrazón y mi tristeza 100
tuvieras un cuidado,
tantos días llorado,
de quien adora tu beldad eterna
siendo Dios soberano,
no me quejara con endecha tierna 105
al solo mar, a mi dolor humano.
"Deja ya sosegar, ninfa divina,
el estrecho peligro que defiendes
al que oprime los hombros de Neptuno.
Si flacos leños anegar pretendes, 110
inclina tu beldad, al cielo inclina
tu lumbre resistida de ninguno,
que el rayo de tus ojos importuno,
que altera mar y viento,
al estrellado asiento 115
y al reino de la noche dará guerra,
cuanto más a un rendido,
mísero dios, que tu profundo encierra."

---

94 *Scila*: amada de Glauco, que despreció a Circe y ésta la convirtió en un monstruo que vivía en una cueva del estrecho de Mesina matando a cuantos marineros pasaban por allí.

Llora el sagrado Glauco y a su llanto
los detenidos y pasmados vientos   120
hacen un son doliente y lamentable;
los delfines y focas, con atentos
oídos, escuchaban el quebranto
del espíritu triste y miserable,
y con el admirable   125
rüido de sus saltos,
ya profundos y altos,
declaraban el gozo que les daba
la dolorosa voz que les cantaba
endechas lastimosas y dolientes,   130
la libertad esclava,
cercada de contrarios accidentes.

>   [*Poesías*, edic. de A. Zamora Vicente en Clásicos Castellanos (Madrid, 1944).]

JAIME TORRES *

202   VILLANCICO

   ¡Hola, hau, carillos!,
pues a Dios tenemos,
dejad los corrillos
y venid, bailemos.
   Sayos gironados,   5
de lana extremeña,
os vestid, preciados,
y peináos la greña.

---

* Nicolás Antonio no logró averiguar nada de fray Jaime Torres y yo sólo sé que en los preliminares de su *Divina y varia poesía* figura un soneto laudatorio con estrambote de Lupercio Leonardo de Argensola.

Flautas, caramillos,
zampoñas toquemos;   10
sus, dejad corrillos
y venid, bailemos.

203   En carro ligerísimo me llevan,
a más andar, mis horas, días y años;
causándome vaivenes tan extraños
que a resistir no hay fuerzas que se atrevan.

Y lo peor de todo es que me ceban   5
mil vanas esperanzas con engaños,
y así no siento, triste, tantos daños,
que en mí cada momento se renuevan.

¡Ay, juventud; ay, tiempo ya pasado,
ay, florecida edad!, ¿dónde te fuiste,   10
dejándome en estrecho paso, y malo?

Inmenso Dios, no mires mi pecado,
pues ya, Señor, sanarme dél quisiste,
tomando tú por mí el agua del palo.

[*Divina y varia poesía* (Huesca, 1579), folios 53v y 81v.]

FRANCISCO DE ALDANA

(1537-1578)

204   "¿Cuál es la causa, mi Damón, que estando
en la lucha de amor juntos trabados
con lenguas, brazos, pies y encadenados
cual vid que entre el jazmín se va enredando

"y que el vital aliento ambos tomando
en nuestros labios, de chupar cansados,
en medio a tanto bien somos forzados
llorar y suspirar de cuando en cuando?"

"Amor, mi Filis bella, que allá dentro
nuestras almas juntó, quiere en su fragua
los cuerpos ajuntar también tan fuerte

"que no pudiendo, como esponja el agua,
pasar del alma al dulce amado centro
llora el velo mortal su avara suerte."

205

Otro aquí no se ve que frente a frente
animoso escuadrón moverse guerra,
sangriento humor teñir la verde tierra
y tras honroso fin correr la gente.

Este es el dulce son que acá se siente:
"¡España, Santïago, cierra, cierra!"
y por süave olor que el aire atierra
humo de azufre dar con llama ardiente.

El gusto envuelto va tras corrompida
agua, y el tacto sólo apalpa y halla
duro trofeo de acero ensangrentado,

hueso en astilla, en él carne molida,
despedazado arnés, rasgada malla...
¡Oh sólo, de hombres, digno y noble estado!

206

El ímpetu cruel de mi destino
¡cómo me arroja miserablemente
de tierra en tierra, de una en otra gente,
cerrando a mi quietud siempre el camino!

14 *velo*: como 'tela', 'cárcel', el cuerpo humano.
[205] 6 *cerrar*: acometer, atacar.

¡Oh si tras tanto mal grave y contino,
roto su velo mísero y doliente,
el alma, con un vuelo diligente,
volviese a la región de donde vino!

Iríame por el cielo en compañía
del alma de algún caro y dulce amigo,
con quien hice común acá mi suerte.

¡Oh qué montón de cosas le diría,
cuáles y cuántas, sin temer castigo
de fortuna, de amor, de tiempo y muerte!

207

Mil veces callo, que romper deseo
el cielo a gritos, y otras tantas tiento
dar a mi lengua voz y movimiento,
que en silencio mortal yacer la veo.

Anda cual velocísimo correo
por dentro el alma el suelto pensamiento,
con alto, y de dolor, lloroso acento,
casi en sombra de muerte un nuevo Orfeo.

No halla la memoria o la esperanza
rastro de imagen dulce o deleitable
con que la voluntad viva segura.

Cuanto en mí hallo es maldición que alcanza,
muerte que tarda, llanto inconsolable,
desdén del cielo, error de la ventura.

208 RECONOCIMIENTO DE LA VANIDAD DEL MUNDO

En fin, en fin, tras tanto andar muriendo,
tras tanto varïar vida y destino,
tras tanto de uno en otro desatino,
pensar todo apretar, nada cogiendo;

tras tanto acá y allá, yendo y viniendo
cual sin aliento, inútil peregrino;
¡oh Dios!, tras tanto error del buen camino
yo mismo de mi mal ministro siendo,

hallo, en fin, que ser muerto en la memoria
del mundo es lo mejor que en él se asconde,
pues es la paga dél muerte y olvido;

y en un rincón vivir con la vitoria
de sí, puesto el querer tan sólo adonde
es premio el mismo Dios de lo servido.

209   AL CIELO

Clara fuente de luz, nuevo y hermoso,
rico de luminarias, patrio Cielo,
casa de la verdad sin sombra o velo,
de inteligencias ledo, almo reposo:

¡oh cómo allá te estás, cuerpo glorioso,
tan lejos del mortal caduco velo,
casi un Argos divino alzado a vuelo,
de nuestro humano error libre y piadoso!

¡Oh patria amada!, a ti sospira y llora
esta en su cárcel alma peregrina,
llevada errando de uno en otro instante;

esa cierta beldad que me enamora
suerte y sazón me otorgue tan benina
que, do sube el amor, llegue el amante.

210   POCOS TERCETOS ESCRITOS A UN AMIGO

Mientras estáis allá con tierno celo,
de oro, de seda y púrpura cubriendo
el de vuestra alma vil terrestre velo,

sayo de hierro acá yo estoy vistiendo,
cota de acero, arnés, yelmo luciente,
que un claro espejo al sol voy pareciendo.
   Mientras andáis allá lascivamente
con flores de azahar, con agua clara
los pulsos refrescando, ojos y frente,
   yo de honroso sudor cubro mi cara
y de sangre enemiga el brazo tiño
cuando con más furor muerte dispara.
   Mientras que a cada cual con su desiño
urdiendo andáis allá mil trampantojos,
manchada el alma más que piel de armiño,
   yo voy acá y allá, puestos los ojos
en muerte dar al que tener se gloria
del ibero valor ricos despojos.
   Mientras andáis allá con la memoria
llena de las blanduras de Cupido,
publicando de vos llorosa historia,
   yo voy acá de furia combatido,
de aspereza y desdén, lleno de gana
que Ludovico al fin quede vencido.
   Mientras cual nuevo sol por la mañana
todo compuesto andáis ventaneando
en haca, sin parar, lucia y galana,
   yo voy sobre un jinete acá saltando
el andén, el barranco, el foso, el lodo,
al cercano enemigo amenazando.
   Mientras andáis allá metido todo
en conocer la dama, o linda o fea,
buscando introducción por diestro modo,
   yo reconozco el sitio y la trinchea
deste profano a Dios vil enemigo,
sin que la muerte al ojo estorbo sea.

---

24 *Ludovico*: el conde Luis de Nassau-Dillemburg, hermano del príncipe de Orange.
27 *haca*: jaca.
29 *andén*: parapeto.

211 EPÍSTOLA A BENITO ARIAS MONTANO SOBRE LA CONTEMPLACIÓN DE DIOS Y LOS REQUISITOS DE ELLA

Montano, cuyo nombre es la primera
estrellada señal por do camina
el sol el cerco oblicuo de la esfera;
  nombrado así por voluntad divina
para mostrar que en ti comienza Apolo 5
la luz de su celeste diciplina:
  yo soy un hombre desvalido y solo,
expuesto al duro hado, cual marchita
hoja al rigor del descortés Eolo.
  Mi vida temporal anda precita 10
dentro el infierno del común trafago
que siempre añade un mal y un bien nos quita.
  Oficio militar profeso y hago:
¡baja condenación de mi ventura
que al alma dos infiernos da por pago! 15
  Los huesos y la carne que natura
me dio para vivir, no poca parte
dellos y della he dado a la locura,
  mientras el pecho al desenvuelto Marte
tan libre di, que sin mi daño puede 20
(hablando la verdad) ser muda el arte;
  y el rico galardón que se concede
a mi —llámola así— ciega porfía
es que por ciego y porfiado quede.
  No digo más sobre esto, que podría 25
cosas decir que un mármol deshiciese
en el piadoso humor que el ojo envía,

1-3 Hay una especie de juego de voces entre Arias y Aries, signo del Zodíaco con que el Sol se encuentra al empezar la primavera.
10 *precita*: condenada al infierno.

y callaré las causas de interese
(no sé si justo o injusto) que en alguno
hubo porque mi mal más largo fuese.   30
  Menos te quiero ser ora importuno
en declarar mi vida y nacimiento,
que tiempo dará Dios más oportuno:
  basta decir que cuatro veces ciento
y dos cuarenta vueltas dadas miro   35
del planeta septeno al firmamento,
  que en el aire común vivo y respiro,
sin haber hecho más que andar haciendo
yo mismo a mí, cruel, doblado tiro;
  y con un trasgo a brazos debatiendo,   40
que al cabo, al cabo, ¡ay Dios!, de tan gran rato
mi costoso sudor queda riendo.
  Mas ya (merced del cielo) me desato,
ya rompo a la esperanza lisonjera
el lazo en que me asió con doble trato.   45
  Pienso torcer de la común carrera
que sigue el vulgo y caminar derecho
jornada de mi patria verdadera;
  entrarme en el secreto de mi pecho
y platicar en él mi interior hombre   50
do va, do está, si vive o qué se ha hecho.
  Y, porque vano error más no me asombre,
en algún alto y solitario nido
pienso enterrar mi ser, mi vida y nombre;
  y, como si no hubiera acá nacido,   55
estarme allá, cual Eco, replicando
al dulce son de Dios del alma oído.
  Y ¿qué debiera ser (bien contemplando)
el alma, sino un Eco resonante
a la eterna beldad que está llamando,   60

---

36 *planeta septeno*: la Luna.
56 *Eco*: una de las enamoradas de Narciso, condenada por Hera a repetir los últimos sonidos de lo que oía.

y, desde el cavernoso y vacilante
cuerpo, volver mil réplicas de amores
al sobrecelestial Narciso amante,
 rica de sus intrínsicos favores,
con un piadoso escarnio el bajo oficio 65
burlar de los mundanos amadores?
 En tierra o en árbol hoja algún bullicio
no hace que al moverse ella no encuentra
en nuevo y para Dios grato ejercicio;
 y como el fuego saca y desencentra 70
oloroso licor por alquitara
del cuerpo de la rosa que en ella entra,
 así destilará de la gran cara
del mundo inmaterial varia belleza
con el fuego de amor que la prepara; 75
 y pasará de vuelo a tanta alteza,
que, volviéndose a ver tan sublimada,
su propia olvidará naturaleza,
 cuya capacidad ya dilatada
allá verá do casi ser le toca 80
en su primera causa transformada.
 Ojos, oídos, pies, manos y boca,
hablando, obrando, andando, oyendo y viendo,
serán del mar de Dios cubierta roca.
 Cual pece dentro el vaso alto, estupendo, 85
del Oceano, irá su pensamiento
desde Dios para Dios yendo y viniendo.
 Serále allí quietud el movimiento,
cual círculo mental sobre el divino
centro, glorioso origen del contento; 90
 que, pues el alto, esférico camino
del cielo causa en él vida y holganza
sin que lugar adquiera peregrino,
 llegada el alma al fin de la esperanza
mejor se moverá para quietarse 95
dentro el lugar que sobre el mundo alcanza,
 do llega en tanto extremo a mejorarse
(torno a decir) que en él se transfigura
casi el velo mortal sin animarse;

no que del alma la especial natura 100
dentro el divino piélago hundida
cese en el Hacedor de ser hechura,
 o quede aniquilada y destrüida,
cual gota de licor que el rostro enciende,
del altísimo mar toda absorbida, 105
 mas como el aire en quien en luz se extiende
el claro sol, que juntos aire y lumbre
ser una misma cosa el ojo entiende.
 Es bien verdad que a tan sublime cumbre
suele impedir el venturoso vuelo 110
del cuerpo la terrena pesadumbre;
 pero, con todo, llega al bajo suelo
la escala de Jacob, por do podemos
al alcázar subir del alto cielo;
 que yendo allá no dudo que encontremos 115
favor de más de un ángel diligente,
con quien alegre tránsito llevemos.
 Puede del sol pequeña fuerza ardiente
desde la tierra alzar graves vapores
a la región del aire allá eminente, 120
 ¿y tantos celestiales protectores
para subir a Dios alma sencilla
vernán a ejercitar fuerzas menores?
 Mas, pues, Montano, va mi navecilla
corriendo este gran mar con suelta vela 125
hacia la infinidad buscando orilla,
 quiero (para tejer tan rica tela)
muy desde atrás decir lo que podría
hacer el alma que a su causa vuela.
 Paréceme, Montano, que debría 130
buscar lugar que al dulce pensamiento
encaminado a Dios abra la vía,
 a do todo exterior derramamiento
cese, y en su secreto el alma entrada,
comience a examinar con modo atento, 135
 antes que del Señor fuese criada,
cómo no fue, ni pudo haber salido
de aquella privación que llaman nada;

ver aquel alto piélago de olvido,
aquel, sin hacer pie, luengo vacío, 140
tomado tan atrás del no haber sido;
  y diga a Dios: ¡"Oh causa del ser mío,
cuál me sacaste desa muerte escura,
rica del don de vida y de albedrío!"
  Allí, gozosa en la mayor natura, 145
déjese el alma andar süavemente
con leda admiración de su ventura;
  húndase toda en la divina fuente
y, del vital licor humedescida,
sálgase a ver del tiempo en la corriente. 150
  Veráse como línea producida
del punto eterno en el mortal subjecto
bajada a gobernar la humana vida
  dentro la cárcel del corpóreo afecto,
hecha horizonte allí deste alterable 155
mundo y del otro puro y sin defecto,
  donde a su fin únicamente amable
vuelta, conozca dél ser tan dichosa
forma gentil de vida indeclinable,
  y sienta que la mano dadivosa 160
de Dios cosas crió tantas y tales
hasta la más soez, mínima cosa,
  sin que las calidades principales,
los cielos con su lúcida belleza,
los coros del impíreo angelicales, 165
  consigan facultad de tanta alteza,
que lo más bajo y vil que asconde el cieno
puedan criar, ni hay tal naturaleza.
  Enamórese el alma en ver cuán bueno
es Dios, que un gusanillo le podría 170
llamar su criador de lleno en lleno;
  y poco a poco le amanezca el día
de la contemplación, siempre cobrando
luz y calor que Dios de allá le envía.
  Déjese descansar de cuando en cuando 175
sin procurar subir, porque no rompa
el hilo que el amor queda tramando,

y veráse colmar de alegre pompa
de divino favor, tan ordenado
cuan libre de desmán que le interrompa.

Torno a decir que el pecho enamorado
la celestial de allá rica influencia
espere humilde, atento y reposado,

sin dar ni recebir propia sentencia:
que en tal lugar la lengua más despierta
es de natura error y balbucencia.

Abra de par en par la firme puerta
de su querer, pues no tan presto pasa
el sol por la región del aire abierta,

ni el agua universal con menos tasa
hinchió toda del suelo alta abertura,
bajando a la región de luz escasa,

como aquella mayor, suma Natura
hinche de su divino sentimiento
el alma cuando abrírsele procura.

No que de allí le quede atrevimiento
para creer que en sí mérito encierra
con que al Supremo obligue entendimiento,

pues la impotencia misma que la tierra
tiene para obligar que le dé el cielo
llovida ambrosia en valle, en llano o en sierra,

o para producir flores el yelo
y plantas levantar de verde cima
desierto estéril y arenoso suelo,

tiene el alma mejor, de más estima
para obligar que en ella gracia influya
el bien que a tanta alteza la sublima.

Es don de Dios, manificencia suya,
divina autoridad que el ser abona
de nuestra indignidad que no lo arguya;

y cuando da de gloria la corona,
es último favor que los ya hechos,
como sus propios méritos, corona.

Así que el alma en los divinos pechos
beba infusión de gracia sin buscalla,
sin gana de sentir nuevos provechos,

que allí la diligencia menos halla
cuanto más busca, y suelen los favores
trocarse en interior nueva batalla,

No tiene que buscar los resplandores
del sol quien de su luz se halla cercado,
ni el rico abril pedir hierbas y flores,

pues no mejor el húmido pescado
dentro el abismo está del Oceano
cubierto del humor grave y salado,

que el alma alzada sobre el curso humano
queda, sin ser curiosa o diligente,
de aquel gran mar cubierta ultramundano;

no como el pece, sólo exteriormente,
mas dentro mucho más que esté en el fuego
el íntimo calor que en él se siente.

Digo que puesta el alma en su sosiego
espere a Dios cual ojo que cayendo
se va sabrosamente al sueño ciego;

que al que trabaja por quedar durmiendo,
esa misma inquietud destrama el hilo
del sueño que se da no le pidiendo.

Ella verá con desusado estilo
toda regarse y regalarse junto
de un, salido de Dios, sagrado Nilo;

recogida su luz toda en un punto,
a aquella mirará de quien es ella
indignamente imagen y trasumpto,

y cual de amor la matutina estrella
dentro el abismo del eterno día
se cubrirá, toda luciente y bella,

como la hermosísima judía
que llena de doncel, novicio espanto,
viendo Isaac que para sí venía,

dejó cubrir el rostro con el manto
y decendida presto del camello,
recoge humilde al novio casto y santo.

Disponga el alma así con Dios hacello
y de su presumpción descienda altiva
cubierto el rostro y reclinado el cuello,

y a aquella sacrosanta virtud viva,
única criadora y redemptora,
con profunda humildad en sí reciba.

   Mas ¿quién dirá, mas quién decir agora
podrá los peregrinos sentimientos
que el alma en sus potencias atesora;

   aquellos ricos amontonamientos
de sobrecelestiales influencias,
dilatados de amor descubrimientos;

   aquellas ilustradas advertencias
de las musas de Dios sobreesenciales,
destierro general de contingencias;

   aquellos nutrimentos divinales
de la inmortalidad fomentadores,
que exceden los posibles naturales;

   aquellos —qué diré— colmos favores,
privanzas nunca oídas, nunca vistas,
suma especialidad del bien de amores?

   ¡Oh grandes, oh riquísimas conquistas
de las Indias de Dios, de aquel gran mundo
tan escondido a las mundanas vistas!

   Mas... ¡ay de mí, que voy hacia el profundo,
do no se entiende suelo ni ribera,
y si no vuelvo atrás, me anego y hundo!

   No más allá. Ni puedo, aunque lo quiera.
Do la vista alcanzó, llegó la mano;
ya se les cierra a entrambos la carrera.

   ¿Notaste bien, dotísimo Montano,
notaste cuál salí, más atrevido
que del cretense padre el hijo insano?

   Tratar en esto es sólo a ti debido,
en quien el cielo sus noticias llueve
para dejar el mundo enriquescido;

---

285 Alusión a Ícaro, hijo de Dédalo.

por quien de Pindo las hermanas nueve
dejan sus montes, dejan sus amadas
aguas donde la sed se mata y bebe,
   y en el sancto Sión ya transladadas
al profético coro, por tu boca,
oyendo están, atentas y humilladas.
   ¡Dichosísimo aquel que estar le toca
contigo en bosque, monte o valle umbroso,
o encima la más alta áspera roca!
   ¡Oh tres y cuatro veces yo dichoso
si fuese Aldino aquél, si aquél yo fuese
que en orden de vivir tan venturoso
   juntamente contigo estar pudiese
lejos de error, de engaño y sobresalto,
como si el mundo en sí no me incluyese!
   Un monte dicen que hay sublime y alto,
tanto que al parecer la excelsa cima
al cielo muestra dar glorioso asalto,
   y que el pastor con su ganado encima,
debajo de sus pies correr el trueno
ve, dentro el nubiloso, helado clima,
   y en el puro, vital aire sereno
va respirando allá, libre y exento,
casi nuevo lugar, del mundo ajeno,
   sin que le impida el desmandado viento,
el trabado granizo, el suelto rayo,
ni el de la tierra grueso, húmido aliento;
   todo es tranquilidad de fértil mayo,
purísima del sol templada lumbre,
de hielo o de calor sin triste ensayo.
   Pareces tú, Montano, a la gran cumbre
deste gran monte, pues vivir contigo
es muerte de la misma pesadumbre;
   es un poner debajo a su enemigo,
de la soberbia el trueno estar mirando
cual va descomponiendo al más amigo;

289-294 Alude a la obra poética en latín de Arias Montano, de contenido muy bíblico.

las nubes de la invidia descargando, 325
ver de murmuración duro granizo,
de vanagloria el viento andar soplando
  y de lujuria el rayo encontradizo;
de acidia el grueso aliento y de avaricia,
con lo demás que el padre antiguo hizo; 330
  y desta turba vil que el mundo envicia
descargado, gozar cuanto ilustrare
el sol en ti de gloria y de justicia.

El alma que contigo se juntare
cierto reprimirá cualquier deseo 335
que contra el proprio bien la vida encare;
  podrá luchar con el terrestre Anteo
de su rebelde cuerpo, aunque le cueste
vencer la lid por fuerza y por rodeo.

Y casi vuelta un Hércules celeste, 340
sopesará de tierra ese imperfecto
porque el favor no pase della en éste,
  tanto que el pie del sensitivo afecto
no la llegue a tocar y el enemigo
al hercúleo valor quede subjecto; 345
  de sí le apartará, junto consigo
domándole, firmado en la potencia
del pech ejecutor del gran castigo.

Serán temor de Dios y penitencia
los brazos, coronada de diadema 350
la caridad, valor de toda esencia.

Mas para concluir tan largo tema,
quiero el lugar pintar do con Montano
deseo llegar de vida al hora extrema:

---

337 *Anteo*: hijo de la Tierra, que recobraba su fortaleza si tocaba con sus pies en ella. Por eso Hércules lo derrotó levantándole sobre el suelo. "En los versos siguientes —anota Rivers— Aldana hace de esta leyenda una alegoría ascética, desempeñando el cuerpo el papel de Anteo, y el alma el de Hércules."

no busco monte excelso y soberano, 355
de ventiscosa cumbre, en quien se halle
la triplicada nieve en el verano;

menos profundo, escuro, húmido valle
donde las aguas bajan despeñadas
por entre desigual, torcida calle: 360

las partes medias son más aprobadas
de la Natura, siempre frutüosas,
siempre de nuevas flores esmaltadas.

Quiero también, Montano, entre otras cosas,
no lejos descubrir de nuestro nido 365
el alto mar con ondas bulliciosas;

dos elementos ver: uno movido
del aéreo desdén, otro fijado
sobre su mismo peso establecido.

Ver uno desigual, otro igualado; 370
de mil colores éste, aquél mostrando
el claro azul del cielo no añublado.

Bajaremos allá de cuando en cuando;
altas y ponderadas maravillas
en recíproco amor juntos tratando. 375

Verás por las marítimas orillas
la espumosa resaca entre el arena
bruñir mil blancas conchas y lucillas;

en quien hiriendo el sol con luz serena
echan como de sí nuevos resoles 380
do el rayo visüal su curso enfrena.

Verás mil retorcidos caracoles,
mil bucios istriados con señales
y pintas de lustrosos arreboles:

los unos del color de los corales, 385
los otros de la luz que el sol represa
en los pintados arcos celestiales,

de varia operación, de varia empresa
despidiendo de sí como centellas
en rica mezcla de oro y de turquesa. 390

---

383 *bucio*: especie de caracol marino.

Cualquiera especie producir de aquellas
verás (lo que en la tierra no acontece)
pequeñas en extremo y grandes dellas;
   donde el secreto, artificioso pece
pegado está y en otros despegarse   395
suele y al mar salir si le parece.
   Por cierto, cosa digna de admirarse
tan menudo animal, sin niervo y hueso,
encima tan gran máquina arrastrarse;
   criar el agua un cuerpo tan espeso   400
como la concha, casi fuerte muro
reparador de todo caso avieso,
   todo de fuera peñascoso y duro,
liso de dentro, que al salir injuria
no haga a su señor tratable y puro.   405
   El nácar, el almeja y la purpuria
veneria, con matices luminosos
que acá y allá del mar siguen la furia;
   ver los marinos riscos cavernosos
por alto y bajo en varia forma abiertos   410
do encuentran mil embates espumosos;
   los peces acudir por sus inciertos
caminos, con agalla purpurina,
de escamoso cristal todos cubiertos;
   también verás correr por la marina   415
con sus airosas tocas, sesga y presta,
la nave a lejos climas peregrina;
   verás encaramar la comba cresta
del líquido elemento a los extremos
de la helada región al fuego opuesta;   420
   los salados abismos miraremos
entre dos sierras de agua abrir cañada,
que de temor Carón suelta sus remos;
   veráse luego mansa y reposada
la mar, que por sirena nos figura   425
la bien regida y sabia edad pasada,

---

407 *veneria*: la venera, especie de almeja.

la cual en tan gentil, blanda postura,
vista del marinero se adormece
casi a música voz, süave y pura,
   y en tanto el fiero mar se arbola y crece   430
de modo que (aun despierto) ya cualquiera
remedio de vivir le desfallece.
   En fin, Montano, el que temiendo espera
y velando ama, sólo éste prevale
en la estrecha, de Dios cierta, carrera.   435
   Mas ya parece que mi pluma sale
del término de epístola, escribiendo
a ti, que eres de mí lo que más vale.
   A mayor ocasión voy remitiendo
de nuestra soledad contemplativa   440
algún nuevo primor que della entiendo.
   Tú, mi Montano, así tu Aldino viva
contigo en paz dichosa esto que queda
por consumir de vida fugitiva,
   y el Cielo cuanto pides te conceda   445
que nunca de su todo se dismiembre
esta tu parte y siempre serlo pueda.
   Nuestro Señor en ti su gracia siembre
para coger la gloria que promete.
De Madrid, a los siete de setiembre,   450
mil y quinientos y setenta y siete.

> [Textos según la edic. de las *Poesías* de Elías
> L. Rivers en Clásicos Castellanos, 143.]

COSME DE ALDANA
(1538-¿?)

212   Soy, hermano, sin ti cuerpo sin vida,
seca y cortada selva, inútil tierra,
turbada mar, campo desierto y guerra
civil, nao de mil vientos combatida.

Mi ser, mi bien, mi gloria más crecida
perdí en perderte, ay Dios, y ora se encierra
en mi pecho un dolor que al alma atierra,
pues toda mi esperanza al viento es ida.

Salga, pues, de mis ojos llanto eterno,
renovando el dolor que agudo hiere
al corazón, sin dalle algún reposo.

Mi vida ser cual es me causa espanto,
que al término de muerte está, y no muere.
¡Ni en vivir ni en morir soy venturoso!

[De *Sonetos y octavas...* (Milán, 1587), folios 11r y 47v.]

---

* Cosme de Aldana, editor, aunque no riguroso, de la obra poética de su hermano Francisco, es también autor de *La Asneida*.

JOAQUÍN ROMERO DE CEPEDA *
(¿1540?-d.1590)

213
GLOSA A UN VILLANCICO AGENO

Dos corazones conformes
¿cómo se podrán partir
sin que lleguen a morir?

Imposible es la partida
sin la muerte al que partió,
si la vida en él quedó
al fin de su despedida.
De la vida se despida
el que se pensó partir,
pues no pudo sin morir.

214
SONETO

Aquellos claros ojos que solían
a mi cansada vida dar reposo
con solo un bel mirar dulce, amoroso,
por quien todos mis males fenescían;

agora de otra suerte se volvían,
con un furor airado y enojoso,
en cuya alegre vista y ver furioso
mis males todos juntos se perdían.

---

* J. Romero de Cepeda, de Badajoz, fue también autor de *La Historia de don Rosián de Castilla* (1586), novela caballeresca, de una *Conserva espiritual* (1588) y de otras obras.

¡Oh desleal Amor, que procuraste
que fuese sólo el ver sola mi gloria
y que de allí viniese el mayor daño!

¿Por qué no dejas libre la memoria,
pues las demás potencias me quitaste,
mostrándome tan claro el desengaño?

215 VILLANCICO

Ojos, decíselo vos
con mirar,
pues tan bien sabéis hablar.

Hablá, mis ojos, mirando,
pues la lengua está impedida,
descubrid esta herida
mil lágrimas derramando;
decid lo que estoy pasando
con mirar:
lo que yo no sé hablar.
Si no acertare a decir,
ojos, que muero por ver,
en vos podrán conocer
lo que no puedo encubrir.
Dad, mis ojos, a sentir,
con mirar
pues tan bien sabéis hablar.

216 A UNA DAMA VESTIDA DE DAMASCO BLANCO

Cual cándida paloma reclinada
que el dulce viento pasa de corrida
y cual la bella aurora entretenida
del noturno vapor sale forzada;

>   cual la blanca azucena rocïada
> del frescor matutino enternecida
> y cual temprana rosa aun no cogida
> entre espinosos cardos levantada,
>
>   así entre todas va vuestra blancura
> con gracia, con dulzor, con un aseo
> que excede toda gracia y hermosura.
>
>   Sois la blanca paloma en el meneo,
> sois azucena y rosa en la figura
> y sois hermosa aurora a mi deseo.

[*Obras* (Sevilla, 1582), fols. 67v, 97v y 110.]

SAN JUAN DE LA CRUZ
(1542-1591)

217

CANCIONES DEL ALMA QUE SE GOZA DE HABER LLEGADO AL ALTO ESTADO DE LA PERFECCIÓN, QUE ES LA UNIÓN CON DIOS, POR EL CAMINO DE LA NEGACIÓN ESPIRITUAL. DEL MISMO AUTOR

>   En una noche oscura,
> con ansias, en amores inflamada,
> ¡oh dichosa ventura!,
> salí sin ser notada,
> estando ya mi casa sosegada.
>   A escuras y segura
> por la secreta escala, disfrazada,
> ¡oh dichosa ventura!,
> a escuras y en celada,
> estando ya mi casa sosegada.

En la noche dichosa
en secreto, que nadie me veía,
ni yo miraba cosa,
sin otra luz y guía
sino la que en el corazón ardía.　　　　　15
　Aquesta me guiaba
más cierto que la luz del mediodía.
adonde me esperaba
quien yo bien me sabía,
en parte donde nadie parecía.　　　　　20
　¡Oh noche, que guiaste!
¡Oh noche amable más que el alborada!
¡Oh noche que juntaste
Amado con amada,
amada en el Amado transformada!　　　　　25
　En mi pecho florido,
que entero para él solo se guardaba,
allí quedó dormido,
y yo le regalaba,
y el ventalle de cedros aire daba.　　　　　30
　El aire de la almena,
cuando yo sus cabellos esparcía,
con su mano serena
en mi cuello hería,
y todos mis sentidos suspendía.　　　　　35
　Quedéme y olvidéme,
el rostro recliné sobre el Amado;
cesó todo, y dejéme,
dejando mi cuidado
entre las azucenas olvidado.　　　　　40

---

30 *ventalle*: "lo mismo que abanico". *Auts.*

218 CANCIONES ENTRE EL ALMA Y EL ESPOSO

Esposa

¿Adónde te escondiste,
Amado, y me dejaste con gemido?
Como el ciervo huiste,
habiéndome herido;
salí tras ti clamando, y eras ido.   5
    Pastores los que fuerdes
allá por las majadas al otero,
si por ventura vierdes
Aquel que yo más quiero,
decilde que adolezco, peno y muero.   10
    Buscando mis amores,
iré por esos montes y riberas,
ni cogeré las flores,
ni temeré las fieras,
y pasaré los fuertes y fronteras.   15

Pregunta a las criaturas

¡Oh bosques y espesuras,
plantadas por la mano del Amado!,
¡oh prado de verduras,
de flores esmaltado!,
decid si por vosotros ha pasado.   20

Respuesta de las criaturas

Mil gracias derramando,
pasó por estos sotos con presura,
y yéndolos mirando,
con sola su figura
vestidos los dejó de hermosura.   25

Esposa

¡Ay, quién podrá sanarme!
Acaba de entregarte ya de vero,
no quieras enviarme
de hoy más ya mensajero,
que no saben decirme lo que quiero.

Y todos cuantos vagan
de ti me van mil gracias refiriendo,
y todos más me llagan,
y déjame muriendo
un no sé qué que quedan balbuciendo.

Mas ¿cómo perseveras,
¡oh vida!, no viviendo donde vives,
y haciendo por que mueras
las flechas que recibes,
de lo que del Amado en ti concibes?

¿Por qué, pues has llagado
aqueste corazón, no le sanaste?
Y pues me le has robado,
¿por qué así le dejaste,
y no tomas el robo que robaste?

Apaga mis enojos,
pues que ninguno basta a deshacellos,
y véante mis ojos,
pues eres lumbre dellos,
y sólo para ti quiero tenellos.

Descubre tu presencia,
y máteme tu vista y hermosura;
mira que la dolencia
de amor que no se cura
sino con la presencia y la figura.

¡Oh cristalina fuente,
si en esos tus semblantes plateados
formases de repente
los ojos deseados,
que tengo en mis entrañas dibujados!

Apártalos, Amado,
que voy de vuelo.

Esposo

          Vuélvete, paloma,
que el ciervo vulnerado
por el otero asoma
al aire de tu vuelo, y fresco toma.   65

Esposa

  Mi Amado, las montañas,
los valles solitarios nemorosos,
las ínsulas extrañas,
los ríos sonorosos,
el silbo de los aires amorosos;   70
  la noche sosegada
en par de los levantes del aurora,
la música callada,
la soledad sonora,
la cena, que recrea y enamora.   75
  Nuestro lecho florido,
de cuevas de leones enlazado,
en púrpura tendido,
de paz edificado,
de mil escudos de oro coronado.   80
  A zaga de tu huella
las jóvenes discurren el camino
al toque de centella,
al adobado vino,
emisiones de bálsamo divino.   85
  En la interior bodega
de mi Amado bebí, y cuando salía
por toda aquesta vega,
ya cosa no sabía,
y el ganado perdí, que antes seguía.   90
  Allí me dio su pecho,
allí me enseñó ciencia muy sabrosa,
y yo le di de hecho
a mí, sin dejar cosa;
allí le prometí de ser su esposa.   95

Mi alma se ha empleado
y todo mi caudal en su servicio:
ya no guardo ganado,
ni ya tengo otro oficio,
que ya sólo en amar es mi ejercicio. 100
    Pues ya si en el ejido
de hoy más no fuere vista ni hallada,
diréis que me he perdido,
que, andando enamorada,
me hice perdidiza, y fui ganada. 105
    De flores y esmeraldas
en las frescas mañanas escogidas,
haremos las guirnaldas,
en tu amor florecidas
y en un cabello mío entretejidas. 110
    En solo aquel cabello
que en mi cuello volar consideraste,
mirástele en mi cuello,
y en él preso quedaste,
y en uno de mis ojos te llagaste. 115
    Cuando tú me mirabas,
tu gracia en mí tus ojos imprimían;
por eso me adamabas,
y en eso merecían
los míos adorar lo que en ti vían. 120
    No quieras despreciarme,
que si color moreno en mí hallaste,
ya bien puedes mirarme,
después que me miraste,
que gracia y hermosura en mí dejaste. 125
    Cazadnos las raposas,
que está ya florecida nuestra viña,
en tanto que de rosas
hacemos una piña,
y no parezca nadie en la montiña. 130
    Detente, cierzo muerto;
ven, austro, que recuerdas los amores,

---

132 *recuerdas*: despiertas, como en las pp. 32 y 87.

aspira por mi huerto,
y corran sus olores,
y pacerá el Amado entre las flores. 135

Esposo

Entrádose ha la Esposa
en el ameno huerto deseado,
y a su sabor reposa,
el cuello reclinado
sobre los dulces brazos del Amado. 140
  Debajo del manzano,
allí conmigo fuiste desposada,
allí te di la mano,
y fuiste reparada
donde tu madre fuera violada. 145
  A las aves ligeras,
leones, ciervos, gamos saltadores,
montes, valles, riberas,
aguas, aires, ardores
y miedos de las noches veladores, 150
  por las amenas liras
y canto de serenas os conjuro
que cesen vuestras iras,
y no toquéis al muro,
por que la Esposa duerma más seguro. 155

Esposa

  ¡Oh ninfas de Judea!,
en tanto que en las flores y rosales
el ámbar perfumea,
morá en los arrabales,
y no queráis tocar nuestros umbrales. 160
  Escóndete, Carillo,
y mira con tu haz a las montañas,
y no quieras decillo;
mas mira las compañas
de la que va por ínsulas extrañas. 165

Esposo

La blanca palomica
al arca con el ramo se ha tornado,
y ya la tortolica
al socio deseado
en las riberas verdes ha hallado.   170
    En soledad vivía,
y en soledad ha puesto ya su nido,
y en soledad la guía
a solas su querido,
también en soledad de amor herido.   175

Esposa

Gocémonos, Amado,
y vámonos a ver en tu hermosura
al monte y al collado,
do mana el agua pura;
entremos más adentro en la espesura.   180
    Y luego a las subidas
cavernas de la piedra nos iremos,
que están bien escondidas,
y allí nos entraremos,
y el mosto de granadas gustaremos.   185
    Allí me mostrarías
aquello que mi alma pretendía,
y luego me darías
allí tú, vida mía,
aquello que me diste el otro día.   190
    El aspirar del aire,
el canto de la dulce Filomena,
el soto y su donaire,
en la noche serena
con llama que consume y no da pena.   195

---

169 *socio*: "lo mismo que compañero". *Auts.*

Que nadie lo miraba,
Aminadab tampoco parecía,
y el cerco sosegaba,
y la caballería
a vista de las aguas descendía.   200

CANCIONES DEL ALMA EN LA ÍNTIMA COMUNICACIÓN DE UNIÓN DE AMOR DE DIOS. DEL MISMO AUTOR

¡Oh llama de amor viva,
que tiernamente hieres
de mi alma en el más profundo centro!,
pues ya no eres esquiva,
acaba ya si quieres,   5
rompe la tela deste dulce encuentro!
 ¡Oh cauterio süave!
¡Oh regalada llaga!
¡Oh mano blanda! ¡Oh toque delicado,
que a vida eterna sabe   10
y toda deuda paga!
Matando, muerte en vida la has trocado.
 ¡Oh lámparas de fuego,
en cuyos resplandores
las profundas cavernas del sentido,   15
que estaba oscuro y ciego,
con extraños primores
calor y luz dan junto a su querido!
 ¡Cuán manso y amoroso
recuerdas en mi seno,   20
donde secretamente solo moras!
Y en tu aspirar sabroso,
de bien y gloria lleno,
¡cuán delicadamente me enamoras!

---

197 *Aminadab*: "El cual Aminadab en la Sagrada Escritura significa el demonio, hablando espiritualmente, adversario del alma." Comentario del propio San Juan de la Cruz.

220 OTRAS DEL MISMO A LO DIVINO

Tras de un amoroso lance,
y no de esperanza falto,
volé tan alto, tan alto,
que le di a la caza alcance.

Para que yo alcance diese
a aqueste lance divino,
tanto volar me convino,
que de vista me perdiese;
y, con todo, en este trance
en el vuelo quedé falto;
mas el amor fue tan alto,
que le di a la caza alcance.

Cuando más alto subía,
deslumbróseme la vista,
y la más fuerte conquista
en escuro se hacía;
mas por ser de amor el lance
di un ciego y oscuro salto,
y fui tan alto, tan alto,
que le di a la caza alcance.

Cuanto más alto llegaba
de este lance tan subido,
tanto más bajo y rendido
y abatido me hallaba;
dije: No habrá quien alcance;
y abatíme tanto, tanto,
que fui tan alto, tan alto,
que le di a la caza alcance.

Por una extraña manera
mil vuelos pasé de un vuelo,
porque esperanza de cielo
tanto alcanza cuanto espera;
esperé sólo este lance,
y en esperar no fui falto,
pues fui tan alto, tan alto,
que le di a la caza alcance.

OTRAS CANCIONES A LO DIVINO (DEL MISMO AUTOR) DE CRISTO Y EL ALMA

221

Un pastorcico solo está penado,
ajeno de placer y de contento,
y en su pastora puesto el pensamiento,
y el pecho del amor muy lastimado.
No llora por haberle amor llagado, 5
que no le pena verse así afligido,
aunque en el corazón está herido;
mas llora por pensar que está olvidado.
Que sólo de pensar que está olvidado
de su bella pastora, con gran pena 10
se deja maltratar en tierra ajena,
el pecho del amor muy lastimado.
Y dice el Pastorcico: ¡Ay, desdichado
de aquel que de mi amor ha hecho ausencia,
y no quiere gozar la mi presencia, 15
y el pecho por su amor muy lastimado!
Y a cabo de un gran rato se ha encumbrado
sobre un árbol do abrió sus brazos bellos,
y muerto se ha quedado, asido dellos,
el pecho del amor muy lastimado. 20

222 CANTAR DEL ALMA QUE SE HUELGA DE CONOCER
A DIOS POR FE

Que bien sé yo la fonte que mana y corre,
aunque es de noche.

Aquella eterna fonte está ascondida,
que bien sé yo do tiene su manida,
aunque es de noche. 5
Su origen no lo sé, pues no le tiene,
mas sé que todo origen de ella viene,
aunque es de noche.

Sé que no puede ser cosa tan bella
y que cielos y tierra beben de ella,
    aunque es de noche.

Bien sé que suelo en ella no se halla,
y que ninguno puede vadealla,
    aunque es de noche.

Su claridad nunca es escurecida,
y sé que toda luz de ella es venida,
    aunque es de noche.

Sé ser tan caudalosas sus corrientes,
que infiernos, cielos riegan, y las gentes,
    aunque es de noche.

El corriente que nace de esta fuente
bien sé que es tan capaz y omnipotente,
    aunque es de noche.

El corriente que de estas dos procede
sé que ninguna de ellas le precede,
    aunque es de noche.

Aquesta eterna fonte está escondida
en este vivo pan por darnos vida,
    aunque es de noche.

Aquí se está llamando a las criaturas,
y de esta agua se hartan, aunque a escuras,
    porque es de noche.

Aquesta viva fuente, que deseo,
en este pan de vida yo la veo,
    aunque de noche.

[Textos según la edición de la BAC (Madrid, 1946).]

JUAN DE LA CUEVA
(1543-1612)

223

Desengañado estoy de la esperanza
que fabriqué al sabor del pensamiento,
pues viene a resolverse en sombra y viento
aquello en que fundé mi confianza.

En cuanto hay conozco haber mudanza, 5
en todo veo contrario mudamiento,
si no en mí y en quien causa mi tormento,
que es eterno mi amor y su venganza.

De mi estrella procede el rigor de esto,
que no es posible que me ofenda tanto 10
un ángel, en quien vive el alma mía.

Y engáñome en tan ciego presupuesto,
que a mi atrevida y loca fantasía
digna paga es vivir en pena y llanto.

224

¿De qué sirven, Amor, ya tus saetas,
el corvo arco y mano rigurosa,
y la triunfante palma victoriosa
que hubiste del que rige los planetas?

¿Adónde está el poder con que sujetas 5
el mundo, sin jamás reservar cosa
de la fuerza robusta y poderosa
con que los libres pechos inquïetas?

¿Qué me hace saber que puedes tanto,
y ser hijo de diosa y descendiente 10
de Iove, regidor del cielo santo,

si aquella dura que mi mal no siente
así despoja a mí de alegre canto,
y a ti de ser llamado omnipotente?

225 Ojos, que dais la luz al firmamento
y el fuego al alma mía, sed pïadosos;
dejad la ira, y sed (pues sois gloriosos)
menos crueles al dolor que siento.

    Dentro en mi pecho Amor os dio el asiento,   5
y dentro arden mis fuegos, rigurosos
de veros que sois blandos y amorosos
y tan sin pïedad a mi tormento.

    Bien conocéis de mí que por vos muero,
y por vos vivo, y sólo a vos os amo,   10
ojos, que sois los ojos de mi alma,

    por quien la vida en tanta muerte espero,
y en las tristes querellas que derramo,
mi bien, descanso, gloria, premio y palma.

226 Calado hasta las cejas el sombrero
y en torno dél tendida a la valona
una pluma a manera de corona,
de las que en triunfo dio el cesáreo impero;

    sangre lanzando por los ojos, fiero,   5
un capitán salió, cuya persona
vio por nuestra desdicha a Barcelona,
y conoció en Mastrique un mochilero.

---

[226] 2 *valona*: "Adorno que se ponía al cuello, por lo regular unido al cabezón de la camisa, el cual consistía en una tira angosta de lienzo fino, que caía sobre la espalda y hombros; y por la parte de delante era largo hasta la mitad del pecho." *Auts.*
8 *mochilero*: el que servía en el ejército llevando las mochilas.

Levantó la jineta y fue marchando
su gente en orden, y él con presupuesto   10
que la terrestre máquina era poca.

Vio desde lejos el contrario bando,
y habiendo de decir lo que hubo en esto...
Sempronio acude, y tápame esta boca.

227   A DON FERNANDO PACHECO DE GUZMÁN. *
DESCRÍBESE LA QUIETUD DE LA VIDA DE LA ALDEA

[...] El hombre libre vive como quiere,
hace su gusto, duerme descuidado,
no hay cosa que le turbe ni le altere.
   ¡Oh dichoso el que vive en tal estado,
que sin temor la libertad conserva,   5
y de Amor no le toca el cruel cuidado!
   ¡Dichoso el que no hace que sea sierva
del apetito la razón divina,
y de opresión estrecha la reserva!
   ¡Dichoso el que por esta vía encamina   10
su paso, que al descanso va aspirando,
y a perpetua quietud y bien camina!
   Y no vivir como vivís llorando,
mas como vivo yo, vivir riendo,
de todo lo que puede Amor burlando.   15
   Que cuando estáis en llanto humedeciendo
el duro suelo, envuelto en vuestra pena,
el aire con suspiros esparciendo,

---

9 *jineta*: "cierta especie de lanza corta con el hierro dorado y una borla por guarnición, que en lo antiguo era insignia y distintivo de los capitanes de infantería". *Auts.*

* Sobre Fernando Pacheco de Guzmán, véase la nota de la p. 396.

estoy en esta villa de Aracena
convertiendo mis ansias en jamones 20
y en muy buenas gallinas mi cadena.

    Con una saltambarca sin botones
y una capa manchega soy tan bueno
como don Becoquín de Angle y Briones.

    Más valor tiene aquí micer Relleno 25
que la gran señoría de Venecia
y cuanto baña el Indo, el Istro y Reno.

    Aquí sin alboroto ni pendencia
vivo en una llaneza descuidada,
sin oir señoría ni excelencia. 30

    La humilde cortesía tan honrada
y aquel "Dios os mantenga" solamente,
sin artificio ni lisonja ornada.

    Yo me hallo a placer con esta gente;
y mientras vos sujeto a esa señora, 35
me voy de huerta en huerta y fuente en fuente.

    Sálgome junto al pueblo, y en un hora
mato un par de perdices o un conejo,
sin andar trasnochando ni a deshora.

    Siéntome en estos poyos del concejo, 40
viene el jurado, el regidor y alcalde
con el vicario, que es sabido y viejo.

    Queréllase el diezmero que de balde
puso el jurado la camuesa y pera,
y que le sale su trabajo en balde. 45

    Aplácase esto luego, de manera
que queda el uno y otro apaciguado,
y absuelta de la pena la placera [...].

    Hago de cuando en cuando mis coplones,
no tersos, pero tercos, para el pueblo, 50
sin oro, perlas ni otras guarniciones.

---

22 *saltambarca*: "vestidura rústica, abierta por la espalda". *Auts.*
43 *diezmero*: lo mismo que 'dezmero', el que recoge y cobra el diezmo.
48 *placera*: la que vende en la plaza cosas comestibles.

Casi esta villa a oírmelos despueblo;
como si fuera un Píndaro, un Apolo,
de mil personas mi posada pueblo [...]
    No nacen acá diosas soberanas,   55
ni en los montes hay faunos ni silvanos,
ni en las fuentes hay ninfas, sino ranas.
    No hay tersa frente aquí, ni ebúrneas manos,
ni luces bellas, ni cabellos de oro,
sino términos gafos y muy llanos.   60
    Guárdolas tanto en esto su decoro,
que es mi estilo que va en esos sonetos,
que ellos tienen en más que un gran tesoro.
    Por eso tienen vida y son acetos
de todos, y los andan celebrando   65
por montes, valles, prados, sotos, setos.
    Esto es lo que se usa, don Fernando,
y concluyo que os sean enemigos
cuantos desto se fueren desviando.
    Encomendadme a todos los amigos,   70
digo los que sabéis que estimo y quiero,
y a los que hago de mi fe testigos.
    Al maestro Girón sea el primero,
el segundo a don Pedro de Cabrera
y a don Fadrique Enriquez el tercero.   75
    A Pacheco y Felipe de Ribera,
a Fernando de Cangas y a Toledo,
al doctor Pero Gómez y a Mosquera.
    A todos los demás que aquí no puedo,
por no ser más prolijo, referiros,   80
me encomendá, y decildes cómo quedo [...].

> [Textos de las *Rimas de Juan de la Cueva*
> (Sevilla, 1603), ms. 8-2-4 de la Biblioteca Ca-
> pitular de Sevilla, fols. 41, 61v, 64, 121 y
> 339.]

60 *gafo*: significaba 'leproso', pero aquí 'gafo' se opone a culto.
73-78 Para los escritores citados aquí, también del círculo de
 Herrera, véase A. Coster, *Fernando de Herrera* (París, 1908),
 pp. 18 y ss.

GINÉS PÉREZ DE HITA
(¿1544?-¿1619?)

228
    La sangre vertida
de mi triste padre
causó que mi madre
perdiese la vida.
    Perdí mis hermanos
en batalla dura,
porque la ventura
fue de los cristianos.
    Sola quedé, sola,
en la tierra ajena.
¡Ved si con tal pena
me lleva la ola!
    La ola del mal
es la que me lleva
y hace la prueba
de dolor mortal.
    Dejadme llorar
la gran desventura
desta guerra dura
que os dará pesar.
    De las blancas sierras
y ríos y fuentes,
no verán sus gentes
bien de aquestas guerras.
    Menos en Granada
se verá la zambra
en la ilustre Alhambra,
tanto deseada;
    ni a los Alijares
hechos a lo moro,
ni a su río de oro,
menos a Comares.

---

31 *río de oro*: el Darro.

> Ni tú, don Fernando,
> verás tus banderas
> tremolar ligeras   35
> con glorioso bando;
> antes destrozadas,
> presas y abatidas
> y muy doloridas
> tus gentes llevadas   40
> a tierras ajenas;
> metidas en hierros,
> por sus grandes yerros
> pasarán mil penas.
> No verán los hijos   45
> donde están sus padres,
> y andarán las madres
> llenas de letijos.
> Con eternos llantos
> muy descarrïados   50
> en sierras, collados,
> hallarán quebranto.
> Y tú, don Fernando,
> no verás los males
> de los naturales   55
> que te están mirando;
> porque tus amigos,
> quiere el triste hado,
> te habrán acabado
> siéndote enemigos.   60
> Otro rey habrá
> también desdichado,
> que amenaza el hado
> como se sabrá.
> Y tú, Habaquí,   65
> por cierto concierto
> también serás muerto,
> ¡mezquino de ti!

---

48 *letijos*: penas. (En la edición, 'litigios', pero en otras 'letijos'.)

    Los cristianos bandos
vienen poderosos;　　　　　　　　　　70
volverán gloriosos
despojos llevando;
    y yo estoy llorando
mi gran desventura
y la sepultura　　　　　　　　　　　75
ya me está aguardando.

> [*Guerras civiles de Granada,* edic. de P. Blanchard Demouge, II (Madrid, 1915), p. 185.]

FELIPE MEY *

(† 1612)

229　　　　　　SONETO

Arde mi pecho de tan digna llama,
que, aunque penando, muero muy contento,
danme sospechas muerte, con tormento,
y a vivir otra vez Amor me llama.

Pues me lleva a los ojos de mi dama　　　5
muerto, y de suerte ya que nada siento;
mas sus divinos rayos, al momento,
tocan el corazón que tanto la ama.

---

* Juan Felipe Mey, valenciano, que en 1577, apoyado por el arzobispo de Tarragona Antonio Agustín, se estableció como impresor en esa ciudad. Más tarde fue profesor en Valencia. Tradujo las *Metamorfosis* de Ovidio (Tarragona, 1586) y escribió también una *Ortografía* (Barcelona, 1627).

El cuerpo muerto entonces resucita,
y vivo contemplando a mi alegría; 10
cánsalo su beldad que es infinita.

Pero muero otra vez, si se desvía
y de mí los hermosos ojos quita:
ansí mil veces vivo y muero al día.

[*Rimas* (Tarragona, s. a., 1586), p. 22.]

DIEGO ALFONSO VELÁZQUEZ DE VELASCO *

230 PIDE PERDÓN A DIOS Y PROMETE PENITENCIA

   Señor, no me reprehendas
(como suele un airado) riguroso;
ni tu castigo extiendas,
mas, cual padre benigno, pon, piadoso,
los ojos en salvarme 5
y no como jüez en condenarme.
   Misericordia pido
(Señor, por tu bondad), tanto, doliente,
y al grave mal rendido
que l'alma siempre helar y arder se siente; 10
porque ha ya mi pecado
hasta los secos huesos penetrado.

---

* Diego Alonso Velázquez de Velasco, de Valladolid, peleó en Flandes y en Italia. Amigo de don Bernardino de Mendoza (de quien incluye un ensayo poético en las *Odas...*), es más conocido como el autor de *La Lena* o *El celoso* (Milán, 1602), comedia en prosa de tipo celestinesco, elogiada por Menéndez Pelayo.

No hay, Señor, en mí parte
que no esté de aflicción atribulada;
si bien en esperarte
está mi alma firme asegurada.
Pero ¿por qué, Dios santo,
tarda vuestro socorro tiempo tanto?

A mí, Señor, te vuelve;
libra esta alma de un triste y ciego estado,
pues cuanto en sí revuelve
de tu misericordia ve abrazado.
No permitas que muera
quien la salud de tu piedad espera.

Que a mi eterna muerte
(considerando el fin) no comprehendo
lo que puede moverte,
pues ningún condenado (en fuego horrendo)
te loa. En el infierno,
¿quién confiesa, me di, tu nombre eterno?

Ya yo, rompiendo el pecho,
en mí, de mis pecados me he dolido,
y bañando mi lecho,
de noche (en larga fuente convertido),
he, con memoria amarga,
mis errores culpado, y vida larga.

Como lo muestro ahora,
de mis ojos la vista consumida,
del dolor que en mí mora,
sin tiempo, la Vejez, de mí homicida;
por culpa de infernales
enemigos, principio de mis males.

Malvados, que instigando
vais siempre a mal obrar, estadme lejos;
dejadme lamentando,
pues no amo vuestros tratos ni consejos;
porque Dios, en quien fío,
oído habrá la voz del llanto mío.

Y si el Señor, oído
ha, como suele, mi clamor y ruego,
creo que, condolido,

recibirá de mi dolor el fuego;
haciendo de manera
que goce l'alma lo que dél espera.

    Confúndanse, por tanto, 55
mis enemigos, en dolor helados;
atónitos de espanto,
cayan por tierra aflictos, disipados;
sea la ruina presta,
con su vergüenza, al mundo manifiesta. 60

> [*Odas a imitación de los siete Salmos penitenciales del real propheta David* (Amberes, Emprenta Plantiniana, 1593), fol. 17.]

FRANCISCO LÓPEZ *

231   Por el sereno cielo discurrían
alegres impresiones en manada,
la mar estaba mansa y admirada,
los cielos de placeres no cabían,

    que una vara odorífera sentían 5
con blando olor subir tan encumbrada,
que excede a la región más sublimada
que en sí todos los cielos contenían.

    Aquesta fue la vara que ha salido
del pueblo de Israel y ha derribado 10
a Seth, sus hijos, y los ha destruido.

---

* Ignoro quién es el doctor Francisco López que dirigió sus versos devotos a doña Catalina de Austria, reina de Portugal, según reza la portada.

Ésta los moabitas ha llagado,
ésta nos consoló cuando ha florido:
sálvanos aquel fruto que ella ha dado.

> [*Versos devotos en loor de Nuestra Señora*
> (Lisboa, 1573), p. 193.]

FRAY PEDRO DE ENCINAS *

(† 1595)

232 ODA

    Viví un tiempo, ¡ay, cuitado!,
sin ti, sumo Rector del alta esfera,
(si puede ser llamado
vida el vivir que es fuera
de la que es luz del mundo verdadera),   5
    tan ciego y insensible
(si no fue muerte, vida tal vivía),
que aun lo que es más visible
y luz clara no vía,
ni el daño de la noche o bien del día.   10
    Las palpables tinieblas
no distinguía de las lumbres, lleno
de espesas ciegas nieblas;
de ti, luz pura, ajeno,
que sola con verdad causas sereno.   15
    Ciego a la clara lumbre,
la obscuridad amaba tenebrosa,

---

* Fray Pedro de Encinas, dominico, es autor de los *Versos espirituales, que tratan de la conversión del pecador, menosprecio del mundo, y vida de nuestro Señor. Con vnas sucintas declaraciones sobre algunos pasos del libro* (Cuenca, 1597), cuyo título es ya tan significativo.

tanto, que la costumbre
en fuerzas poderosa,
¡ay!, la alma luz del sol hizo odïosa.
  En servidumbre dura,
aherrojado, voluntario, estaba;
y la prisión obscura
y el duro hierro amaba,
tratada a son la libertad de esclava.
  Lo amargo, dulce, y era
lo dulce amargo al paladar goloso;
la suavidad, austera;
lo áspero, gustoso;
lo saludable me era ponzoñoso.
  Ni un leve sentimiento,
¡ay, triste!, tuve de tan duros males,
adormido al tormento
y a los golpes mortales
que cierran las entradas celestiales.
  Un ídolo era mudo,
con lengua que no habla figurado,
cuyo ojo ver no pudo,
ni manos han palpado,
olfato olido o paladar gustado.
  Si la bondad suprema
del cristalino muro no mirara,
y en la miseria extrema
con su luz no alumbrara
hasta la eterna noche no avisara.
  Deidad omnipotente,
concede hora un don: que es desearte;
y con él, juntamente,
de corazón buscarte,
y, dulcemente, ya hallado, amarte.
  Clemente Padre y pío,
da a los indignos ojos larga vena,
y un caudaloso río

---

20 *alma*: vivificadora, engendradora, como en la p. 185.

de lágrimas y pena,
de humilde condición de un alma llena.   55
   Rey benigno, aun me temo
de las flechas fraguadas en el fuego,
do ya ardí, y aun me quemo;
del genio alado y ciego
Tú escuda y sana y da el dulce sosiego.   60
   Y a aquel vagar contino
del inconstante corazón reprime;
asiente en lo divino,
huya lo que le oprime,
y sólo amar, lo que es de amar, estime.   65

[*Versos espirituales* (Cuenca, 1597), fol. 24v.]

GIL POLO
(† 1585)

233   Cuando la brava ausencia un alma hiere,
se ceba, imaginando el pensamiento,
que el bien, que está más lejos, más contento
el corazón hará cuando viniere.

   Remedio hay al dolor de quien tuviere   5
en esperanza puesto el fundamento,
que al fin tiene algún premio del tormento,
o al menos en su amor contento muere.

   Mil penas con un gozo se descuentan,
y mil reproches ásperos se vengan   10
con sólo ver la angélica hermosura.

   Mas cuando celos la ánima atormentan,
aunque después mil bienes sobrevengan,
se tornan rabia, pena y amargura.

234

CANCIÓN DE NEREA

En el campo venturoso,
donde con clara corriente
Guadalavïar hermoso,
dejando el suelo abundoso,
da tributo al mar potente,
  Galatea, desdeñosa
del dolor que a Licio daña,
iba alegre y bulliciosa
por la ribera arenosa,
que el mar con sus ondas baña.
  Entre la arena cogiendo
conchas y piedras pintadas,
muchos cantares diciendo,
con el son del ronco estruendo
de las ondas alteradas;
  junto al agua se ponía,
y las ondas aguardaba,
y en verlas llegar huía,
pero a veces no podía
y el blanco pie se mojaba.
  Licio, al cual en sufrimiento
amador ninguno iguala,
suspendió allí su tormento
mientras miraba el contento
de su polida zagala.
  Mas cotejando su mal
con el gozo que ella había,
el fatigado zagal
con voz amarga y mortal
desta manera decía:
  "Ninfa hermosa, no te vea
jugar con el mar horrendo,
y aunque más placer te sea,
huye del mar, Galatea,
como estás de Licio huyendo.

"Deja agora de jugar,
que me es dolor importuno;
no me hagas más penar,
que en verte cerca del mar
tengo celos de Neptuno.   40

"Causa mi triste cuidado,
que a mi pensamiento crea,
porque ya está averiguado
que si no es tu enamorado
lo será cuando te vea.   45

"Y está cierto, porque Amor
sabe desde que me hirió
que para pena mayor
me falta un competidor
más poderoso que yo.   50

"Deja la seca ribera
do está el alga infructuosa,
guarda que no salga afuera
alguna marina fiera
enroscada y escamosa.   55

"Huye ya, y mira que siento
por ti dolores sobrados,
porque con doble tormento
celos me da tu contento
y tu peligro cuidados.   60

"En verte regocijada
celos me hacen acordar
de Europa ninfa preciada,
del toro blanco engañada
en la ribera del mar.   65

"Y el ordinario cuidado
hace que piense contino
de aquel desdeñoso alnado
orilla el mar arrastrado,
visto aquel monstruo marino.   70

68 *desdeñoso alnado*: Hipólito, hijastro de Fedra. Un día que Hipólito paseaba en su carro por la orilla del mar, Neptuno hizo que saliera un toro del seno de las aguas y, espantados los caballos, volcó el carro, pereciendo el joven.

"Mas no veo en ti temor
de congoja y pena tanta;
que bien sé por mi dolor,
que a quien no teme al Amor,
ningún peligro le espanta.   75

"Guarte, pues, de un gran cuidado;
que el vengativo Cupido,
viéndose menospreciado,
lo que no hace de grado
suele hacerlo de ofendido.   80

"Ven conmigo al bosque ameno
y al apacible sombrío
de olorosas flores lleno,
do en el día más sereno
no es enojoso el estío.   85

"Si el agua te es placentera,
hay allí fuente tan bella,
que para ser la primera
entre todas, sólo espera
que tú te laves en ella.   90

"En aqueste raso suelo
a guardar tu hermosa cara
no basta sombrero o velo;
que estando al abierto cielo,
el sol moreno te para.   95

"No escuchas dulces contentos,
sino el espantoso estruendo
con que los bravosos vientos,
con soberbios movimientos,
van las aguas revolviendo.   100

"Y tras la fortuna fiera
son las vistas más süaves
ver llegar a la ribera
la destrozada madera
de las anegadas naves.   105

---

95 *parar*: "Vale también adornar, componer o ataviar alguna cosa." *Auts.*

"Ven a la dulce floresta,
do natura no fue escasa,
donde haciendo alegre fiesta,
la más calurosa siesta
con más deleite se pasa.　　　　　　　　110

"Huye los soberbios mares,
ven, verás cómo cantamos
tan deleitosos cantares,
que los más duros pesares
suspendemos y engañamos.　　　　　　115

"Y aunque quien pasa dolores,
Amor le fuerza a cantarlos,
yo haré que los pastores
no digan cantos de amores,
porque huelgues de escucharlos.　　　120

"Allí por bosques y prados
podrás leer todas horas
en mil robles señalados
los nombres más celebrados
de las ninfas y pastoras.　　　　　　　125

"Mas seráte cosa triste
ver tu nombre allí pintado,
en saber que escrita fuiste
por el que siempre tuviste
de tu memoria borrado.　　　　　　　130

"Y aunque mucho estás airada,
no creo yo que te asombre
tanto el verte allí pintada,
como el ver que eres amada
del que allí escribió tu nombre.　　　　135

"No ser querida y amar
fuera triste desplacer,
mas, ¿qué tormento o pesar
te puede, ninfa, causar
ser querida y no querer?　　　　　　140

"Mas desprecia cuanto quieras
a tu pastor, Galatea,
sólo que en esas riberas

                    cerca de las ondas fieras
                    con mis ojos no te vea.   145
                      "¿Qué pasatiempo mejor
                    orilla el mar puede hallarse
                    que escuchar el ruiseñor,
                    coger la olorosa flor
                    y en clara fuente lavarse?   150
                      "Pluguiera a Dios que gozaras
                    de nuestro campo y ribera,
                    y porque más lo preciaras,
                    ojalá tú lo probaras,
                    antes que yo lo dijera.   155
                      "Porque cuanto alabo aquí,
                    de su crédito le quito,
                    pues el contentarme a mí,
                    bastará para que a ti
                    no te venga en apetito."   160
                      Licio mucho más le hablara,
                    y tenía más que hablalle,
                    si ella no se lo estorbara,
                    que con desdeñosa cara
                    al triste dice que calle.   165
                      Volvió a sus juegos la fiera,
                    y a sus llantos el pastor,
                    y de la misma manera
                    ella queda en la ribera
                    y él en su mismo dolor.   170

235

VERSOS FRANCESES

De flores matizadas se vista el verde prado,
retumbe el hueco bosque de voces deleitosas,
olor tengan más fino las coloradas rosas,
floridos ramos mueva el viento sosegado.
El río apresurado   5
sus aguas acresciento,
y pues tan libre queda la fatigada gente

de congojoso llanto,
moved, hermosas ninfas, regocijado canto.
　Destierre los ñublados el prefulgente día, 10
despida el alma triste los ásperos dolores,
esfuercen más sus voces los dulces ruiseñores.
Y pues por nueva vía
con firme casamiento,
de un desamor muy crudo se saca un gran contento, 15
vosotras, entre tanto
moved, hermosas ninfas, regocijado canto.
　¿Quién puede hacer mudarnos la voluntad constante,
y hacer que la alma trueque su firme presupuesto?
¿Quién puede hacer que amemos aborrescido gesto 20
y el corazón esquivo hacer dichoso amante?
¿Quién puede a su talante
mandar nuestras entrañas,
sino la gran Felicia, que obrado ha más hazañas
que la tebana Manto? 25
Moved, hermosas ninfas, regocijado canto.
　Casados venturosos, el poderoso cielo
derrame en vuestros campos influjo favorable,
y con dobladas crías en número admirable
vuestros ganados crezcan cubriendo su ancho suelo. 30
No os dañe el crudo hielo
los tiernos chivaticos,
y tal cantidad de oro os haga entrambos ricos,
que no sepáis el cuánto.
Moved, hermosas ninfas, regocijado canto. 35
　Tengáis de dulce gozo bastante cumplimiento
con la progenie hermosa que os salga parecida,
más que el antiguo Néstor tengáis la larga vida,
y en ella nunca os pueda faltar contentamiento;
moviendo tal concento 40

---

25 *Manto*: célebre pitonisa, hermana de Tiresias, casada con Racio, del que tuvo un hijo, Mopsos, también famoso adivino.
38 *Néstor*: nieto de Neptuno, famoso por su longevidad.
40 *concento*: "canto acordado, harmonioso y dulce, que resulta de diversas voces concertadas". *Auts.*

por campos encinales,
que ablande duras peñas y a fieros animales
cause crescido espanto.
Moved, hermosas ninfas, regocijado canto.

   Remeden vuestras voces las aves amorosas,   45
los ventecicos suaves os hagan dulce fiesta,
alégrese con veros el campo y la floresta,
y os vengan a las manos las flores olorosas.
Los lirios y las rosas,
jazmín y flor de Gnido,   50
la madreselva hermosa y el arrayán florido,
narciso y amaranto.
Moved, hermosas ninfas, regocijado canto.

   Concorde paz os tenga contentos muchos años,
sin ser de la rabiosa sospecha atormentados,   55
y en el estado alegre viváis tan reposados,
que no os cause recelo Fortuna y sus engaños.
En montes más extraños
tengáis nombre famoso;
mas porque el ronco pecho tan flaco y temeroso   60
repose agora un cuanto,
dad fin, hermosas ninfas, al deleitoso canto.

[*Diana enamorada,* edic. de Rafael Ferreres en Clásicos Castellanos, vol. 135, pp. 85, 126 y 206.]

LÓPEZ MALDONADO *

236 VILLANCICO

Por seguir una ocasión
llena de vanos antojos,
el oficio de los ojos,
ha tomado el corazón.

   Por seguir un pensamiento,
atrevido y desmandado,
heme tanto aventurado
que camino por el viento.
Y esta vana presunción,
que nace de mis antojos,
lloran con agua los ojos
y con sangre el corazón.
   Peligro corre la vida,
pues estando tan ca[n]sada,
de ninguno es ayudada
y es de todos perseguida.
Y pues crece la ocasión
y no menguan los antojos,
faltará el agua a los ojos
y la sangre al corazón.

237 OTRO

Cuando el triste corazón
en la boca siente mengua,
de los ojos hace lengua.

---

* López Maldonado, quizá toledano, amigo de Cervantes, Padilla y Lope de Vega, sirvió a las órdenes de don Juan de Austria. El 11 de marzo de 1592 ingresó en la Academia valenciana de los Nocturnos con el nombre de Sincero.

Un amoroso accidente
de tal suerte suele ser,
que quita todo el poder
de decirle al que le siente,
y entonces el corazón,
por escusar esta mengua,
de los ojos hace lengua.
    Solamente de mirar
solían servir los ojos,
mas agora mis enojos
los han mostrado a hablar:
tiénelos el corazón
por defensas de su mengua
hechos llanto y hechos lengua.

238

SONETO

    Rabia mortal, que al corazón condenas,
en duro infierno, a llanto miserable;
veneno, que, con hambre insacïable,
te derramas y extiendes por mis venas;

    furioso frenesí, que desordenas
el más maduro seso y más durable;
ira del cielo, fiera e intratable,
violenta cárcel, ásperas cadenas;

    monstruo que hielo y fuego juntamente
pones en las entrañas do te crías,
ruïna y pestilencia de la tierra;

    enemigo mortal a cuanta gente
el ancho mundo y el infierno encierra,
¿cuándo habrán fin las desventuras mías?

239 OTRO

Viendo que crece la mortal tormenta
y que las olas andan por el cielo,
por mis huesos se extiende un tan gran hielo,
que aun con moverme no oso tener cuenta.

Esperando estoy triste en tanta afrenta   5
cuándo he de dar en el profundo suelo;
al hondo el pensamiento hace el vuelo,
que a más el ala ya no le sustenta.

Todo es dolor y todo es desventura,
la sangre helada está en la boca fría   10
y los ojos clavados en la tierra.

Mas ¿quién no temerá, si se apresura
tras tanto mal, tras tanta tiranía,
con nuevas fuerzas contra mí la guerra?

> [*Cancionero* (Madrid, 1586), fols. 33v, 37, 92 y 178.]

PEDRO LAYNEZ*

(h. 1538-1584)

240 VILLANCICO

Que ni duermen los mis ojos
ni descansa el corazón
hasta que venga el albor.

---

* Pedro Laynez, quizá madrileño, servidor de la cámara del príncipe don Carlos, elogiado por Cervantes y Lope de Vega.

¡Oh, corazón afligido!,
pues vives tan sin reposo,
será a mis ojos forzoso
que den el sueño al olvido,
pues cobrar el que han perdido
no me consiente el dolor
hasta que venga el albor.

Y el albor, a lo que entiendo,
no llegará antes que muera,
porque no está quien espera
lejos de vivir muriendo;
y el fuego en que estoy ardiendo
siempre en mí será mayor,
si tarda mucho el albor.

Y pues esperarle tiene
mi vida tan sin concierto,
morir será el bien más cierto
si mi albor más se detiene;
mas aunque tarda y no viene,
yo sufriré mi dolor
hasta que venga el albor.

Porque aunque tarde en llegar,
tanto que muera esperando,
el bien que estoy deseando,
muriendo se ha de esperar;
pues por merecer gozar
dél, es gloria el mal mayor
según es dulce mi albor.

241 Peligroso, atrevido pensamiento,
del libre corazón fiero homicida,
turbador de la dulce, amada vida
que gocé largo tiempo tan contento;

por temerosos riscos, tan sin tiento,
llevas tras ti mi voluntad rendida:
que sólo para muerte habrá salida
de tal lugar con tanto atrevimiento.

Tú llevas de tu osar justo castigo,
yo de mi voluntad, injusta paga;
la culpa tiene Amor; tú y yo, la pena.

Y aunque esto es cierto, Amor es buen testigo
que no habrá bien que así me satisfaga
como el mal que a tal muerte me condena.

242
Salga con la doliente ánima fuera
la dolorosa voz sin alegría;
busque mi grave llanto nueva vía,
llorando pena tan amarga y fiera;

cámbiese ya mi alegre primavera
en noche eternamente escura y fría,
y pues muero por ti, señora mía,
escucha mi cansada voz postrera.

No muero desamado ni celoso,
que igual es cualquier suerte en tu presencia;
sólo un dolor me acaba agudo y fiero.

Para encubrirle más ya no hay paciencia,
para mostrar cuál es, soy temeroso:
en fin, es tal, que, por callarle, muero.

243
En términos me tiene el mal que siento
que no sé cómo habiendo caminado
por tan ásperos riscos, no he dejado
rendido a mi dolor mi sufrimiento.

La menor ocasión de mi tormento
hubiera ya mil vidas acabado;
mas soy tan altamente atormentado
que el mal da muerte, y vida el pensamiento.

Así que yo padezco, estando vivo,
dolor más grave que si dél muriese,
y el placer de tal muerte me da vida.

   Porque Amor, que me dio mal tan esquivo,
para templarle quiso que estuviese,
en la muerte que dais, vida escondida.

244   Si en tu divina y alta providencia,
soberano Señor, no está ordenado
que sobre este mortal cuerpo cansado
decienda ya la universal sentencia,

   mueva en la inmensa altura tu clemencia
de un grave pecador el triste estado,
por manos de desorden condenado,
a mal que acaba el seso y la paciencia.

   Mas si porque haya fin el ofenderte
has señalado el término postrero
desta cansada vida miserable,

   dame gracia, Señor, mientras no muero,
de tan bien conocerme y conocerte,
que merezca tu gloria perdurable.

[*Obras*, edic. de J. de Entrambasaguas, II (Madrid, 1951), pp. 39, 198, 210, 220 y 228.]

PABLO DE CÉSPEDES *
(1538-1603)

245 PINTURA DE UN CABALLO

Muchos hay que la fama ilustre y nombre
por estudio más alto ennobleciera
con obras famosísimas, do el hombre
explica el artificio y la manera;
sólo el caballo les dará renombre   5
y gloria en la presente y venidera
edad, pasando del dibujo esquivo
a descubrirnos cuanto muestra el vivo.
   Que parezca en el aire y movimiento
la generosa raza do ha venido;   10
salga con altivez y atrevimiento
vivo en la vista, en la cerviz erguido;
estribe firme el brazo en duro asiento
con el pie resonante y atrevido,
animoso, insolente, libre, ufano,   15
sin temer el horror de estruendo vano.
   Brioso el alto cuello y enarcado,
con la cabeza descarnada y viva;
llenas las cuencas, ancho y dilatado
el bello espacio de la frente altiva;   20
breve el vientre rollizo, no pesado
ni caído de lados, y que aviva
los ojos eminentes; las orejas
altas, sin derramarlas, y parejas.

---

* Pablo de Céspedes, pintor, escultor y arquitecto granadino, estudió Humanidades en Alcalá, donde se graduó en Teología y Artes. Estuvo en Italia desde 1559 a 1566 y aún volvió en 1575 ó 1577. Aparte de su *Poema de la pintura,* escribió también un *Poema sobre el cerco de Zamora.*

Bulla hinchado el fervoroso pecho,
con los músculos fuertes y carnosos,
hondo el canal dividirá derecho
los gruesos cuartos, limpios y hermosos;
llena el anca y crecida, largo el trecho
de la cola, y cabellos desdeñosos,
ancho el hueso del brazo y descarnado,
el casco negro, liso y acopado.

Parezca que desdeña ser postrero
si acaso caminando ignota puente
se le opone al encuentro, y delantero
precede a todo el escuadrón siguiente;
seguro, osado, denodado y fiero
no dude de arrojarse a la corriente
raudal, que, con las ondas retorcidas,
resuena en las riberas combatidas.

246   DE LAS IMÁGENES DE LA FANTASÍA

En el silencio oscuro su belleza,
desnuda de afectadas fantasías,
le descubre al pintor naturaleza
por tantos modos y por tantas vías,
para que el arte atienda a su lindeza
con nuevo ardor, cuando en las cumbres frías
la luna embiste blanca y en cabello
al pastorcillo desdeñoso y bello.

Las frescas espeluncas escondidas
de arboredos silvestres y sombríos,
los sacros bosques, selvas extendidas
entre corrientes de cerúleos ríos;
vivos lagos y perlas esparcidas
entre esmeraldas y jacintos fríos
contemple, y la memoria entretenida
de varias cosas queda enriquecida.

[BAE, vol. XXXII, pp. 364 y 366.]

9 *espeluncas*: cuevas.

BARTOLOMÉ CAIRASCO DE FIGUEROA [*]
(1538-1610)

247 NATURALEZA

Naturaleza es madre generosa
de todo cuanto vemos en el orbe,
ministra universal del Rey eterno,
que sin su voluntad jamás se mueve;
es en la creación lugarteniente   5
y ejecutora del eterno mando;
es fiel y rico mayordomo,
que el valor representa de su amo,
y un arca donde todos sus tesoros
tiene el inmenso Dios depositados;   10
todos se dice por haber divino
naturaleza, como ley angélica,
y como después de ella la hay humana.
  No es otra cosa la naturaleza
sino razón y voluntad divina,   15
y de todas las cosas engendradas
conservadora, y causadora dellas,
según la calidad de cada una;
es un principio de los movimientos
y quietud de las cosas naturales,   20
en que está principal y por sí sola,
y no por accidente; este vocablo

---

[*] Bartolomé Cairasco de Figueroa, nació en Las Palmas de Gran Canaria, donde obtuvo una canongía. Hizo repetidas veces viajes a la Península. Fue testigo de la frustrada invasión de F. Drake en 1595 a Gran Canaria y de la del holandés Van der Does que invadió Las Palmas tres años más tarde. Escribió mucho desde muy joven y su obra capital es el *Templo militante, triunfo de virtudes, festividades y vidas de santos*, en cuatro partes, publicadas en 1602, 1603, 1609 y 1614.

Naturaleza solamente sirve
de nos representar de Dios la mente
y voluntad, por quien se cría todo
y se resuelve a tiempos y deshace.
Es una fuerza dada a cualquier cosa
para poder formar su semejante;
no cría cosa en vano, y cuanto hace
va fundado en razón; no sobra o falta
en lo superfluo o en lo necesario;
es de los vivos protectora, y nuestro
gobernador y padre de familia;
lo deleitable sigue y apetece
y huye y abomina lo que es triste;
aunque con poco se contenta y vive;
si acaso se ha trocado es poderosa
y pronta para dar vuelta a sí misma:
y aunque es dificultoso, finalmente,
resistir los afectos naturales,
el uso y la costumbre pueden tanto,
que los pueden mudar a paso lento.

248   COMUNICACIÓN

¿Qué consuelo tendrían los ausentes,
que largo tiempo tierra y mar divide,
si la memoria aviva su cuidado?
Y ¿qué entretenimiento el que reside
ajeno del comercio de las gentes,
en soledad amiga retirado,
el preso, el desterrado,
el sabio, el virtuoso,
el justo, el religioso,
el que en la corte tiene su deseo
y toda su esperanza en el correo?
¿Qué contento tendrían todos estos
si faltase el recreo
de cartas y de libros bien compuestos?

Con los libros, que son amigos mudos,
habladores sin lengua de ventaja,
y del alma, callando, son maestros,
se aligera el rigor de la mortaja,
se vuelven los aceros más agudos
para cortar engaños y siniestros;
y los consejos diestros,
y las vivas razones,
que en los dulces renglones
de la epístola santa se reciben,
altísimos propósitos conciben
en las almas de aquellos amadores
que leen y que escriben
las cartas de castísimos amores.

Huyan de aquí profanas composturas,
rimas del vano amor, que el propio mundo
las tiene ya por frívolos juguetes;
huyan las inmundicias y el inmundo
modo de necedades y locuras
que se escriben en cartas y billetes,
del ciego amor corchetes
que necias almas prenden
y las compran y venden
como esclavas de infame servidumbre.
Huya de aquí muy lejos la costumbre
de comunicación tan mal nacida,
que causa pesadumbre
aun sólo imaginar su torpe vida.

Comunicar por cartas los amigos
es grande alivio de la ausencia larga;
hace las amistades en conserva
y vuelve dulce la memoria amarga,
y venciendo sus grandes enemigos,
el tiempo y la distancia, nos conserva.
Al buen entendimiento se reserva
y a la virtud cristiana
lo mucho que se gana
de conversar honesto, que preserva
de los pecados propios y de ajenos,

pues los santos escritos
dan exquisitos bienes a los buenos. 55

> [Del *Templo militante*, pero a través de los trozos escogidos por don Luis de Igartuburu, titulados *Definiciones poéticas, morales y cristianas*, publicadas en la BAE, XLII, pp. 488 y 494.]

JERÓNIMO ARBOLANCHE [*]
(1542?-1572)

249

El zagal pulido agraciado
mal me ha enamorado.

   Enamoróme muy mal,
muy mal y con desvarío,
pues que no fue todo mío 5
como yo suya el zagal.
Corazón, lloradlo tal,
que el zagal pulido agraciado
mal me ha enamorado.
   Corazón, ¿por quién penáis? 10
Otros penan como vos;
si pedís favor a Dios
es muy bien que lo pidáis,
mas mirad bien, si miráis
que el zagal pulido agraciado 15
mal me ha enamorado.

---

[*] Jerónimo Arbolanche, de Tudela, es autor de un extraño poema titulado *Los nueve libros de las Hauidas* (Zaragoza, 1566), donde cuenta las aventuras de Avido, hijo de Gárgoris, el mito turdetano que recogió Trogo Pompeyo. (Hay ahora una edición facsímil de tan raro libro con un estudio excelente de F. González Ollé [Madrid, CSIC, dos vols., 1966-1972].)

Pedís parte de su amor
no porque entero lo pido,
quel amor que es dividido
no puede tener vigor; 20
pues cúmpleos buscar favor,
que el zagal pulido agraciado
mal me ha enamorado.

250 *Cantaban las aves*
con el buen pastor
herido de Amor.

Si en la primavera
canta el ruiseñor, 5
también el pastor
que está en la ribera
con herida fiera,
con grande dolor
herido de Amor. 10
Los peces gemidos
dan allá en la hondura,
el viento murmura
en robres crecidos,
los cuales, movidos, 15
siguen al pastor
herido de Amor.
Los claros corrientes,
montes y collados,
praderas y prados, 20
cristalinas fuentes
estaban pendientes
oyendo el pastor
herido de Amor.

251 *Tu trabajo es ya sin fruto;*
ponte, buen Carillo, luto.

Aunque en bueno y fértil suelo
siembre el triste labrador,
es en vano su labor
si granizo cae del cielo;
el disfavor, que es frío yelo,
destruyó todo tu fruto;
ponte, buen Carillo, luto.

[De *Los nueve libros de las Havidas* (Zaragoza, 1566), fols. 48, 93 y 120.]

JUAN TIMONEDA

(† 1583)

252

ROMANCE DE AMORES

Por un valle de tristura,
de placer muy alejado,
vi venir pendones negros,
entre muchos de caballo.
Todos con tristes libreas,
de sayal no delicado,
sus rostros llenos de polvo,
cada cual muy fatigado.
Por una triste espesura,
temerosos han entrado;
asentaron su real
en un yermo despoblado.
Las tiendas en que se albergan
no las cubren de brocado;
antes, por mayor dolor,
de negro las han armado.
En una de aquellas tiendas
hay un monumento alzado

y dentro del monumento
hay un cuerpo embalsamado, 20
Dicen ser de una doncella
que de amores ha finado;
la cosa más linda y bella
que natura hubo formado.
Y ellos todos juntamente 25
un pregón han ordenado
que ninguno se atreviese,
ni tampoco fuese osado
de estar en su enterramiento,
si no fuese namorado. 30

253 ROMANCE DE HERO

Aguardando estaba Hero
al amante que solía,
con tristeza y gran cuidado
de ver cuán tarde venía.
Miraba de una ventana 5
el temporal que corría;
por las orillas del mar
sus lindos ojos volvía,
y en ver la onda que daba
a la torre do vivía, 10
pensaba que era Leandro
con la escuridad que hacía.
Pero en su mirar contino,
ya que el alba esclarescía,
vido un hombre allí tendido, 15
que muerto le parescía.
Después que le hubo mirado,
conoscióle en demasía,
que era su amigo Leandro,
que amaba mucho y quería. 20
Con grandísimo dolor,
estas palabras decía:

"¡Oh desdichada mujer,
oh gran desventura mía,
pues he perdido mi amado   25
que más que a mí le quería:
bien me privaste, Fortuna,
del gozo que poseía!
Ven ya, muerte, si quieres
y daré esta alma mía: 30
viendo mi señor ya muerto,
no quiero vivir un día."
Y diciendo estas palabras
se echó con gran osadía
desde la ventana abajo   35
y encima el cuerpo caía;
a Leandro acompañando
la hermosa Hero moría.
En los campos Eliseos
Hero y Leandro en compañía   40
sepultaron juntamente
con tristeza y agonía.

[*Rosa de amores* (Valencia, 1572), fols. IXv y XXIv, pero los copiamos de la edic. de las *Rosas de Timoneda* (Valencia, 1963), hecha por A. Rodríguez-Moñino y Daniel Devoto.]

254 CANCIÓN

Fui buscando amores
para descansar:
harto mejor fuera
nunca los hallar.

Fui buscando amores,   5
hallélos graciosos:
cuanto más hermosos,
tanto más peores.

Pues competidores
no pueden faltar: 10
harto mejor fuera
nunca los hallar.

   Sé bien que por ruego
dijeron que amase,
porque descansase, 15
y hallé desosiego.
Amor crudo y ciego,
tus bienes gozar:
harto mejor fuera
nunca los hallar. 20

   En amor ligero
hay favor escaso;
do pensáis que hay paso,
hay atolladero.
Si de amores muero, 25
sin me remediar,
harto mejor fuera
nunca los hallar.

   El oro en escoria
se me ha convertido, 30
después que he seguido
de amores victoria.
Y en pena la gloria
se me fue a tornar:
harto mejor fuera 35
nunca los hallar.

   Por haber buscado
amores subidos,
cuidados, gemidos
me tienen postrado. 40
Pues me han olvidado
sin los olvidar:
harto mejor fuera
nunca los hallar.

   Valióme Fortuna 45
que amores tuviese,
y que los perdiese

               sin culpa ninguna.
               Cruel, importuna
               para descansar: 50
               harto mejor fuera
               nunca los hallar.

                         [*Enredo de amor,* edic. de A. Rodríguez-Mo-
                         ñino (Valencia, 1951), fols. Vv y Xj.]

255
                  Pues todas las aves vuelan,
               corazón,
               pues todas las aves vuelan,
               volad vos.

                         [De las *Obras,* edic. de E. Juliá, vol. III (Ma-
                         drid, 1948), p. 168.]

256
               Veo las ovejas
               orillas del mar,
               no veo el pastor
               que me hace penar.

                  Las ovejas veo   5
               orillas del río,
               no ve mi deseo
               el dulce amor mío.
               Miro en derredor
               del fresco pinar,   10
               no veo el pastor
               que me hace penar.
                  Los perros y el manso
               veo, y su bardina;
               mi gloria y descanso   15
               no veo, mezquina.

14 *bardina*: cercado hecho de cañas.

Vicente Espinel. Del original que poseyó en Ronda
D. Cándido González

Biblioteca Nacional. Sección Estampas, 2.853-4

Retrato de Juan Timoneda

Por bien que el amor
me esfuerza a mirar,
no veo al pastor
que me hace penar.

   Veo muy esenta
su choza sombría,
sin ver quien sustenta
aquesta alma mía.
Veo mi dolor
crescer y menguar,
no veo al pastor
que me hace penar.

257
Soy garridica
y vivo penada
por ser mal casada.

   Yo soy, no repuno,
hermosa sin cuento,
amada de uno,
querida de ciento.
No tengo contento
ni valgo ya nada
por ser mal casada.
   Con estos cabellos
de bel parecer
haría con ellos
los hombres perder.
Quien los puede haber
no los tiene en nada
por ser mal casada.

[Del *Sarao de amor* (Valencia, 1561), fols. 22 y 52.]

LUCAS RODRÍGUEZ *
(† d.1599)

258   ROMANCE DE ANGÉLICA

 Por una triste espesura
por un monte muy subido,
vi venir un caballero
de polvo y sangre teñido;
dando muy crueles voces
y con llanto dolorido,
con lágrimas riega el suelo
por lo que le ha sucedido,
que le quitaron a Angélica
en un campo muy florido
dos caballeros cristianos
que en rastro dél han venido,
y viéndose ya privado
del contento que ha tenido,
sin su Angélica y su bien,
va loco por el camino.
Desmayado iba el moro
con diez lanzadas herido,
pero no se espanta deso,
no se daba por vencido,
que en llegando a una verdura
del caballo ha descendido
para atarse las heridas,
que mucha sangre ha perdido,

---

* De Lucas Rodríguez sólo sabemos que era vecino de la villa de Alcalá de Henares, 'escritor' de su Universidad entre 1580 y 1599, y antólogo que publicó en Alcalá su *Romancero historiado*, dedicado al marqués de Auñón, que lleva al frente sonetos elogiosos de Quevedo, Lope de Vega y fray Alonso Remón.

y con el dolor que siente 25
en el suelo se ha tendido,
y con voces dolorosas
triste, ansioso y afligido,
maldecía su ventura
y el día en que habie nacido, 30
pues no se podia vengar
deste mal que le ha venido;
y estando en esta congoja,
el gesto descolorido,
dando sospiros al aire 35
el alma se le ha salido.

259   ROMANCE DEL LLANTO QUE HIZO BELERMA POR LA MUERTE DE DURANDARTE

Sobre el corazón difunto
Belerma estaba llorando
lágrimas de roja sangre,
que las de agua hicieron cabo;
de mesarse la melena, 5
el cabello encrucijado,
las manos hechas un ñudo,
el cuerpo todo temblando.
Cuando vido el corazón,
Belerma le está mirando, 10
de nuevas gotas de sangre
estaba todo bañado;
como aquel que está delante
su propia muerte mirando,
con el rostro entristecido 15
la triste le está hablando:
"Corazón de mi señor,
Durandarte el más preciado,

---

6 *encrucijado*: aunque no lo registran los diccionarios, parece significar 'revuelto'.

>   ¿quién te trujo ante mis ojos
>   tanta crueldad usando?
>   Yo os lo agradezco, señor,
>   y recibo este recaudo,
>   que corazón que fue mío
>   justo es que venga a mi mano."
>   Y diciendo estas palabras
>   la color se le ha quitado,
>   y así se quedó Belerma
>   vencida de un gran desmayo.

260. OTRO ROMANCE PASTORIL

>   Por la ribera de Júcar
>   va un pastor tras su ganado,
>   solo, pobre y sin abrigo,
>   en las montañas criado
>   al sol, al agua y al frío,
>   por montes, selvas, collados;
>   con lágrimas de sus ojos
>   el gabán lleva bañado,
>   y entre sí iba diciendo:
>   "Crudo Amor, ya estás vengado;
>   niño me viste y pequeño,
>   de trabajos fatigado,
>   hecísteme que yo amase,
>   más que cuantos han amado,
>   a la más bella pastora
>   que jamás guardó ganado;
>   fui querido en breve tiempo
>   y en un momento olvidado,
>   con quejas moví los montes,
>   con quejas moví el poblado,
>   cantando nuevas canciones,
>   del ciego Amor abrasado,
>   y si alguno te sirviera
>   no espere serle pagado."

Y por poder descansar 25
de su trabajo pesado,
a un alto sauce se arrima
con su rabel estimado,
por gozar del fresco viento,
y estos versos ha cantado: 30
　"Junto a una clara fuente
estaba un pastorcillo lastimado,
llorando amargamente
de amoroso cuidado,
sobre la verde hierba recostado. 35
　Estaba de tal suerte
metido en gran congoja y pensamiento,
y con ansias de muerte
publica su tormento,
al pie de un alto roble, al fresco viento. 40
　Dice de amor herido,
de tristeza y dolor acompañado:
"¿Por qué quieres, Cupido,
que viva tan penado,
un pastorcillo pobre enamorado? 45
　"¿Por qué con tanta pena
quieres que sienta el mal que agora siento?
Y, ausente en tierra ajena,
cada hora y momento
llora su doloroso apartamiento." 50

> [*Romancero historiado* (Alcalá, 1582), reed.
> de A. Rodríguez-Moñino (Madrid, Castalia,
> 1967), pp. 128, 142 y 193. (Es posible que Lu-
> cas Rodríguez no sea el autor, como sucede
> con otros romances.)]

JUAN LÓPEZ DE ÚBEDA *
(† d.1581)

261 OTRAS DE LO MESMO [DEL NACIMIENTO]

En los fríos del invierno
una rosa floreció.
¡Oh qué flor y fruto dio!

En los fríos y en la helada
del invierno desta vida, 5
una doncella sagrada,
sobre todas escogida,
es esta noche parida.
Virgen y madre quedó.
¡Oh qué flor y fruto dio! 10
 Quedó por culpa de Adán
helada toda la gente
en fatiga y grande afán,
porque fue desobediente.
Esta Virgen excelente 15
por humildad floreció.
¡Oh qué flor y fruto dio!

---

* Juan López de Úbeda, toledano, fundador del Seminario de niños de la Doctrina Cristiana en Alcalá de Henares, publicó en 1579 su *Cancionero general de la doctrina christiana* por la "gran necesidad que la casa destos niños tiene de alguna cosa de provecho para su sustento; por no tener ninguna renta". En 1581 publica también en Alcalá el *Vergel de Flores divinas*, en el cual incorpora casi todo el *Cancionero* anterior.

262   ROMANCE

    Regocijo hay en el suelo,
grande música se oía
en noche serena y clara,
casi la media sería.
Son ángeles los que cantan   5
con süave melodía.
Regocíjase una fiesta
cual nunca vido se había,
y es que el Hijo de Dios padre
al mundo se descubría,   10
y aunque suena desde lejos
la letra muy bien se oía:
"Gloria sea en las alturas,
pues el mismo Dios la envía."
Por subir el hombre al cielo,   15
la gloria al suelo venía,
y en un pesebre temblando,
llorando sin alegría,
siendo Dios vivo y eterno,
padece por culpa mía.   20

263   OTRAS

*   El sacre bajó a prender*
a la paloma sin hiel,
y ella hizo presa en él.

    Subióse de altanería
nuestra paloma volando   5
y el nuevo azor rastreando
para cazalla venía.
Hermosa volatería
de girifalte novel,
y ella hizo presa en él.   10

En las aguas de fe viva
nuestra paloma miró
y vido la sombra altiva
del alto que la crió
y el sacre luego abajó   15
hasta el virginal dosel,
y ella hizo presa en él.

264   ENFADOS *

Enfádame decir lo que me enfada,
por ser ello de sí tan malo y feo,
que entiendo que aun a Dios le desagrada.
  Enfádame de ver el miramiento
que se tiene en el mundo y cortesía,   5
y el poco que se tiene al Sacramento.
  Enfádame de ver arrodillado
una rodilla sola al gentil hombre,
que piensa que le ha Dios privilegiado.
  Enfádame los golpes que están dando   10
una cuenta con otra mil personas
por darnos a entender que están rezando.
  Enfádame de ver unos galanes
que han hecho de la iglesia locutorio
haciendo siempre en él mil ademanes.   15
  Enfádame una calza muy tirada,
que el que la trae no hinca la rodilla
por miedo que no quede algo arrugada.
  Enfádame de ver la desvergüenza
de muchos que les dicen: "No hagáis esto", 20
y dicen: "Mirad vos vuestra concencia."

---

* "Estos enfados —dice el autor al principio— imprimí en otro libro de doctrina, y por haber sido tan bien recebidos en todas partes, me ha parecido tornarlos a imprimir en este libro; imprimiéronse en un año ocho veces a mil y quinientos, en casa de Joan Iñíguez de Lequerica, impresor de libros."

Enfádame de ver que se murmura
de los que se confiesan a menudo,
teniendo el ser devotos por locura.

Enfádame un galán muy estirado
que si ha de comulgar, ha de ser solo,
que no quiere que el pobre esté a su lado.

Enfádame que para dar sus trazas
hacen corro en la iglesia mil mujeres,
parlando más que tordos y picazas.

Enfádame de ver a mucha gente
persinarse de modo que parece
que hacen garabatos en la frente.

Enfádame de los que están rezando
alto porque los tengan por devotos,
siendo más devoción rezar callando.

Enfádame de ver que en los sermones
están muchas personas rebozadas,
que son de mil pecados ocasiones.

Enfádame venir al templo santo
sólo para decir de los sermones:
"Este pedrica bien, aquel no tanto."

Enfádame la poca diligencia
en confesar de algunos que [a] la entrada
dicen: "Pregúnteme su reverencia."

Enfádame tomar agua bendita,
por no mojar el dedo, con el guante:
que hay quien de gravedad no se le quita.

Enfádame de los que están rezando
el rosario y algunas devociones
con los ojos acá y allá mirando.

Enfádame unos hombres que, enguantados,
llegan a comulgar con tanto brío
como si fuesen todos sus criados.

Enfádame el otro que, en llegando,
se quiere confesar viniendo tarde,
si dicen "Espera", va murmurando.

Enfádame de ver que todo el día
traen muchos los rosarios en las manos,
sólo por gentileza y gallardía.

       Enfádame de los que van a misa,
por levantarse tarde, a medio día
y esa la quieren luego y muy depriesa.
       Enfádame unas damas entonadas
que viniendo muy tarde a los sermones   65
quieren llegar por fuerza hasta las gradas.
       Enfádame unas dueñas que viniendo
a misa traen consigo unos perritos
que no sirven demás de hacer estruendo.
       Enfádame de ver que no se enfadan   70
aquellos a quien tocan mis enfados;
antes con los oir se desenfadan.
       Y por aquesto estoy determinado
cesar y no pasar más adelante;
que estoy de los enfados enfadado.   75

> [*Cancionero general de la doctrina cristiana*
> (1579, 1585, 1586), edic. de A. Rodríguez-Mo-
> ñino, I (Madrid, 1962), pp. 208, 210 y 223;
> II (Madrid, 1964), p. 28.]

ESTEBAN DE ZAFRA *

265

VILLANCICO

*Bajo de la peña nace
la rosa que no quema el aire.*

       Bajo de un pobre portal
está un divino rosal,
y una reina angelical   5
de muy gracioso donaire.

---

* Esteban de Zafra, lo mismo que Francisco de Ocaña y Francisco de Ávila, son poetas de los que no conozco datos biográficos, como sucede con otros autores populares de pliegos sueltos.

Esta reina tan hermosa
ha producido una rosa
tan colorada y hermosa,
cual nunca la ha visto naide.

Rosa blanca y colorada,
rosa bendita y sagrada,
rosa por la que es quitada
la culpa del primer padre.

Es el rosal que decía:
La Virgen Santa María;
la rosa que producía
es su Hijo, Esposo y Padre.

Es rosal de salvación
para nuestra redención,
para curar la lesión
de nuestra primera madre.

*Bajo de la peña nace
la rosa que no quema el aire.*

[Del pliego suelto *Villancicos para cantar en la Natividad de Nuestro Señor Jesucristo, hechos Esteban de Zafra* (Toledo, por Juan Ruyz, 1595).]

FRANCISCO DE OCAÑA

OTRA CANCIÓN AL TONO DE *Romerico, tú que vienes / donde mi señora está, / di qué nuevas hay allá.*

*Pastorcico, tú que vienes
donde mi Señora está,
di qué nuevas hay allá.*

—Tú que fuiste tan dichoso
que te fuese revelado
ser nacido el deseado

Hijo de Dios poderoso;
tú que vienes tan gozoso
donde la Virgen está
di qué nuevas hay allá.   10
  —Hay maravillas de ver,
que perturban el sentido;
dígoos que Dios es nacido
esta noche de mujer.
Vi cantar y vi tañer   15
donde la Virgen está,
y estas nuevas hay allá.
  —Vi cánticos celestiales
en el pobre portalejo;
cantan la madre y el viejo   20
con los coros celestiales;
puesto entre dos animales
todo nuestro bien está,
y estas nuevas hay allá.
  —Hay tantos de musicorios   25
ques para maravillar;
tanto danzar y bailar,
que parecen desposorios;
y llena de relumbrorios
aquella casilla está,   30
y estas nuevas hay allá.
  —Pastores de mil maneras
le van a besar las manos;
Juan y Mingo y sus hermanos
y Pabros el de las eras;   35
tantas mozas cantaderas,
que placer os tomará,
y estas nuevas hay allá.

267   OTRO VILLANCICO

Dejadlos, mi madre,
mis ojos llorar,
pues fueron amar.

¡Oh Madre sagrada,
no os maravilléis
de ver tan regada
mi cara cual véis,
pues que bien sabéis
que vengo a pagar
el primer pecar.

El hombre pecó
por inobediencia,
por él lloro yo,
y tomo penitencia;
amor y clemencia
me hacen penar:
dejadme llorar.

Lloren mis ojos
más que han llorado,
por quitar de enojos
al hombre criado,
porque su pecado
se puede llevar.

Por sanar a Adam,
un amigo mío,
lloro con afán
y muero de frío;
lágrimas le envío
por lo refrescar
do está en el penar.

Al hombre perdido
vengo a redimir;
tomo por partido
llorar y gemir;
para lo guarir
y gloria le dar,
dejadme llorar.

Estoy llagado
de males de amor,
por el pecador
hacer libertado;
amor demasiado

                lo debe causar:
                dejadme llorar.
                    De Dios sempiterno   45
                me quise hacer hombre,
                para que se escombre
                el profundo infierno,
                y mi reino eterno
                se torne a poblar: 50
                dejadme llorar.
                    Porque sean llenas
                las primeras sillas,
                estas lagrimillas
                tengo yo por buenas;   55
                fatigas y penas
                tengo de pasar:
                dejadme llorar.

> [*Cancionero para cantar la noche de Navidad, y las fiestas de Pascua* (Alcalá, 1603), pero los copiamos de la edic. de A. Pérez Gómez (Valencia, 1957), pp. 37 y 49.]

FRANCISCO DE ÁVILA

268 LETRA

*Portalico divino,
¡cuán bien pareces
con el Niño chiquito, bonito
que nos ofreces!*

    Dulce portalico,   5
lleno de mil perlas,
¿quién podrá cogerlas
en tiempo tan rico?

Tus bienes publico,
pues tan bien pareces
*con el Niño chiquito, bonito
que nos ofreces.*

En tu margen bella,
yace el claro Sol,
con cuyo arrebol
da gran luz en ella.
Hoy sube mi estrella
donde resplandeces
*con el Niño chiquito, bonito
que nos ofreces.*

Hoy, portal divino,
pareces el cielo,
pues que tiene el suelo
un bien peregrino,
y en este camino
al alma enriqueces
*con el Niño chiquito, bonito
que nos ofreces.*

[De los *Villancicos y coplas curiosas al Nacimiento del hijo de Dios* (Alcalá, 1606), edic. facsímil de A. Pérez Gómez (Valencia, 1951).]

BRAHOJOS *

269 Juntáronse al entierro de Lucía
Antón Palomo el gordo y sus hermanos,
Pedro Aparicio el sastre y los Lozanos,
y el jurado con vara fue aquel día.

* Brahojos, quizá el licenciado Braojos, que figura con un soneto a San Francisco y una elegía al alma en el *Cancionero general de la Doctrina cristiana*, de López de Úbeda.

Llevó la ofrenda Bárbola García,
tres clérigos vinieron comarcanos,
y todos con candelas en las manos,
que entierro de una reina parecía.

Dieron buen pan y queso y mucho vino;
después de haber bebido cuanto pudo
el cura, estas palabras le decía:

"Cásate con Inés, no estés viudo,
y sea Garci Prieto tu padrino..."
Y Alonso respondió que le placía.

[Edic. de R. Foulché-Delbosc en "237 sonnets", *Revue Hispanique*, XVIII (1908), página 519.]

DAMIÁN DE VEGAS *

270 ENTRANDO EN UN HUERTO AL CAER DE LA HOJA

Entrando acaso en un jardín un día
que el seco otoño le iba despojando
de verdura los árboles, dejando
la tierra de hojas amarilla y fría,

---

* Damián de Vegas, del hábito de San Juan, vecino de Toledo, donde vivía aún en 1590, es autor del *Libro de Poesía cristiana, moral y divina, en que muy de principal intento se trata de la Inmaculada Concepción de nuestra Señora* (Toledo, 1590).

la vaga y laboriosa fantasía,
que siempre va de cuanto ve tomando,
representóme en ese ejemplo el cuándo
el verdor de mi edad se pasaría.

Con que luego, mis ojos ahogados
con un dolor en lágrimas profundo,
"¡Ay, Dios —dije—, que estás eternamente!,

pues tan breves nos diste y limitados
los días y los bienes deste mundo,
los tuyos buscaré ya solamente."

271 *Altísima va la garza;*
mas no falta quien la caza.

Dios, antes que hombre se hiciese,
voló tan de altanería,
que en tierra ni cielo había
quien un alcance le diese.
No se hallaba quien asiese
aquesta divina garza;
mas no falta quien la caza.
   Salió un neblí de gran vuelo
tras aquella garza bella,
y tanto se cebó en ella,
que dio con ella en el suelo.
Altísima sobre el cielo
iba la divina garza;
mas no falta quien la caza.
   El ave maravillosa
y de tan gallardo pecho,
que tal vuelo y presa ha hecho,
fue una virgen generosa.
Altísima y desdeñosa
iba la divina garza;
mas no falta quien la caza.

272
QUE NO HAY VERDADERO CONTENTO EN ESTA VIDA

Pues el bien tan poco dura,
y presto se va el placer,
eso me da haber ventura,
que dejarla de tener.

Mil venturas he tenido,
mil favores he alcanzado,
mas hallo que no han llegado
apenas, cuando se han ido;
y pues que tan poco dura
este bien y este placer,
eso me da haber ventura,
que dejarla de tener.

¡Qué negros contentamientos,
de mucho tiempo esperados,
con mil deseos comprados
para dos tristes momentos!
Bien que por momentos dura,
no es bien a mi parecer;
y así, no es faltar ventura
el dejarla de tener.

Placeres que el esperallos
da pena, y el gozar dellos
turba el temor de perdellos,
gran locura es deseallos;
y así, digo que es cordura
pensar que el haber placer
ni bien es tener ventura
ni dejarla de tener.

El bien de acá es bien que viene
y que de camino va,
porque el bien que firme está
solamente en Dios se tiene.

Ventura es del bien que dura,
no del que deja de ser;
y así, no es faltar ventura 35
el dejarla de tener.

> [De la *Poesía cristiana...* (Toledo, 1590), pero los copio de la BAE, XXXV, pp. 508, 541 y 554.]

GÁLVEZ DE MONTALVO

(¿1546?-¿1591?)

273
Ojos bellos, no lloréis,
si mi muerte no buscáis,
pues de mi alma sacáis
las lágrimas que vertéis.

Ese licor que, brotando 5
de vuestra lumbre serena,
va la rosa y azucena
del claro rostro bañando,
ojos bellos, no penséis
que es agua que derramáis, 10
sino sangre que sacáis
de esta alma que allá tenéis.
 Ya que el ajeno provecho
me hace a mí daño tanto,
al menos templad el llanto 15
ya que vivís en mi pecho;
si no, con él sacaréis
las entrañas donde estáis,
pues dellas mismas sacáis
las lágrimas que vertéis. 20

De aquestas gotas que veo,
la más pequeña que sale,
si se compara, más vale
que todo vuestro deseo.
Ya yo veo que tenéis   25
pena de lo que lloráis,
y culpa, pues derramáis
lágrimas que no debéis.

Ojos llenos de alegría,
entended que no es razón   30
que otro lleve el galardón
de la fe que es sola mía;
agraviad, si vos queréis,
al alma que enamoráis,
mas mirad que si lloráis,   35
alma y vida acabaréis.

274   Toma del hondo del abismo el fuego,
la rabia y ansia de los condenados,
el descontento de los agraviados,
de los tiranos el desasosiego.

Ponlo en el alma donde el Amor ciego   5
puso tu merecer y mis cuidados,
y porque sean mis males confirmados,
cesen mis ojos de mirarte luego.

Que de tu voluntad escarnecido,
aqueste amor que sólo me asegura   10
prisión, afrenta y muerte de tu mano,

no sólo, no, de lo que siempre ha sido
podrá quitar un punto, un tilde, un grano,
pero hará mi fe más firme y pura.

[*El pastor de Fílida*, NBAE, vol. VII, pp. 546
y 576.]

CRISTÓBAL MOSQUERA DE FIGUEROA *
(¿1547?-¿1610?)

275 ELEGÍA A GARCILASO DE LA VEGA
EN SU MUERTE

   Cisnes de Betis que en su gran ribera
regaladas canciones entonando,
volvéis el triste ivierno primavera;
   y cuando la aura dulce va espirando
vais con templado y grave movimiento
sublimes por las ondas paseando;
   pues recebís de Apolo el sacro aliento,
y de las Musas sois favorecidos,
trocad la voz en lamentable acento.
   Publíquese el dolor a los sentidos
y en lugar del laurel que en vos florece
salga el ciprés con ramos esparcidos.
   El dolor, que por muestras se parece,
descúbralo en señal de estos dolores
el tejo, que a las aves oscurece.
   Murió Salicio, gloria de pastores;
quedó el suelo sin él desamparado:
¿quién sabrá ya cantar quejas y amores?
   Ya los cisnes del Tajo le han llorado,
y tú, Danubio, es bien que le respondas,
pues oíste en un tiempo su cuidado.
   El padre Tajo, en las sombrías hondas
cavernas, se apartó a llorar tu muerte,
y el oro oscureció con turbias ondas.

---

* Cristóbal Mosquera de Figueroa, sevillano, estudió en Salamanca, fue corregidor de Utrera en 1579 y alcalde mayor del Adelantamiento de Burgos, y muy elogiado por Herrera, Pacheco y Juan de la Cueva.

Y con suspiros y con llanto fuerte 25
renovaron las ninfas su gemido,
lamentando a la par su triste suerte.

Murió Salicio, ya Salicio es ido;
"Salicio es ido", luego respondieron
las selvas redoblando su rüido. 30

Los montes el estruendo recibieron,
los llantos en el mar dieron consigo;
y todas las naciones los oyeron.

¿Y tú, Apolo, do estabas, que testigo
no fuiste, cuando el cuerpo dio en el suelo 35
por mano de sacrílego enemigo?

Mostraras tu poder, tu flecha y vuelo
para llegar a resistir la ira
contra los hados y el rigor del cielo.

¿Estabas por ventura con la lira 40
de las doradas cuerdas regalando
el alma que con tierno amor suspira?

¿O a la agradable sombra descansando
el sueño te rindió junto a una fuente
que a los oídos va lisonjeando? 45

¿O encrespando el cabello reluciente
con altas puntas y celajes de oro
te descuidaste de este mal presente?

Y dejaste a la honra de tu coro
en poder de la muerte rigurosa, 50
su honra, nuestra luz y tu tesoro.

¿Eres tú el que con mano poderosa
derribaste por tierra con mortales
saetas a la sierpe ponzoñosa?

¿Y el que dio fieras muertes desiguales 55
cuando en Flegra gigantes atrevidos
quisieron arruinar los celestiales?

¿Los versos de Salicio enternecidos,
que a tu divino templo dedicaba
no tocaron entonces tus oídos? 60

---

54 Alude a la muerte de la serpiente Pitón por Apolo.
56 *Flegra*: véase la nota 14 en la p. 238.

Ya paró el canto que nos alegraba
cuando ilustrando tierra, mar y cielo
tu nuevo resplandor nos visitaba.

Y tú, Venus dorada, a quien el suelo
se rinde con el cielo luminoso
y llevas palma con eterno vuelo,

¿por qué no socorriste al doloroso
trance de tu poeta, que solía
consagrarte su canto numeroso?

Cuando con la süave melodía
de sonorosas cuerdas, en su lira,
y con sus versos llenos de armonía,

celebró tu beldad que el cielo admira;
y, sintiendo la flecha rigurosa,
al apartado campo se retira,

lugar hallaba entonces la quejosa
lira para sentirse blandamente,
el alma lastimada y querellosa;

de la aspereza y la soberbia frente,
del duro disfavor al tierno amante,
la amarillez del triste que lo siente;

y pasando en las quejas adelante,
la soledad siguiendo con su llanto,
mover un corazón de dïamante.

¿Quién es amado de las Musas tanto
que pueda celebrar propias pasiones
en grave, ilustre y generoso canto?

Si el alma no se suelta de prisiones,
¿quién podrá? Tú Danubio, rio divino,
envolviste en tus ondas sus razones.

De tu claro aposento cristalino
oíste al que se queja en tierra ajena,
y reprimir el canto te convino.

---

69 *numeroso*: armonioso.
89 *Danubio, rio divino*: es el verso 53 de la Canción III de Garcilaso.

Ni aquel que fue apartado en el arena
por el delfín ligero y amoroso, 95
en tanto que la dulce harpa suena;
 ni el tebano, de amor estudïoso,
altísimo en palabras y sentencia,
y en la dorada lira artificioso,
 pudo igualar, Salicio, a tu elocuencia 100
y a la dulzura con igual decoro
del artificio grave y ecelencia.
 El aspereza quieres por tesoro,
celebrando a la par los claros ojos,
y aquella red de los cabellos de oro. 105
 Las ansias, los tormentos, los enojos,
la variedad de un ánimo vencido;
que Amor lleva de todo los despojos.
 Y aquel cautivo, que de amor perdido
arde en secretas llamas de tormento, 110
y a ti se queja, bella flor de Nido,
 ten lástima del fiero sentimiento,
que su dolor las piedras movería
y la furia del mar y el movimiento.
 Refiere a la memoria, Musa mía, 115
los elegos y canto miserable
que el sentimiento los produce y cría.
 El verso numeroso y lamentable,
que en el mudo sepulcro fue esculpido
y hizo al de Toledo perdurable, 120
 y el fuego amortiguado y ascondido
reparó con materia glorïosa
y reservólo del eterno olvido.

---

94 Alude a Arión, célebre músico, que fue salvado por un delfín.
97 *el tebano*: se refiere a Píndaro, nacido en Cinocéfalos, población a las puertas de Tebas.
103 Alude a la canción IV, que comienza "El aspereza de mis males quiero".
109 *cautivo*: Mario Galeota, de la canción V, verso 29.
114 Es el verso 5 de la canción V.
116 *elegos* "triste, débil, lloroso y lamentable". *Auts.*

RENACIMIENTO

    Y en medio de la guerra peligrosa
do muestra el africano su potencia   125
con truenos y con trompas espantosa,
    te acuerdas del amor y de la ausencia;
y maldices allí el rigor de Marte,
pronosticando en ti dura sentencia.
    Pues en las selvas, con ingenio y arte,   130
también al de Sebeto has igualado
y al que tiene del Mincio mayor parte.
    Salicio es por los campos celebrado;
y al venerable nombre, agradecido,
nuevas flores te ofrece el monte, el prado;   135
    y con tu amarga muerte entristecido
los silvos a los árboles saltaron
y a la zampoña le faltó el sonido.
    Las aguas su murmurio refrenaron,
y por heladas piedras van calladas,   140
y las aves su canto repararon.
    Y las dulces abejas, descuidadas
de la solicitud en que vivían,
olvidaron las flores rocïadas;
    solas quejas allí se permitían   145
al blando ruseñol por su tristeza,
que al campo en un dolor común ponían.
    ¿Quién habrá ya que cante la aspereza
de aquella más que mármol Galatea
que huye del que llora con terneza?   150
    Y el solo Nemoroso, que se emplea
en quejas de Lucina, y la memoria
que de su muerta Elisa le recrea.

---

124 Quizá aluda a la expedición de Túnez en 1535, en la que fue herido Garcilaso.
131 *al de Sebeto*: Jacobo Sannazaro, nacido en Nápoles.
132 *del Mincio*: río que pasa por Mantua, patria de Virgilio.
137 *silvos*: habitantes de las selvas.
149 Recuerdo del verso 57 de la Égloga I.
152 Alusión a los versos 366-394 de la Égloga I.

Y la casta Camila, dulce historia
de amor, y de su Albanio los furores,   155
y de Fernando la sublime gloria.

Aquí levantó el vuelo con mayores
fuerzas que de pastor; que se las dieron
Musas como al mayor de los pastores.

Y las ninfas del Tajo, que salieron   160
al manso viento de aquel sitio umbroso,
y a su labor atentas se pusieron;

oyeron el cantar artificïoso
y aquellas dos zampoñas, que a porfía
extremaban el son maravilloso.   165

Ahora yace en una piedra fría
este sacro pastor; con él faltaron
a la tierra las Gracias en un día.

Sus sombras en el suelo se quedaron
para hacer del mundo una aparencia   170
y con el alma todas tres volaron.

Ahora goza de mayor licencia
y vuela por el monte consagrado
en su naturaleza y ecelencia.

Oye el alma tu verso regalado   175
que ennoblece la lira de Cirreo
con el süave canto y acordado.

Los montes, que te llaman con deseo,
y repiten tu nombre esclarecido,
las rocïadas cuevas de Peneo;   180

y entretanto que el cuerpo está dormido
las Musas levantaron de su mano
tu sepulcro a los cielos extendido.

El prado, el bosque, el monte, el soto, el llano
a competencia ofrecen varias flores   185
con un eterno y genïal verano.

---

156 El conocido episodio de la Égloga II.
165 Alude al final de la Égloga III.
176 *Cirreo*: sobrenombre de Apolo, de Cirra, ciudad de Grecia que le consagró un templo.
180 *Peneo*: río de Grecia, llamado hoy Gastuni.

Consagren ya de Asiria los olores,
las riquezas de Arabia la dichosa,
y ofrezcan su corona los pastores.
 Almas piadosas, esparcid la rosa,   190
la vïola, jacinto y amaranto,
donde Salicio el inmortal reposa.
 Este es de la virtud el premio santo,
que reserva a los hombres glorïosos
de las oscuras sombras del espanto.   195
 Las antiguas estatuas de famosos,
las agudas pirámides alzadas,
soberbios edificios suntüosos,
 son señal de riquezas estimadas;
que el ánimo creció por medio de ellas,   200
y al fin se ven del tiempo derribadas;
 la lumbre del ingenio con centellas
eternas en los versos vive ardiendo,
y llega y corre sobre las estrellas.
 Tú irás aquesta cumbre enriqueciendo,   205
Iolas; y Salicio allá te ordena
corona, que tu frente irá ciñendo
cuando deslaces la mortal cadena.

> [De las *Obras de Garci Lasso de la Vega con anotaciones de Fernando de Herrera* (Sevilla, 1580), pp. 36-43.]

---

206 *Iolas*: nombre poético de Herrera.

MIGUEL DE CERVANTES
(1547-1616)

276 [VILLANCICO DE TEOLINDA]

*En los estados de amor
nadie llega a ser perfeto,
sino el honesto y secreto.*

Para llegar al süave
gusto de amor, si se acierta,
es el secreto la puerta
y la honestidad la llave;
y esta entrada no la sabe
quien presume de discreto,
sino el honesto y secreto.
  Amar humana beldad
suele ser reprehendido,
si tal amor no es medido
con razón y honestidad;
y amor de tal calidad
luego le alcanza, en efeto,
el que es honesto y secreto.
  Es ya caso averiguado,
que no se puede negar,
que a veces pierde el hablar
lo que el callar ha ganado;
y el que fuere enamorado,
jamás se verá en aprieto,
si fuere honesto y secreto.
  Cuanto una parlera lengua
y unos atrevidos ojos
suelen causar mil enojos
y poner al alma en mengua,
tanto este dolor desmengua;
y se libra de este aprieto
el que es honesto y secreto.

[*La Galatea*, lib. II.]

277   ¿Quién dejará, del verde prado umbroso,
las frescas yerbas y las frescas fuentes?
¿Quién, de seguir con pasos diligentes
la suelta liebre o jabalí cerdoso?

¿Quién, con el son amigo y sonoroso,   5
no detendrá las aves inocentes?
¿Quién, en las horas de la siesta, ardientes,
no buscará en las selvas el reposo,

por seguir los incendios, los temores,
los celos, iras, rabias, muertes, penas   10
del falso amor que tanto aflige al mundo?

Del campo son y han sido mis amores,
rosas son y jazmines mis cadenas,
libre nací, y en libertad me fundo.

[*La Galatea,* lib. VI.]

278   DON BELIANÍS DE GRECIA A DON QUIJOTE
DE LA MANCHA

Rompí, corté, abollé, y dije e hice
más que en el orbe caballero andante;
fui diestro, fui valiente y arrogante,
mil agravios vengué, cien mil deshice.

Hazañas di a la fama que eternice;   5
fui comedido y regalado amante;
fue enano para mí todo gigante,
y al duelo en cualquier punto satisfice.

Tuve a mis pies postrada la Fortuna
y trajo del copete mi cordura   10
a la calva ocasión al estricote.

---

11 *al estricote*: "término familiar, usado con el artículo *Al,* como
  especie de modo adverbial, y unido y junto con los verbos

Mas, aunque sobre el cuerno de la luna
siempre se vio encumbrada mi ventura,
tus proezas envidio, ¡oh, gran Quijote!

[*Don Quijote,* part. I.]

279 [BUENAVENTURA DE PRECIOSA A LA SEÑORA
DEL TENIENTE]

Hermosita, hermosita,
la de las manos de plata,
más te quiere tu marido
que al rey de las Alpujarras.
    Eres paloma sin hiel, 5
pero a veces eres brava
como leona de Orán,
o como tigre de Hircania.
    Pero en un tras, en un tris,
el enojo se te pasa, 10
y quedas como alfeñique,
o como cordera mansa.
    Riñes mucho y comes poco;
algo celosita andas;
que es juguetón el teniente, 15
y quiere arrimar la vara.
    Cuando doncella te quiso
uno de una buena cara;
que mal hayan los terceros
que los gustos desbaratan. 20
    Si a dicha tú fueras monja,
hoy tu convento mandaras,
porque tienes de abadesa
más de cuatrocientas rayas.
    No te lo quiero decir, 25
pero poco importa, vaya:

Andar, Echar y Traer, corresponde a Sin hacer causa y aprecio, rodando como cosa de poca o ninguna estimación, y revuelta una cosa con otra, sin orden ni concierto". *Auts.*

enviudarás otra vez,
y otras dos serás casada.

   No llores, señora mía,
que no siempre las gitanas
decimos el Evangelio;
no llores, señora; acaba...

   Como te mueras primero
que el señor teniente, basta
para remediar el daño
de la viudez que amenaza.

   Has de heredar, y muy presto,
hacienda en mucha abundancia;
tendrás un hijo canónigo:
la iglesia no se señala:
de Toledo no es posible.
Una hija rubia y blanca
tendrás, que si es religiosa,
también vendrá a ser prelada.

   Si tu esposo no se muere
dentro de cuatro semanas,
verásle corregidor
de Burgos o Salamanca.

   Un lunar tienes: ¡qué lindo!
¡Ay, Jesús, qué luna clara!
¡Qué sol, que allá en los antípodas
obscuros valles aclara!

   Más de dos ciegos, por verle
dieran más de cuatro blancas:
ahora sí es la risica;
¡ay, que bien haya esa gracia!

   Guárdate de las caídas,
principalmente de espaldas;
que suelen ser peligrosas
en las principales damas.

   Cosas hay más que decirte:
si para el viernes me aguardas,
las oirás, que son de gusto,
y algunas hay de desgracias.

280   Cuando Preciosa el panderete toca
y hiere el dulce son los aires vanos,
perlas son que derrama con las manos,
flores son que despide de la boca;

    suspensa el alma y la cordura loca
queda a las dulces notas sobrehumanas,
que de limpias, de honestas y de sanas,
su fama al cielo levantado toca.

    Colgadas del menor de sus cabellos
mil almas lleva, y a sus plantas tiene
Amor rendidas una y otra flecha;

    ciega y alumbra con sus soles bellos,
su imperio amor por ellos le mantiene,
y aun más grandezas de su ser sospecha.

[*La Gitanilla.*]

281   [COPLAS DE MARIALONSO, LA DUEÑA]

Madre, la mi madre,
guardas me ponéis;
que si yo no me guardo,
no me guardaréis.

    Dicen que está escrito,
y con gran razón,
ser la privación
causa de apetito.
Crece en infinito
encerrado amor;
por eso es mejor
que no me encerréis.
Que si yo, etc.
    Si la voluntad
por sí no se guarda,
no la harán la guarda

miedo o calidad;
romperá en verdad
por la misma muerte,
hasta hallar la suerte 20
que vos no entendéis.
Que si yo, etc.

Quien tiene costumbre
de ser amorosa,
como mariposa 25
se irá tras su lumbre,
aunque muchedumbre
de guardas le pongan,
y aunque más propongan
de hacer lo que hacéis. 30
Que si yo, etc.

Es de tal manera
la fuerza amorosa,
que a la más hermosa
la vuelve en quimera; 35
el pecho de cera,
de fuego la grana,
las manos de lana,
de fieltro los pies.
Que si yo no me guardo, 40
mal me guardaréis.

[*El celoso extremeño.*]

282   Por un sevillano,
rufo a lo valón,
tengo socarrado
todo el corazón.
    Por un morenico 5
de color verde,
¿cuál es la fogosa
que no se pierde?

Riñen los amantes,
hácese la paz; 10
si el enojo es grande,
es el gusto más.
Detente, enojado,
no me azotes más:
que, si bien lo miras, 15
a tus carnes das.

[*Rinconete y Cortadillo.*]

283 LETRA

¡Bien haya quien hizo
cadenitas, cadenas;
bien haya quien hizo
cadenas de amor!

¡Bien haya el acero 5
de que se formaron,
y los que inventaron
amor verdadero.
¡Bien haya el dinero
de metal mejor! 10
¡Bien haya quien hizo
cadenas de amor!

[*La casa de los celos.*]

284
Pisaré yo el polvico,
atán menudico;
pisaré yo el polvó,
atán menudó.

Pisaré yo la tierra 5
por más que esté dura,
puesto que me abra en ella
Amor sepultura,

pues ya mi buena ventura
Amor la pisó   10
atán menudó.

   Pisaré yo lozana
el más duro suelo,
si en él acaso pisas
el mal que recelo;   15
mi bien se ha pasado en vuelo,
y el polvo dejó
atán menudó.

[*La elección de los alcaldes de Daganzo.*]

285   A la guerra me lleva
mi necesidad;
si tuviera dineros
no fuera en verdad.

[*Don Quijote,* II, 24.]

286   Mar sesgo, viento largo, estrella clara,
camino, aunque no usado, alegre y cierto,
al hermoso, al seguro, al capaz puerto
llevan la nave nuestra, única y rara.

   En Scilas ni en Caribdis no repara,   5
ni en peligro que el mar tenga encubierto,
siguiendo su derrota al descubierto,
que limpia honestidad su curso para.

   Con todo, si os faltare la esperanza
de llegar a este puerto, no por eso   10
giréis las velas, que será simpleza.

   Que es enemigo amor de la mudanza,
y nunca tuvo próspero suceso
el que no se quilata en la firmeza.

[*Los trabajos de Persiles y Sigismunda,* IX.]

287 AL TÚMULO DEL REY FELIPE II EN SEVILLA

"¡Voto a Dios que me espanta esta grandeza
y que diera un doblón por describilla!
Porque ¿a quién no sorprende y maravilla
esta máquina insigne, esta riqueza?

"Por Jesucristo vivo, cada pieza
vale más de un millón, y que es mancilla
que esto no dure un siglo, ¡oh, gran Sevilla!,
Roma triunfante en ánimo y nobleza.

"Apostaré que el ánima del muerto,
por gozar de este sitio, hoy ha dejado
la gloria, donde vive eternamente."

Esto oyó un valentón y dijo: "Es cierto
cuanto dice voacé, seor soldado.
Y el que dijere lo contrario, miente."

Y luego, in continente,
caló el chapeo, requirió la espada,
miró al soslayo, fuese, y no hubo nada.

[De las *Obras completas,* edic. de R. Schevill
y A. Bonilla y San Martín (Madrid, 1914-
1931).]

LUIS BARAHONA DE SOTO
(1548-1595)

288 CANCIÓN

Nunca os he visto, aunque muero,
misericordia, jamás,
y con todo, os quiero más
que al corazón con que os quiero.

Vuestra condición esquiva
mata a mi esperanza, y veo
que tanto crece el deseo
cuanto la ve menos viva.
Y así, deseo y no espero,
por do el daño es sin compás;
y con todo, os quiero más
que al corazón con que os quiero.

289 LAMENTACIÓN

¡Oh, cómo ya se pasaron
los días de mi contento
como humo o como viento,
y en las manos me dejaron
sólo el arrepentimiento!
¿De qué me habrá aprovechado
un placer tan brevemente?
Pues, perdido, más se siente;
y trocara el bien pasado
por no ver el mal presente.
   Pasa el tiempo como sombra
en la ocasión del contento,
mas toma fuerza y aliento
y parece que se nombra
para durar el tormento.

Viene, llega, pasa y vuelve,
sin jamás hacer ausencia;
que en mi continua dolencia
aun un mal no se resuelve,
y dos le aguardan la herencia. 20

Si con tanta fe y firmeza
tanto mal, Amor, se alcanza,
di, señor, con qué ordenanza,
con qué maña o qué destreza
se adquiere buena esperanza. 25
Y si tú tienes de ser,
Amor, mi propio enemigo,
siendo jüez y testigo,
¿qué justicia podrá haber
que valga para conmigo? 30

Y si quieres condenarme
tú que mi justicia ves,
¿dónde apelaré después,
pues quien debiera librarme
me juzga tan al revés? 35
Aunque en este perjüicio
yo mismo me fui crüel,
pues con ánimo infiel
quise meterme en jüicio
con quien siempre está sin él. 40

Siendo el caso criminal,
sobre ser yo el agraviado,
tú fuiste, Amor, mi abogado,
y tú el que en el tribunal
contra mí vide sentado. 45
Tú el actor que me acusaste;
tú aquel que me defendiste;
tú el mismo que me ofendiste;
y, al cabo, me sentenciaste
de la suerte que quisiste. 50

Por mil partes diferentes
has probado mi paciencia,
ya en presencia, ya en ausencia,
y, al fin, mandas o consientes

que pase por tal sentencia.　　　55
Mi vida solicitaste,
primero con tu dolor,
y después con el temor,
y a la postre me dejaste
caer en el disfavor.　　　60
　Límites no trespasados
pusistes, que jamás fueron
de todos los que nacieron
con tanto temor guardados
como ellos de mí se vieron.　　　65
Mas cuando se me presenta
de mil trabajos deshecho
y sin galardón mi pecho,
téngolos en menos cuenta
que ellos tienen mi provecho.　　　70
　Apártate, pues, y aparta
de mí tus manos dañosas,
Amor, y todas tus cosas:
que mi vida está ya harta
de esperanzas mentirosas.　　　75
Ver tus lisonjas no quiero
con que engañado me has;
no trates conmigo más;
que, aunque presuma de artero,
yo sé que me engañarás.　　　80
　Olvídate, pues, de mí
y déjame antes que muera
que manifieste siquiera
los dolores que sentí,
aunque muy de otra manera,　　　85
porque los que sucedieren
y mis escritos leyeren,
que parescen desconciertos,
vayan a sabiendas muertos
si de amores fenecieren.　　　90

290

SONETO

A GREGORIO SILVESTRE

Si la harpa, si el órgano sabroso,
si el monacordio, si la dulce lira
que en vuestras manos, gran Silvestre, admira
y suspende el ingenio más furioso;

si el dulce verso fácil y gracioso, 5
con que a los vientos refrenáis la ira,
algún consuelo, aunque liviano, inspira
a un seso apasionado y amoroso,

¡aquí, señor: que me ha rompido el pecho
con punta de oro de acerado dardo 10
la mano más gentil que el cielo ha hecho!

¡Aquí; que huyo el bien y el mal aguardo;
espero el daño y temo mi provecho;
he frío en brasas y entre hielos ardo!

291

ELEGÍA

¡Quién fuera cielo, ninfa más que él clara,
por gozar, cuando miras sus estrellas,
con luces mil, la inmensa de tu cara,
  o porque alguna vez te agradas dellas,
o por gozar por siempre tal riqueza, 5
pues cierto te has de ver contada entre ellas,
  o por, desnudo de mortal corteza,
con otra incorruptible eternizado,
conservar por mil siglos tu belleza!
  Hiciera el aire en tu región templado, 10
y diérale buen signo y buen planeta
al rico suelo de tus pies pisado.

Jamás prodigio triste ni cometa,
rayo ni trueno, nieve ni granizo,
turbara la región por ti qüeta;
    y allí en tus blancas manos, llovedizo,
un torbellino de oro y esmeraldas
cayera, y aun el cielo que lo hizo.
    De estrellas te cubriera las espaldas,
la luna te pusiera sobre el pecho,
y mil luceros juntos en tus faldas.
    Creciera allí la fama, no el provecho:
que dalle a tu beldad tan gran belleza
no fuera más que declarar lo hecho.
    Mostrara mi deseo y sutileza,
nacida del amor, pues no pudiera
mostrar, aunque quisiera, más grandeza.
    Ninguna más que tienes la añadiera,
ni puede procurarse, pues si el suelo
pudiera caber más, más se te diera.
    Esto hiciera yo por mi consuelo,
y porque le debieras a mi mano
lo que le debes al que agora es cielo.
    Al fin te diera, pues esotro es vano,
el manjar que los años da sin cuenta,
sacando tu vivir del curso humano,
y, lo que es más, tuviérate contenta.

292 ÉGLOGA

[FRAGMENTO]

Las bellas hamadríades que cría
cerca del breve Dauro el bosque umbroso,
en un florido y oloroso prado,
en un tan triste día
cuanto después famoso,
por ser del pastor Pilas celebrado,
hicieron que el ganado
deste pastor y de otros, que, abrevando,

al mal seguro pie de la Nevada
Sierra hallaron, estuviesen quedos, 10
los versos y canciones escuchando,
que en loor cantaron de una mal lograda
ninfa, después que con mortales bledos,
tomillos y cantuesos,
cubrieron la preciosa carne y huesos. 15

De cedros, mirras, bálsamos y palmas,
de encienso y cinamomo, desgajando
flexibles varas, que, después, tejidas
por las hermosas palmas,
se fueron transformando 20
en blandos canastillos, do las vidas,
de sus tallos partidas,
las frescas rosas fueron despidiendo,
y, juntamente, de un olor precioso
ellas y el mirto y lirio azul y blanco 25
un aura delicada enriqueciendo,
porque el Favonio al tiempo presuroso
no pareciese en sólo voces franco,
de olor, sonido y lumbre
poniendo al mundo en celestial costumbre. 30

Silveria, de Felicio celebrada,
y la que celebró el pastor Silvano,
reformador del bético Parnaso,
y la que fue cantada
del que ya gozó ufano 35
del aire y cielo libertado y raso,
dolidas más del caso,
las hebras de brocado a las espaldas
sueltas, por sus gargantas despidiendo
la corriente que dan a sus pastores, 40
ceñidas por las sienes con guirnaldas
vagas y bellas, al Amor prendiendo
con nueva aljaba y nuevos pasadores,
honraron con su acento
y enriquecieron el delgado viento. 45

Silveria

No preste aliento en olmos y avellanos
el céfiro apacible, ni nos siembre
de aljófar cristalina el verde suelo,
ni nos hincha las manos
el meloso septiembre   50
con dorado racimo ternezuelo,
ni nos otorgue el cielo
los madroños, bellotas y castañas,
dulces manzanas y sabrosas nueces,
ni alegres flores dé la primavera,   55
ni a las silvestres cabras las montañas
los verdes ramos den, cual otras veces,
y la manada de hambrienta muera,
si no fuere aplacada
con humos la alma de la ninfa amada.   60

La escura selva, de árboles tejidos,
cubierta de alcornoques y quejigos,
a quien la inextricable hiedra abraza,
serán de mis gemidos
fidísimos testigos,   65
y del dolor que el alma me embaraza;
la parlera picaza,
diversa en paso de las otras aves,
y desde aquellos troncos la corneja,
que sólo mal agüero nos pregona,   70
dirán qué alegres versos y süaves
por este siglo no ocupó su oreja,
en cuanto abarca nuestra oblicua zona,
ni si retumba el llano
con más que Tirsa, frecuentada en vano [...].   75

[De *Luis Barahona de Soto. Estudio biográfico, bibliográfico y crítico* por F. Rodríguez Marín (Madrid, 1903), pp. 591, 604, 684, 770 y 790.]

FERNANDO DE GUZMÁN *

293 DE LA INCONSTANCIA DE LAS COSAS HUMANAS

Ya las alegres flores del verano
que apenas vimos y su olor gozamos,
las abrasa el estío ardiente y cano.
    Ya los lascivos corzos y los gamos
desamparan las vegas, y escondidos   5
buscan la sombra y pasto de los ramos.
    Las aves callan ya en sus proprios nidos,
y los vivos cristales de las fuentes
son de la adusta arena consumidos.
    Los campos se ven muertos y dolientes,   10
de las flores y mieses despojados,
de que adornaban sus hermosas frentes.
    Saturno y Ceres miran sus amados
dones que de la dura hoz se quejan,
con que son por el suelo derribados.   15
    ¡Cuán en un punto huyen y se alejan
las breves sombras de la gloria nuestra!
Y ¡cuán triste memoria que nos dejan!
    ¿Qué son nuestros contentos sino muestra
de que si el cielo quiere dar podría,   20
y como justo nos lo niega y muestra?
    De aqueste desengaño en mí se cría
un nuevo pensamiento que repuna
cuanto hasta aquí el deseo me pedía.
    Si acaba o muda el tiempo o la Fortuna,   25
todo lo que es humano, en un momento,
¿para qué se apetece cosa alguna?

---

* Don Fernando de Guzmán, sevillano, "contemporáneo del Conde de Gelves", según Rodrigo Caro, elogiado por Juan de la Cueva, al que Arguijo en sus *Cuentos* nos lo muestra en compañía de Fernando de Herrera, fue un excelente poeta que Pedro Espinosa incluyó en sus *Flores de poetas ilustres*.

Pues lo que no se alcanza da tormento,
y lo que se alcanzó, para más pena,
huye y se desvanece cual el viento.

Ya juzgo como cosa que es ajena,
aunque la esté seguro poseyendo,
cualquier gloria, cualquier dicha terrena.

Deste primer principio que no entiendo,
el bien que encierra en sí esta verdad cierta,
de mi vana porfía me defiendo

Ya en mí la mejor parte se despierta,
y aunque con flaca y débil vista veo
la luz de la razón clara y abierta.

Pero las fuerzas de un fatal deseo
vencidas se restauran y acrecientan,
y relucho más fuerte como Anteo.

Que ¿quién resistirá que no se sientan
en un alma gentil la pena y gloria
que pasados sucesos le presentan?

¿Cuál yelo no se enciende en la memoria
de un venturoso tiempo? ¿Qué dureza
a un noble amor no da de sí victoria?

¿Qué importa que se entienda la presteza
con que hace daño el rayo y desparece,
para curar el que hizo su fiereza?

Así este desengaño no guarece
del vano error que el apetito quiere,
antes desengañado permanece.

Mas el tiempo, en quien toda cosa muere,
dará fin a este loco devaneo,
o acabará conmigo si viviere.

Que no tardará mucho, según creo,
y el fiel cristal con verdadero aviso
me lo amonesta siempre que en él veo

la palidez del rostro ya no liso,
el vario pelo, el tardo movimiento,
y de los ojos deslustrado el viso.

En los robustos miembros ya no siento
aquel primer vigor y la soltura,
ni en el pecho el usado y firme aliento.

El corazón recela con cordura
que con loco furor menospreciaba
todo cuanto no estaba en aventura.

La sangre juvenil que lo incitaba, 70
ya casi fría, enfrena con su vuelo
el ímpetu y el brío que le daba.

No pasa la cometa por el cielo
tan presto con su curso arrebatado,
como consume en sí cuanto da el suelo. 75

Todo fenece, todo muda estado:
el bien y el mal se acaba; espere el triste,
y el alegre no viva confiado.

¡Oh tú, gran madre España que caíste
(¿cómo permitió el Cielo?) de la cumbre 80
de la gloria mortal a que subiste!

Eres ejemplo. ¿Dónde está la lumbre
de la antigua nobleza clara tuya?
¿Dó el ceptro y mundo puesto en servidumbre?

¿Qué cosa habrá que el tiempo no concluya, 85
pues contigo acabó? ¿Qué habrá tan fuerte
que el Hado o la Fortuna no destruya?

Despojos son sin duda de la muerte
ceptros, trofeos, mandos, potestades,
con cuanto encierra en sí la humana suerte. 90

Mueren los reinos, mueren las ciudades,
agujas, obeliscos, mausoleos,
no sólo nuestras míseras edades.

Así contemplo tus palacios solos,
o habitación gloriosa de los reyes, 95
a quien reverenciaron ambos polos.

Y el templo donde un tiempo daba leyes
a la tierra el Monarca de Occidente,
será sulcado del arado y bueyes.

Y en sus rüinas se verá insolente 100
tenderse el cabrahigo licencioso,
entre los rotos mármoles pendiente.

Y en la ancha plaza y el teatro herboso,
tan llenos ya de aplauso y de rüido,
los brutos en silencio doloroso. 105

Será del caminante conocido
el infelice sitio, y meneando
la cabeza dirá: "¿Qué eres y has sido?"

Y algún gentil espíritu llorando
con tierno llanto tu caída indina,　　　　　　110
te irá en ti misma (¡oh gran dolor!) buscando.

Así el que vio en su gloria a la mezquina
Troya, en ceniza ya, y desmantelada,
la fue refigurando en su rüina.

Este es el Ilión que agora es nada;　　　　　　115
esta la puerta es por do salía
Héctor feroz a ensangrentar su espada.

Aqueste el grande campo do perdía
Asia los sacrificios numerosos
que a los ingratos dioses ofrecía,　　　　　　120
pues a su gloria fueron envidiosos.

> [Lo copio del *Ensayo* de Gallardo, vol. IV, cols. 1.264-1.266, que procede de un ms. de la biblioteca del doctor Álava, de principios del siglo XVII.]

JUAN RUFO
(1547-d.1620)

294　　CARTA A SU HIJO

[FRAGMENTOS]

Dulce hijo de mi vida,
juro por lo que te quiero
que no ser el mensajero
me causa pena crecida.

Mas no cumplirás tres años 5
sin que yo, mi bien, te vea,
porque alivio se provea
al proceso de mis años.

A Dios, que mi pecho entiende,
le pides (pues ángel eres) 10
lo ordene como tú quieres,
y tu padre lo pretende.

Dos veces al justo son
las que el sol ha declinado
hasta el Capricornio helado 15
desde el ardiente León,

después que, hijo querido,
puse tanta tierra en medio,
más por buscar tu remedio
que mi descanso cumplido. 20

Espérame, que ya voy
do te veré y me verás;
puesto que conmigo estás
adonde quiera que estoy.

Mas al fin de esta jornada 25
espero, sin falta alguna,
a pesar de la fortuna,
que seremos camarada.

Prenderé tu blanca mano
con esta no blanca mía, 30
y hacerte he compañía,
como si fueras anciano.

Y si algún camino luengo
te cansa y causa embarazos,
llevarte he sobre mis brazos, 35
como en el alma te tengo.

Darte he besos verdaderos,
y transformándome en ti,
parecerán bien en mí
los ejercicios primeros. 40

Trompos, cañas, morterillos,
saltar, brincar y correr,
y jugar al esconder,
cazar avispas y grillos;
 andar a la coscojita   45
con diferencia de trotes,
y tirar lisos virotes
con arco y cuerda de guita;
 chifle en hueso de albarcoque,
pelota blanca y liviana,   50
y tirar por cerbatana
garbanzo, china y bodoque;
 hacer de la haba verde
capilludos frailecillos;
y de las guindas, zarcillos,   55
joyas en que no se pierde;
 zampoñas de alcacel,
y de cogollos de cañas
reclamos, que a las arañas
sacan a muerte cruel;   60

---

41 *morterillo*: "dícese regularmente de un instrumento que usan los muchachos para diversión; y es una media esferilla hueca, que ponen en la palma de la mano, y la hieren con un bolillo, haciendo varios sones, con la compresión del aire y movimiento de la mano". *Auts.*

45 *andar a la coscojita*: "juego con que se divierten los muchachos, y es ir con un pie en el aire y otro saltando". *Auts.*

47 *virote*: especie de saeta o flecha.

48 *guita*: "cierto género de cuerda delgada de cáñamo". *Auts.*

49 *chifle en hueso de albarcoque*: supongo que se trata del conocido juego de agujerear un hueso de albaricoque, que, vaciado, sirve para silbar o chiflar.

52 *bodoque*: pelotita hecha de barro, endurecida al aire.

54 *frailecillo*: "juguete que hacen los niños para entretenerse, cortando la parte superior de una haba y sacándole el grano, queda el hollejo de modo que remeda la capilla de un fraile". *Auts.*

y romper una amapola,
hoja por hoja, en la frente,
y escuchar a quien nos cuente
las consejas de Bartola.

    Llamaremos, si tú fueres, 65
por excusarnos de nombres,
tíos a todos los hombres,
y tías a las mujeres.

    Columpio en que nos mezcamos,
colchones en que trepemos, 70
nueces para que juguemos
y algunas que nos comamos.

    Cuarto lucio en el zapato,
mendrugos en faltriquera,
con otra cosa cualquiera 75
y sacar de rato en rato.

    Tener en un agujero
alfileres y rodajas,
y acechar, por las sonajas,
cuando pasa el melcochero. 80

    Y porque mejor me admitas
de tus gustos a la parte,
cien melcochas pienso darte
y avellanas infinitas.

    Mazapanes y turrón, 85
dátiles y confitura,
y, entre alcorzada blancura,
el rosado canelón.

---

73 *cuarto lucio*: monedilla brillante.
78 *rodaja*: rueda pequeña.
83 *melcocha*: especie de galleta hecha con harina y miel tostada al fuego.
87 *alcorzada*: de 'alcorza', "masa o pasta de azúcar muy blanca y delicada con que se suele cubrir o bañar cualquier género de dulce". *Auts.*
88 *canelón*: "confite largo, que tiene dentro una raja de acitrón o de canela, el cual es labrado y cuadrado". *Auts.*

Mas cuando sufra tu edad
tratar de mayores cosas,
con palabras amorosas
te enseñaré la verdad.

No con rigor que te ofenda,
ni blandura que te dañe,
ni aspereza que te extrañe,
ni temor que te suspenda;
antes, con sana doctrina
y término compasado,
conforme soy obligado
por ley humana y divina.

Mas, pues la vida es incierta,
y no sé, por ser mortal,
si al entrar tú por su umbral,
saldré yo por la otra puerta,
esto que escribiera aquí
con paternal afición,
en los años de razón,
traslada, mi hijo, en ti [...]

No aflijas al afligido:
que, a las veces, el que ha errado
tiene enmienda consolado
mejor que reprehendido.

No fíes en los placeres,
porque pasan como viento,
y cuando estés descontento
disimula, si pudieres.

Porque el mal comunicado,
aunque dicen que es menor,
no arguye tanto valor
como el secreto y callado.

Ten mancilla al envidioso,
que se aflige sin provecho,
alimentando en su pecho
el áspid más ponzoñoso.

Es la envidia testimonio
que denota vil flaqueza;

es malicia y es simpleza,
es desdicha y es demonio.
 Holgar con el bien ajeno
es ser partícipe de él;
piedra de toque fïel
en que se conoce el bueno.
 Las blancas sienes, que son
lustre, corona y riqueza,
si el seso tiene pobreza,
lastiman el corazón.
 Porque a la florida edad,
en vicios desenfrenada,
sucede vejez pesada,
con torpe simplicidad.
 Y así, pasando los años
con su curso acelerado,
crece el martirio pesado,
y huyen los desengaños.
 Las horas y su medida
debes, hijo, conocer,
y echar en ellas de ver
la brevedad de la vida [...]
 Obra con peso y medida,
y cogerás con decoro
de las horas aquel oro
que enriquece más la vida.
 Y contino se te acuerde
de que el tiempo bien gastado,
aunque parezca pasado,
no se pasa ni se pierde.
 Pásase y piérdese aquel
que los hombres gastan mal,
y es desdicha sin igual
que se pierden ellos y él.
 Todo el tiempo que vivimos,
hacia el morir caminamos,
rodeando, si velamos,
y atajando, si dormimos [...]

Oye misa cada día, 165
y serás de Dios oído;
témele y serás temido,
como un rey decir solía.

Ama su bondad, y en él
amarás sus criaturas, 170
y serán tus obras puras
en este mundo y aquél.

Téngate Dios de su mano,
y para que el bien te cuadre,
sirve a tu buena madre, 175
ama a Juan, tu dulce hermano,
y no me olvides.

Tu padre.

[Texto según la edic. de Alberto Blecua de *Las seiscientas apotegmas y otras obras en verso,* Clásicos Castellanos, 170, pp. 292 y ss.]

LA AUSTRIADA

[FRAGMENTO DEL CANTO VIII]

[...] Ellos pasaban pues desta manera,
cuidosos del peligro y del vïaje,
tanto, que cada cual por bien tuviera
desistir por entonces del pasaje;
cuando con furia repentina y fiera 5
del crudo viento el áspero coraje
las velas impelió precipitado,
bramando en son terrible y desusado.

Un lánguido clamor de triste gente
se levanta en el aire estremecido 10
al mismo punto, y en el mar ferviente
luchan las bravas ondas con rüido;

truenan los polos espantosamente,
ábrese el cielo en llamas encendido,
y en los ilustres pechos de varones   15
tiemblan los invencibles corazones.
  Resuenan voces roncas y alteradas:
"Amaina, amaina, borda y haz el treo";
las velas tesas, desapoderadas,
resisten a la industria y al deseo,   20
y llevan las galeras quebrantadas
por montes de agua, no sin gran rodeo;
que ya la quilla toca el hondo suelo,
ya el garcés se levanta hasta el cielo.
  Un desmayo mortal, una agonía,   25
un confuso gemir y triste llanto;
la negra escuridad y sombra fría,
causas y efetos de terrible espanto,
no dejan discurrir la fantasía;
que turba los sentidos dolor tanto,   30
y suele un grave mal, siendo temido,
mayor tormento dar que padecido.
  El viento más y más se desenfrena
con ímpetu soberbio y borrascoso,
y hace tal violencia en una entena,   35
que arroja el árbol roto al mar undoso;
estanca la galera, y, de agua llena,
la va sorbiendo el lago fluctuoso,
y a los della sepulta, ¡oh caso fuerte!,
en el profundo sueño de la muerte.   40
  Otra a par desta padeció al instante
el infortunio mismo y fin prescrito,
aunque en vano al armada circunstante
pidió favor en su final conflito;

---

18 *bordar*: como 'bordear', "dar vueltas la nave a un lado y a otro sobre los costados alternativamente para ganar el viento que tiene contrario". *Auts. Treo*: "vela cuadra, que se arma solamente cuando hay mal temporal o está el mar alborotado". *Auts.*

19 *tesa*: tiesa.

24 *garcés*: gavia.

que el agua inexorable resonante 45
con eterno silencio selló el grito,
y hizo de sus ondas homicidas
un sepulcro común a tantas vidas.

Otras dos arrebata un torbellino,
¡oh despiedad!, a suerte compasiva, 50
y embístelas en medio del camino
con furia desigual y rabia esquiva;
en mil partes se rompe el frágil pino,
y de ambas no escapando cosa viva,
el golpe enorme y último gemido 55
causaron un estruendo nunca oído.

No aplacado con esto el viento crudo,
antes de nuevas furias incitado,
muchas velas rompió bravo y sañudo,
mucha materia dio a mortal cuidado. 60
Una galera que sufrir no pudo
gruesos golpes de mar por el costado,
quedó hecha ataúd escuro y frío
de aquellos tristes a quien fue navío.

Con su fragata vio la Capitana 65
a diez y seis mezquinos marineros
sorbérselos del mar la furia insana,
esparciendo alaridos lastimeros;
mas yerra más allí quien más se afana
en ayudar los tristes compañeros; 70
y así, por galardón del buen servicio,
murieron los cuitados en su oficio.

Viendo el Comendador su perdimiento,
y encubrir no pudiendo tantos males,
gimió profundamente, y en acento 75
tristísimo sembró querellas tales:
"¡Oh venturoso aquel cuyo tormento
fenece entre estas ondas fortunales,
y pagando su deuda conocida,
escapa libre de tan agra vida! 80

"¡Felice el que consigo junto anega
su nombre y fama en el eterno olvido,
sin que más hable dél la gente ciega

ni quedar a sus lenguas sometido!
Y ¡desdichado aquel a quien se niega
por su desgracia extrema este partido,   85
y queda para siempre al vulgo hecho
subgeto de ignominias y despecho!

"¡Ay de mí, que esta pérdida y estrago,
este hado cruel, esta tormenta,
harán mi nombre odioso y acïago,   90
y el mal de muchos quedará a mi cuenta;
a quien mejor te sirve das tal pago,
¡oh mundo injusto!, en fin, lleno de afrenta;
así escarneces a quien más te trata,
aquesto de tus ferias se barata.   95

"Mas, ¡oh Rey de lo humano y lo divino!,
como tú puedes, por los tuyos mira;
alza, Señor, de mí, tu siervo indino,
el poderoso brazo de tu ira;
templa los elementos, y el camino   100
da fácil a la armada, que ya espira;
condúcenos a tierra deseada,
pues es en tu servicio esta jornada."

[De los *Poemas épicos,* edic. de Cayetano Rosell en la BAE, t. XXIX, pp. 41 y 42.]

REY DE ARTIEDA
(1549-1613)

296   A LAS PRETENSIONES

Cuando en el aire torres edifico,
sirviéndome de artífice el deseo,
veo que su gran fábrica y rodeo
requieren gasto de señor más rico.

---

95 *baratar*: "trocar unas cosas por otras". *Auts.*

Así que, mis deseos, yo os suplico
que me dejéis en paz, pues ya no creo
de estos castillos más de lo que veo,
que se consume y llega a ser tantico.

¿Queréislo ver? Mirad el fundamento
y del cordón corred hasta la almena,
que ellos con lo demás veréis que es viento.

Pues en cosa que en tanto es mala o buena
en cuanto la fabrica el pensamiento,
¿será bueno que funde gloria o pena?

297 A UN CIEGO ENAMORADO

Si de un monte se siega alguna falda
y quedan agostados los rastojos,
como vuelva Giralda allá los ojos,
los volverá más verdes que esmeralda.

Y si de abrojos teje una guirnalda
y le parecen rosas los abrojos,
son de tanta eficacia sus antojos
que rosas son en manos de Giralda.

Y así, aunque he llegado al postrer punto
y un sepulcro de mármol se me labra
para enterrarme en él como difunto,

como su boca de corales abra
será el mandarlo y revivir yo junto:
ved lo que puede sin hablar palabra.

---

[296] 8 *tantico*: "corta u poca cantidad o porción". *Auts.*
10 *cordón*: "en la fortificación, es lo mismo que línea de circunvalación". *Auts.*

298
A LOS DISCURSOS VANOS

Como a su parecer la bruja vuela
y untada se encarama y precipita,
así un soldado dentro una garita,
esto pensaba haciendo centinela:

"No me falta manopla ni escarcela, 5
mañana soy alférez, ¿quién lo quita?
y sirviendo a Felipe y Margarita,
embrazo y tengo paje de rodela.

"Vengo a ser general, corro la costa,
a Chipre gano, Príncipe me nombro, 10
y por Rey me corono en Famagosta.

"Reconozco al de España, al turco asombro",
con esto se acabó de hacer la posta,
y hallóse en cuerpo con la pica al hombro.

299
A UNA CORTESANA ENTONADA

La que dejó en pihuelas a Mantufa
y a Nápoles se fue con el soldado,
donde, mudando condición y estado,
usó telillas, pelfa y catalufa;

---

5 *manopla*: "la armadura con que se guarnece o cubre la mano". Auts. *Escarcela*: "cierta bolsa larga, que antiguamente caía desde cintura sobre el muslo, adonde se llevaba la yesca y el pedernal para encender lumbre en tiempo de necesidad. Modernamente se toma por la bolsa o bolsillo asido al cinto". Auts.
13 *posta*: centinela.
4 *telilla*: tela fina de lana; *pelfa,* felpa, catalanismo; *catalufa,* cierta clase de tela.

después de mucha unción y mucha estufa, 5
volvió a su patrio suelo deseado,
donde se deja ver sobre un estrado,
cándida (sicut olim) cesia y rufa.

Viénela a ver el jaque, pero grita
"¡Vatene giu furfante, manigoldo, 10
camina, antes que suelte la maldita!".

Mirad si la milicia engendra toldo
que ya no la pasea ni visita
sino es don Cuadragante y don Leopoldo.

[*Discursos, epístolas y epigramas de Artemidoro* (Çaragoça, Angelo Tavanno, 1605), folios 92v, 93, 104 y 105.]

VICENTE ESPINEL

(1550-1624)

300   En el abril de mis floridos años,
cuando las tiernas esperanzas daba
del fruto que en mi pecho se ensayaba
para cantar mis bienes y mis daños,

so especie humana y disfrazados paños 5
se me ofreció una idea, que volaba
con mi deseo igual, mas tanto andaba,
que conocí de lejos mis engaños.

---

5 *mucha unción y mucha estufa*: alusión a la manera de curar la sífilis o mal francés.
8 *cesia y rufa*: azulada y enrojecida.
10 *furfante*: bribón; *manigoldo*: pillo, tunante.
12 *toldo*: "metafóricamente vale engreimiento, pompa o vanidad". *Auts.*

Porque aunque en el principio iguales fueron
mi pluma y su valor en competencia,   10
llevando el uno al otro en alto vuelo,

a poco rato mis sentidos vieron
que, a su ardor no haciendo resistencia,
mi pluma se abrasó y cayó en el suelo.

301   Duerme el desnudo en la desierta playa
entre el furor del inclemente moro;
en la mazmorra el miserable lloro
deja el cautivo, cuando más desmaya;

reposa el otro, aunque perdiendo vaya   5
por la tierra y la mar montañas de oro;
descansa el ciervo y acosado toro
debajo el sauce y la frondosa haya.

Sólo, ¡ay me!, de Sísifo el quebranto
sin declinar mis ojos y pestañas   10
al sueño blando paso en llanto eterno.

Y si viene a rendirme el sueño un tanto,
allí siento romperme las entrañas
áspides, tigres, furias del infierno.

302   Cuando de vos (mas ¿cuándo?) no me acuerdo
unos lejos de gloria en mí recibo
(bien lejos della, pues de vos lo vivo),
tales que el seso a lo visible pierdo.

Mas ya que desta suspensión recuerdo   5
(¡ay corto bien!), a mi tormento esquivo
vuelvo temblando, y es más ecesivo
cuanto más ando reportado y cuerdo.

[302] 2 *lejos*: "en la pintura se llama lo que está pintado en disminución, y representa a la vista estar apartado de la figura principal". *Auts.*

¡Cuán graves daños, cuán ligeros gustos
nacen de un gusto y pensamiento vano!   10
¡Cuán breves glorias, cuán inmensos males!

Y es lo peor que, en pasos tan injustos,
no hay escarmiento para dar de mano
a tales gustos y a disgustos tales.

303 REDONDILLAS

*Siempre alcanza lo que quiere
con damas el atrevido,
y el que no es entremetido
de necio y cobarde muere.*

La honestidad en las damas   5
es un velo que les fuerza,
cuando Amor tiene más fuerza,
a no descubrir sus llamas.
Por eso el que las sirviere
gánese por atrevido: 10
*que el que no es entremetido
de necio y cobarde muere.*
Mil ocasiones hallamos
con las damas que queremos
y cuando más las tenemos   15
de cortos no las gozamos.
Pues mire el que amor tuviere
que en el bando de Cupido
*el que no es entremetido
de necio y cobarde muere.*   20

304

Ánimo, voluntad laciva y tierna,
que si no son fantasmas del deseo,
tierra desencantada es la que veo,
donde la dulce libertad gobierna.

Vuelta, sentidos, vuelta a la materna
y antigua patria, cuyo bien poseo,
que ya gozo la gloria y el trofeo
de la prisión que tuve por eterna.

Gracias al cielo, que de aquel confuso
y envejecido estado he ya salido,
que al mundo dio con mi vivir materia.

Mas en su eternidad, quien lo dispuso,
al que le llama, tiene establecido
que no puede faltarle en su miseria,

> [De las *Diversas rimas* (Madrid, 1591), pero los copio de la edic. de Alberto Navarro y Pilar González (Universidad de Salamanca, 1980), pp. 59, 60, 162, 163 y 257.]

PEDRO DE PADILLA *

(1550-1595)

305

ROMANCE

De las ganancias de amor,
señores, no hayáis cudicia,
que cuanto bien da en un año
todo lo quita en un día.

---

* Pedro de Padilla, caballero del hábito de Santiago, nació en Linares y estudió en Granada y Salamanca. En 1580 publicó su *Tesoro de varias poesías,* en 1582 las *Églogas pastoriles* y en 1583 el *Romancero,* que aprobó el maestro Juan López de Hoyos y lleva un soneto encomiástico de Cervantes. En 1585 tomo el hábito de los carmelitas calzados y publicó el *Jardín espiritual.*

Por el val de la esperanza,
mi deseo en compañía
caminaba muy contento
para donde Amor vivía.
Con el resplandor guiado
de la diosa a quien servía,
cuya luz, tocando al alma,
oh qué bien que parecía.
El Amor, cuando lo supo,
a recebirme salía,
y con alegre semblante
desta suerte me decía:
"Muy gran placer me habéis hecho
en esta vuestra venida,
si queréis sueldo en mi corte
con ventaja se os daría,
y si dama a quien servir
que os tengan todos envidia,
de acomodaros en esto
infinito holgaría."
"Yo no vengo a ganar sueldo
ni en tu casa le querría,
que contigo, no a partido,
sino a merced estaría;
ni quiero pedirte dama
que's muy hermosa la mía,
sólo a demandar favor
es agora esta venida,
contra la que ansí me trata
y de tus leyes se olvida.
Amor, vuelve por tu honra,
que no es bien que se permita
que una mujer te desprecia
y a quien la sirve persiga."

306
VILLANCICO

Cuando el amor dé
cuanto bien alcanza,
si falta esperanza
morirá la fe.

    Cuando llegue a estar
un enamorado
cuan bien empleado
sepa desear,
yo muy cierto sé
que en esta privanza,
si falta esperanza
morirá la fe.
    La expiriencia enseña
que fuego se acaba
faltando la leña
que le sustentaba,
y en mayor bonanza
cuando el alma esté,
si falta esperanza
morirá la fe.

307
SONETO

    Sacaron ahorcar el otro día
en Córdoba a Carrasco el afamado,
y salióse la Pava del cercado
y dijo que con él se casaría.

    La justicia cesó que se hacía
y el rufo a las prisiones han tornado,
y quedó el casamiento reservado
a la primera fiesta que venía.

Al desposorio fue la Salmerona,
la Méndez y la Pérez y la Urbina,
y la marca del chirlo colorado.

No quedó en el corral una persona
y la madre de todas fue madrina,
y fue padrino el padre Juan Cruzado.

[*Romancero* (Madrid, 1880), pp. 255, 267, 494 y 507.]

308 SONETO

Yo fundo en el arena, abrazo el viento,
escribo en agua, y de la luz del cielo
privar procuro de ordinario el suelo
siempre que aliviar pienso mi tormento.

En medio del invierno helado intento
cubrir los campos de un florido velo,
y trocar en regalo el desconsuelo
y del sol detener el movimiento.

Labrar en un diamante fino quiero
varias figuras con la blanda cera
y hacer gloria el reino del espanto.

Y enternecer con ruegos una fiera,
cuando de Silvia el corazón de acero
procuro que se ablande con mi llanto.

[*Églogas pastoriles* (Sevilla, 1582), fol. 241.]

---

[307] 11 *marca*: la mujer pública. Es voz de germanía
13-14 *madre y padre*: voces de germanía; los que gobernaban las mancebías.

309
VILLANCICO

Al Niño sagrado,
que es mi Salvador,
cada vez que le miro
me parece mejor.

  Los ojos del suelo
lo humano verán,
los del alma van
viendo a Dios del cielo,
que es vida y consuelo
para el pecador.
Cada vez que le miro
me parece mejor.
  Porque yo no pene
está padeciendo,
sólo pretendiendo
lo que me conviene.
Y viendo que viene
a darme favor,
cada vez que le miro
me parece mejor.
  La humana figura
que muestra y descubre
y que a Dios encubre
con breve clausura,
por ser cobertura
de mi Salvador,
cada vez que le miro
me parece mejor.

[*Jardín espiritual* (Madrid, 1585), fol. 207.]

310
La sierra es alta
y áspera de sobir;
los caños corren agua
y dan en el torongil.

Madre, la mi madre,
del cuerpo atán garrido,
por aquella sierra
de aquel lomo erguido,
iba una mañana
el mi lindo amigo,
llaméle con mi toca
y con mis dedos cinco.
*Los caños corren agua
y dan en el torongil.*

[*Tesoro de varia poesía* (Madrid, 1580), folio 402.]

CRISTÓBAL DE VIRUÉS
(1550-1609)

311 CANCIÓN A UNA DONCELLA ANEGADA
EN LA CARRERA DE INDIAS

   Alma divina y bella,
que en la celeste cumbre
gozas la luz del sempiterno día,
de quien como centella
diste acá tanta lumbre,
que la mayor del suelo escurecía;
si en esa monarquía
se regocijan con tu alegre entrada,
acá por tu partida
la tierra está vestida
de eterna noche, lóbrega y turbada,
y en vez de fruto y flores,
dan sus entrañas hórridos temblores.

    Y con las voces de Eco
de cada monte y sierra
dice su pena y muestra su cariño,
hiriendo el ancho hueco
donde Dïana encierra
su radïante, casto y puro armiño;
y donde el fuerte niño
que en tus ojos vivió, la madre tiene;
su llanto se acrecienta
tanto como tormenta
a quien el bravo Noto sobreviene
con el alto gemido
del desterrado y huérfano Cupido.

    Tanto lo siente el suelo,
tanto el Amor, que sólo
les puede aventajar mi sentimiento.
Mira qué desconsuelo
causaste, fiero Eolo,
con tu desenfrenado atrevimiento,
sólo por dar contento
al gran Neptuno y a su eterno hermano,
con las dos partes bellas,
la una en las estrellas
y la otra en el seno del Oceano,
repartiendo de suerte,
que el cielo y mar se enriqueció, y la Muerte.

    Como sol verdadero,
Pirena ha hecho el curso,
escondiendo tu luz entre las ondas
del Oceano fiero,
donde serás recurso
del gran Neptuno en sus cavernas hondas;
adonde, aunque te escondas,
saldrás en el umbroso alto Orïente
alegrando las almas
que gozan de las palmas

---

20 *fuerte niño*: Cupido.
34 *eterno hermano*: Júpiter.

y gloria de la gloria omnipotente; 50
donde tu gozo y canto
será cuál es acá mi pena y llanto.

    Ya de hoy más id seguros,
felices navegantes,
sin temor de las aguas espantosas. 55
No busquéis Palinuros
con el cuidado de antes,
pláticos en las sirtes peligrosas:
las Nereidas hermosas,
a servir a Pirena dedicadas, 60
os guiarán las naves,
y con soplos süaves
serán de vientos prósperos llevadas;
que donde está Pirena,
cosa no puede haber que cause pena. 65

    Pirena, el dulce acento,
la süave armonía
y tu gran perfición en hermosura,
el alto entendimiento,
la gracia y gallardía, 70
el donaire, la gala y la cordura,
que de la niebla escura
de la torpeza humana te alejaron,
lugar santo y divino
buscaban, y convino 75
hallarle, pues con ansia le buscaron:
y llore quien te llora,
hasta la dulce postrimera hora.

    Canción, la voz confusa y ronco pecho
y el inmenso cuidado 80
del corazón cuitado,
en aire y fuego y agua ya deshecho,
me dan aviso cierto
que no estoy lejos del seguro puerto.

> [*Obras trágicas y líricas* (Madrid, 1609), folio 253.]

56 *Palinuro*: piloto de Eneas.

312

EL MONSERRATE

CANTO II [FRAGMENTOS]

Argumento

Por el poder del apetito ciego,
rendido todo al infernal engaño,
roba la castidad, roba el sosiego
a la noble doncella el ermitaño;
y mal aconsejado, dando al fuego 5
más leña, y añadiendo daño a daño,
mata a la dama, y a este punto entiende
que es el que le aconseja quien le ofende.

Cual en un campo seco los rastrojos
entra abrasando la furiosa llama, 10
cuando ocupan las eras los manojos,
y las hojas se secan en su rama;
así la luz de los divinos ojos
y la belleza de la linda dama
entra en el pecho de Garín, talando 15
la santidad y su divino bando.
  Conoce el afligido el fuego ardiente,
y procura con ánimo esforzado
evitar tan mortal inconveniente
y destruir tan infernal cuidado; 20
hace discursos el varón prudente,
y viéndose confuso y apretado,
determinado de pedir consejo,
su pasión dice al ermitaño viejo.
  A quien la causa, su pasión descubre; 25
con quien su mal procura, se aconseja;
llega el cordero al lobo, que se cubre
y disimula con la piel de oveja;
y él, contento de oír, el daño encubre
arcando a veces la una y otra ceja, 30

como maravillándose y sintiendo
aquel caso tristísimo y horrendo.

   Dice Garín su lástima y congoja,
ora con faz de amarillez teñida
por el dolor, ora de empacho roja,   35
con baja voz en lágrimas rompida;
y mostrando también que se congoja
el traidor de su pena dolorida,
encubriendo mejor lo que en sí esconde,
así a Garín con blanda voz responde: 40

   "No sólo, ¡oh padre!, no ha de dar tormento
esa pasión que vuestro pecho aflige,
sino consolación, gozo y contento,
considerando quien la ordena y rige;
los que el Señor para su excelso asiento   45
con su infinita providencia elige,
siempre quiere que sean apurados
en semejantes penas y cuidados.

   "Y que muestren la santa fortaleza
de que han de estar armados los varones   50
que desean gozar la eterna alteza
entre los celestiales escuadrones;
así que, padre, no mostréis tibieza,
como la muestran ya vuestras razones;
sino seguid con ánimo la empresa,   55
pues en su peso el mérito se pesa.

   "Bien veis cuán grande ejemplo y testimonio
nos son de lo que digo, padre amado,
Hilario, Paulo, Juan, Macario, Antonio,
de fortaleza cada cual dechado;   60
resistid a la fuerza del demonio;
no dejéis el camino comenzado
apurad vuestro espíritu en la llama
que causa la presencia de esa dama.

   "No conviene que sea tan cobarde   65
quien sirve a Dios, que del peligro huya;
es menester que al enemigo aguarde,
pues ha de ser en honra eterna suya;
si el alma ahora en ese fuego arde,

con valor su templanza restituya; 70
y así mereceréis por la victoria,
como varón perfecto, mayor gloria."

¡Oh fiera brava de veneno llena,
monstruo cruel, perverso y pernicioso,
que con la voz y rostro de sirena 75
encantas al más sabio y valeroso!
¡Simulación traidora, que condena
tu trato doble, infame y alevoso,
a que valga el doméstico enemigo
lo que el tesoro del leal amigo! 80

¡Oh tirana absoluta de las cortes,
adonde no hay Proteo que te iguale
en varïar de trazas y de cortes,
según las formas del que puede y vale;
tomando alturas mil, mudando nortes 85
a cada viento que reinando sale
por los profundos golfos espantables,
sólo a ti y tus secuaces navegables! [...]

[...] Ya mostraba la luz cualquier estrella
que le reparte la febea mano, 90
ya la casta Lucina blanca y bella
hacia su curso tras su rubio hermano;
plateaba su clara y fría centella
el monte, el mar, la playa, el valle, el llano,
y esparciendo venía ya Morfeo 95
las descuidadas aguas de Leteo,

cuando Garín, rendido ya y postrado
al enemigo riguroso y fuerte,
el ser de la razón preso y atado
en ásperas cadenas de la muerte, 100
del alma tan amada ya olvidado,
como cosa de poco precio y suerte,
de hombre, y tan bueno, se convierte en fiera
cual si Medea o Circe le prendiera.

Y a la noble doncella, que esperando 105
está de oír lo que él decir solía,
con ambiguas palabras murmurando,
confusa y atajada la tenía;

y con furioso atrevimiento osando,
ya sus honestas tocas componía,
ya hablaba sin ton, ya impacïente
daba licencia al suspirar ardiente.

Volvía los ojos la doncella honesta,
triste, turbada, atónita y confusa,
como si preguntara, ¿qué obra es esta
tan nueva, ¡oh padre!, que tu mano usa?
Y aunque él la entiende, no le da respuesta;
que bien conoce que no tiene excusa;
ni desiste del acto torpe y ciego,
rendido al sensüal furioso fuego.

No sólo no le ataja con mirarle
con castos ojos la gentil doncella;
mas antes sirve para acrecentarle
con fuerza nueva la mortal centella;
siente aquellos espíritus entrarle,
que salen de la una y otra estrella,
al tierno corazón, donde esforzados,
aumentan los deseos y cuidados.

Ya el carro de la noche, gobernado
por el silencio y por el sueño, había
de su vïaje la mitad andado
por la estrellada relumbrante vía,
cuando Garín, en llamas abrasado,
la luz pequeña que en la cueva ardía
mató; porque sin duda al que mal hace
la luz no le apetece ni le aplace.

Viendo tras tantas novedades ésta,
la doncella temblando se arrincona
hacia una parte de la cueva, y puesta
entre mil dudas, entre sí razona;
pero Garín, toda razón pospuesta,
mancilló su castísima persona
no hallando ni haciendo resistencia,
rotas las armas ya de la conciencia.

[Texto según la edic. de Cayetano Rosell en la BAE, XVII, pp. 507-509.]

CRISTÓBAL PÉREZ DE HERRERA
(1556-1620)

313 [FRAGMENTOS]

[...] No se alcanza la victoria
sin haber bien peleado.
 Ni lo mal considerado
está muy lejos de errarse.
 Ni de parecer mudarse
da indicio de liviandad.
 Ni es poco noble bondad
hacer bien al enemigo.
 Ni puerto de buen abrigo
amparo de mala gente.
 Ni hay pequeño inconveniente
que, despreciado, no crezca.
 Ni de aquel que en paz fenezca
se puede tener mancilla.
 Ni una voluntad sencilla
desprecian los generosos.
 Ni son truhanes graciosos
los que dicen pesadumbres.
 Ni aun al de torpes costumbres
parece la virtud mal.
 Ni el matrimonio no igual
permanecerá en contento.

---

* Cristóbal Pérez de Herrera, de Salamanca, discípulo en Alcalá del célebre doctor Francisco Vallés, fue protomédico de las galeras y médico de la cámara del rey. Es también un curioso ensayista, autor de los *Discvrsos del amparo de los legítimos pobres y redvcción de los fingidos...* (Madrid, 1598), con observaciones interesantísimas sobre la vida social de la época. (Puede leerse ahora en la edición Michel Cavillac en Clásicos Castellanos, 199.)

Ni es bien que el honroso intento
se deje por cosa alguna [...]
   Quien corre tras sus antojos,   25
de luz natural va ciego.
   Y no alcanzará sosiego
a quien el remedio ofende.
   Ni el que en ambición se enciende
de ella sacará buen pago.   30
   Ni en este mundo y su halago
se hallará buena amistad.
   Ni goza su libertad
el que recibe cohecho.
   Ni tendrá seguro el pecho   35
el de enredada conciencia.
   Ni muestra mucha prudencia
quien conservarse no sabe.
   Ni el que es de trato süave
dejará de ser bienquisto.   40
   Ni hombre avariento se ha visto
a quien todo no le falte [...]

[*Proverbios morales...* (Madrid, 1612), en la BAE, t. XLII, pp. 242 y 243.]

ANTONIO DE MELO *

314   Fénix soy en amor, mas no en la suerte,
   porque aquella, abrasándose, fenece,
   y en forma de gusano reverdece,
   formando vida de lo que yo muerte.

* De Antonio de Melo, que supongo portugués, no ha podido averiguar nada ni el gran erudito en poesía A. Pérez Gómez, su editor moderno.

Abrásame y no consume un fuego fuerte
(que en esta vida ya se compadece),
y deste horrible ardor, que siempre crece,
otra más grave pena me divierte.

Un roedor gusano, que se anida
contino en mis entrañas y alimenta
de amorosos venenos engendrado,

me da muerte viviendo, y, muerto, vida
tal, que quien ve mi cara macilenta
dice: "¡Ya feneció!" ¡Mirad mi estado!

> [Del *Libro de varios sonetos, romances, cartas y décimas* (Módena, 1603), reedic. de A. Pérez Gómez (Valencia, 1955), p. 14.]

POESÍA DE TIPO TRADICIONAL

315
    Si tantos halcones
la garza combaten,
a fe que la maten.
    La garza se queja
de ver su ventura,
que nunca la deja
gozar del altura;
con gozo y tristura
así la combaten,
por Dios que la maten.

316
    Y la mi cinta dorada,
¿por qué me la tomó
quien no me la dio?

La mi cinta de oro fino,
diómela mi lindo amigo,
tomómela mi marido.
¿Por qué me la tomó
quien no me la dio?
   La mi cinta de oro claro,
diómela mi lindo amado,
tomómela mi velado.
¿Por qué me la tomó
quien no me la dio?

317

   Ardé, corazón, ardé,
que no os puedo yo valer.

> [En Luis de Narváez, *Los seis libros del Delphín de Música...* (Valladolid, 1538), reedic. de E. Pujol (Barcelona, 1945), núms. 37-39.]

318

   Gentil caballero,
dédesme hora un beso,
siquiera por el daño
que me habéis fecho.
   Venía el caballero,
venía de Sevilla,
en huerta de monjas
limones cogía,
y la prioresa
prendas le pedía:
siquiera por el daño
que me habéis fecho.

> [En Alonso Mudarra, *Tres libros de música en cifra para vihuela* (Sevilla, 1546), reedic. de E. Pujol (Barcelona, 1949), núm. 72.]

319

    Si la noche hace escura
y tan corto es el camino,
¿cómo no venís, amigo?
    Véome desamparada;
gran pasión tengo conmigo.
¿Cómo no venís, amigo?
    Si la media noche es pasada,
mi ventura lo detiene
porque soy muy desdichada.

320

    Aquellas sierras, madre,
altas son de subir,
corrían los caños,
daban en el toronjil.
    Madre, aquellas sierras
llenas son de flores,
encima dellas
tengo mis amores.

321

    Malferida iba la garza
enamorada:
sola va y gritos daba.
    Donde la garza hace su nido,
ribericas de aquel río,
sola va y gritos daba.

> [Del *Libro de música de vihuela,* de Diego
> Pisador (Salamanca, 1552), fols. 9, 13 y 14.]

322

    Niña en cabello,
vos me matastes,
vos me habéis muerto.

Riberas de un río
vi moza virgo.
Niña en cabello,
vos me habéis muerto.
   Niña en cabello,
vos me matastes,
vos me habéis muerto.

323
   Quiero dormir y no puedo,
qu'el amor me quita el sueño.
   Manda pregonar el rey
por Granada y por Sevilla
que todo hombre enamorado
que se case con su amiga:
qu'el amor me quita el sueño.
   Que se case con su amiga.
¿Qué haré, triste, cuitado,
que era casada la mía?
Qu'el amor me quita el sueño.
   Quiero dormir y no puedo,
qu'el amor me quita el sueño.

324
   Si los delfines mueren de amores,
¡triste de mí!, ¿qué harán los hombres
que tienen tiernos los corazones?
¡Triste de mí! ¿Qué harán los hombres?

[Del *Libro de música para vihuela, intitulado Orphenica lira*, de M. Fuenllana (1554), folios 133v, 137v y 169.]

325
   No me habléis, conde,
d'amor en la calle:
catá que os dirá mal,
conde, la mi madre.

      Mañana iré, conde,
a lavar al río;
allá me tenéis, conde,
a vuestro servicio.
      Catá que os dirá mal,
conde, la mi madre.
No me habléis, conde,
d'amor en la calle.

326
      Abaja los ojos, casada,
no mates a quien te miraba.
      Casada, pechos hermosos,
abaja tus ojos graciosos.
No mates a quien te miraba:
abaja los ojos, casada.

327
      ¿Por qué me besó Perico,
por qué me besó el traidor?
      Dijo qu'en Francia se usaba
y por eso me besaba,
y también porque sanaba
con el beso su dolor.
¿Por qué me besó Perico,
por qué me besó el traidor?

328
      De los álamos vengo, madre,
de ver cómo los menea el aire.
      De los álamos de Sevilla
de ver a mi linda amiga.
      De los álamos vengo, madre,
de ver cómo los menea el aire.

329

　　　Del rosal sale la rosa.
　　¡Oh qué hermosa!
　　　¡Qué color saca tan fino!
　　Aunque nace del espino,
　　nac' entera y olorosa.　　　　　　　　5
　　Nace de nuevo primor
　　esta flor.
　　Huele tanto desd'el suelo,
　　que penetra hasta el cielo
　　su fuerza maravillosa.　　　　　　　　10

> [De Juan Vásquez, *Villancicos y canciones...
> a tres y a cuatro...* (Osuna, 1551), las tomo del
> *Ensayo* de Gallardo, IV, cols. 922-926.]

330　　¿Agora que sé d'amor me metéis monja?
　　¡Ay, Dios, qué grave cosa!
　　　Agora que sé d'amor de caballero,
　　agora me metéis monja en el monesterio.
　　¡Ay, Dios, qué grave cosa!　　　　　　5

331

　　　¿Qué razón podéis tener
　　para no me querer?
　　　Un amigo que yo había
　　dejóme y fuese a Castilla
　　para no me querer.　　　　　　　　　　5
　　¿Qué razón podéis tener
　　para no me querer?

332

　　　Caballero, queráisme dejar,
　　que me dirán mal.
　　　¡Oh, qué mañanica mañana,
　　la mañana de San Juan,
　　cuando la niña y el caballero　　　　　5

ambos se iban a bañar!
Que me dirán mal,
caballero, queráisme dejar,
que me dirán mal.

333
    Ojos morenos,
¿cuándo nos veremos?
    Ojos morenos,
de bonica color,
sois tan graciosos,   5
que matáis de amor.
¿Cuándo nos veremos,
ojos morenos?

334
    Por amores lo maldijo
la mala madre al buen hijo.
    —¡Si pluguiese a Dios del cielo
y a su madre, Santa María,
que no fueses tú mi hijo,   5
porque yo fuese tu amiga!—.
Esto dijo y lo maldijo
la mala madre al buen hijo.
Por amores lo maldijo
la mala madre al buen hijo.   10

335
    Ya florecen los árboles,
Juan;
mala seré de guardar.
    Ya florecen los almendros
y los amores con ellos,   5
Juan;
mala seré de guardar.
Ya florecen los árboles,
Juan;
mala seré de guardar.   10

336

    Lindos ojos habéis, señora,
de los que se usaban agora.
    Vos tenéis los ojos bellos
y tenéis lindos cabellos,
que matáis, en sólo vellos,
a quien de vos se namora.
Lindos ojos habéis, señora,
de los que se usaban agora.

337

    Salga la luna, el caballero;
salga la luna, y vámonos luego.
    Caballero aventurero,
salga la luna por entero,
salga la luna, y vámonos luego.
Salga la luna, el caballero,
salga la luna, y vámonos luego.

338

    Soledad tengo de ti,
tierra mía do nací.
    Si muriese sin ventura,
sepúltenme en alta sierra,
porque no extrañe la tierra
mi cuerpo en la sepultura;
y en sierra de grande altura,
por ver si veré de allí
las tierras a do nací.
Soledad tengo de ti,
oh tierra donde nací.

339

    —Cobarde caballero,
¿de quién habedes miedo,
durmiendo conmigo?
    —De vos, mi señora,
que tenéis otro amigo.

—¿Y deso habedes miedo,
cobarde caballero?
Cobarde caballero,
¿de quién habedes miedo?

340
 Buscad, buen amor,
con qué me falaguedes,
que mal enojada me tenedes.
 Anoche, amor, os estuve aguardando,
la puerta abierta, candelas quemando; 5
y vos, buen amor, con otra holgando.
Que mal enojada me tenedes.

341
 Llamáisme villana,
yo no lo soy.
 Casóme mi padre
con un caballero;
a cada palabra 5
"hija de un pechero".
Yo no lo soy.
Llamáisme villana,
yo no lo soy.

342
 No me firáis, madre,
yo os lo diré:
mal d'amores he.
 Madre, un caballero
de casa del rey, 5
siendo yo muy niña
pidióme la fe;
dísela yo, madre,
no lo negaré.
Mal d'amores he. 10

No me firáis, madre,
yo os lo diré:
mal d'amores he.

343
    ¿De dónde venís, amores?
Bien sé yo de dónde.
    Caballero de mesura,
¿do venís la noche escura?
¿De dónde venís, amores?
Bien sé yo de dónde.

344
    Que no me desnudéis,
amores de mi vida;
que no me desnudéis,
que yo me iré en camisa.
    Entrastes, mi señora,
en el huerto ageno,
cogistes tres pericas
del peral del medio,
dejárades la prenda
d'amor verdadero.
Que no me desnudéis,
que yo me iré en camisa.

345
    En la fuente del rosel,
lavan la niña y el doncel.
    En la fuente de agua clara
con sus manos lavan la cara
él a ella y ella a él,
lavan la niña y el doncel.
En la fuente del rosel,
lavan la niña y el doncel.

346

Por vida de mis ojos,
el caballero,
por vida de mis ojos,
bien os quiero.
    Por vida de mis ojos   5
y de mi vida,
que por vuestros amores
ando perdida.
    Por vida de mis ojos,
el caballero,   10
por vida de mis ojos,
bien os quiero.

> [De Juan Vásquez, *Recopilación de sonetos y villancicos a cuatro y cinco* (Sevilla, 1560), reedic. de H. Anglés (Barcelona, 1946), pp. 29-47.]

347

¡Cuánt bien habéis entonado,
pajarico pintado!
    Cantáis tan filosofal,
que habéis tono de metal
y la voz imperïal   5
de gran majestad y estado,
pajarico pintado.
    No cantéis haciendo gestos,
ni deis los pasos tan prestos,
los ojos bajos y honestos   10
levadlos por fuerza o grado,
pajarico pintado.
    En veros tantos colores
parecéis mayo en sus flores,
y tan perdido de amores,   15
que jamás os veo penado,
pajarico pintado.

348
ENDECHAS

Parióme mi madre
una noche escura,
cubrióme de luto,
faltóme ventura.
Cuando yo nascí
la hora menguaba,
ni perro se oía,
ni gallo cantaba.
Ni gallo cantaba,
ni perro se oía,
sino mi ventura
que me maldecía.
Apartaos de mí,
bien afortunados,
que de sólo verme
seréis desdichados.
Dixeron mis hados
cuando fui nascido,
si damas amase
fuese aborrecido.
Yo fui engendrado
en signo nocturno,
reinaba Saturno
en curso menguado.
Mi leche y la cuna
es la dura tierra,
crióme una perra,
muger no, ninguna.
Muriendo mi madre,
con voz de tristura,
púsome por nombre
hijo sin ventura.
Cupido enojado
con sus sofraganos
el arco en las manos
me tiene encarado.

>   Sobróme l'amor
> de vuestra hermosura,
> sobróme el dolor,
> faltóme ventura.

349

>   De velar viene la niña,
> de velar venía.
>   —Dígasme tú, el ermitaño,
> así Dios te dé alegría,
> si has visto por aquí pasar
> las cosas que yo más quería.
> De velar venía.
>   —Por mi fe, buen caballero,
> la verdad yo te diría:
> yo la vi por aquí pasar
> tres horas antes del día.
> De velar venía.
>   Lloraba de los sus ojos,
> de la su boca decía:
> —Mal haya el enamorado
> que su fe no mantenía.
> De velar venía.
>   Y maldito sea aquel hombre
> que su palabra rompía,
> más que más con las mugeres
> a quien más se le debía.
> De velar venía.
>   —Mas maldita sea la hembra
> que de los hombres se fía,
> porque aquella es engañada
> la que en palabras confía.
> De velar venía.

> [Del *Cancionero llamado "Flor de enamorados"* (Barcelona, 1562), pero los copio de la reedic. de A. Rodríguez-Moñino y D. Devoto (Valencia, 1954), fols. 23, 63 y 99.]

350

    Que todos se pasan en flores,
mis amores.
    Las flores que han nascido
del tiempo que os he servido,
derribólas vuestro olvido
y disfavores.
Que todos se pasan en flores,
mis amores.

351

    Si la noche hace escura
y tan corto es el camino,
¿cómo no venís, amigo?
    La media noche es pasada
y el que me pena no viene:
mi desdicha lo detiene,
¡qué nascí tan desdichada!
Háceme vivir penada
y muéstraseme enemigo.
¿Cómo no venís, amigo?

352

    Alta estaba la peña,
nace la malva en ella.
    Alta estaba la peña
riberas del río;
nace la malva en ella,
y el trébol florido.

353

    ¡Ay luna que reluces,
toda la noche m'alumbres!
    ¡Ay luna tan bella,
alúmbresme a la sierra,
por do vaya y venga!
¡Ay luna que reluces,
toda la noche m'alumbres!

354
       ¿Con qué la lavaré
    la flor de la mi cara?
    ¿Con qué la lavaré,
    que vivo mal penada?
       Lávanse las casadas
    con agua de limones.
    Lávome yo, cuitada,
    con penas y dolores.

355
       Si te vas a bañar, Juanilla,
    dime a cuáles baños vas.
       Si te entiendes d'ir callando,
    los gemidos que iré dando,
    de mí compasión habrás;   5
    dime a cuáles baños vas.

356
       Decilde al caballero que non se queje
    que yo le doy mi fe, que non la deje.
       Decilde al caballero, cuerpo garrido,
    que non se queje en ascondido,
    que yo le doy mi fe, que non la deje.   5

357
       Dicen a mí que los amores he;
    con ellos me vea si tal pensé.
       Dicen a mí por la villa
    que traigo los amores en la cinta;
    dicen a mí que los amores he,   5
    con ellos me vea si tal pensé.

358
       Si amores me han de matar,
    agora tienen lugar.

Agora que estoy penado
en lugar bien empleado,
si pluguiese a mi cuidado
que me pudiese acabar,
agora tienen lugar.

> [Del famoso *Cancionero de Upsala (Villancicos de diversos autores a dos y a tres y a cuatro y a cinco bozes, agora nuevamente corregidos)* (Venecia, 1556), los copio de la edic. de México, 1944.]

359

Gritos daba la morenica
so el olivar.
que las ramas hace temblar.
 La niña, cuerpo garrido,
morenica, cuerpo garrido,
lloraba su muerto amigo
so el olivar:
que las ramas hace temblar.

360

Mira, Juan, lo que te dije,
no se te olvide.
 Mira, Juan, lo que te dije
en barrio ageno,
que me cortes una rueca
de aquel ciruelo.
De aquel ciruelo dije,
no se te olvide.

> [Del *Libro de música en cifra para vihuela, intitulado El Parnaso,* por Esteban Daza (Valladolid, 1576), fols. 102v y 109v.]

361

—Meteros quiero monja
hija mía de mi corazón.
 —Que no quiero yo ser monja, non.

362   Ante me beséis
        que me destoquéis,
        que me tocó mi tía.   3

363   ¿A quién contaré mis quejas,
        mi lindo amor;
        a quién contaré yo mis quejas,
        si a vos no?   4

364   Perricos de mi señora,
        no me mordades ahora.   2

365   —Si jugastes anoche, amore.
        —Non, señora, none.   2

> [Del libro de F. Salinas *De Musica libri septem* (Salamanca, 1577), pp. 302, 321, 326, 356 y 422.]

ÍNDICE DE AUTORES

Acuña, Hernando de, 136
Aldana, Cosme de, 299
Aldana, Francisco de, 281
Alcázar, Baltasar del, 214
Almeida, Juan de, 210
Andrade Caminha, Pedro de, 165
Anónimos, 21, 244, 428-444
Arbolache, Jerónimo, 346
Ávila, Francisco de, 366

Barahona de Soto, Luis, 389
Barros, Alonso de, 259
Bernardes, Diego, 224
Boscán, Juan, 28
Brahojos, 367

Cabrera, Cristóbal, 113
Cairasco de Figueroa, Bartolomé, 243
Camões, Luis de, 174
Castillejo, Cristóbal, 50
Cervantes, Miguel de, 380
Céspedes, Pablo de, 341
Cetina, Gutierre de, 141
Coloma, Juan, 116
Contreras, Jerónimo de, 222
Córdoba, Sebastián de, 266
Cueva, Juan de la, 314

Chaide, Malón de, 209

Díaz Tanco de Frexenal, Vasco, 24
Dueñas, Diego de, 227

Encinas, Fray Pedro de, 325
Ercilla, Alonso de, 249
Espinel, Vicente de, 411

Farfán, Juan, 151
Fernández de Heredia, Juan, 44
Figueroa, Francisco de, 260
Figueroa, Gonzalo de, 114
Fuentes, Alonso de, 131
Fuentes, Diego de, 169

Gálvez de Montalvo, Luis, 371
Garcilaso de la Vega, 64
Gil Polo, Gaspar, 327
González de Eslava, Hernán, 256
Guzmán, Fernando de, 396
Guzmán, Francisco de, 135

Herrera, Fernando de, 228
Horozco, Sebastián de, 109
Hurtado de Mendoza, Diego, 98

ÍNDICE DE AUTORES

Hurtado de Mendoza, Juan, 62

Iranzo, Juan de, 150

Juan de la Cruz, San, 302

Láynez, Pedro, 337
León, Fray Luis de, 184
Lomas Cantoral, Jerónimo de, 178
López, Francisco, 324
López Maldonado, 335
López de Úbeda, Juan, 358
López de Villalobos, Francisco, 23

Mal Lara, Juan de, 183
Melo, Antonio de, 427
Mey, Felipe, 321
Milán, Luis
Montano, Arias, 207
Montemayor, Jorge de, 157
Mosquera de Figueroa, Cristóbal, 373

Núñez de Reinoso, 118

Ocaña, Francisco de, 363

Padilla, Pedro de, 414
Pérez de Herrera, Cristóbal, 426

Pérez de Hita, Ginés, 319

Ramírez Pagán, Diego, 171
Rey de Artieda, Andrés, 408
Ribera, Luis de, 246
Rodríguez, Lucas, 354
Romero de Cepeda, Joaquín, 300
Rufo, Juan, 399

Sa de Miranda, Francisco, 48
Salazar de Alarcón, Eugenio, 221
Sánchez Burguillos, Juan, 163
Sepúlveda, Lorenzo de, 128
Silvestre, Gregorio, 152
Soria, Antonio, 27

Terrazas, Francisco de, 182
Teresa de Jesús, Santa, 121
Timoneda, Juan, 348
Torre, Francisco de la, 267
Torres, Jaime, 280

Urrea, Jerónimo de, 117

Vega, Isabel, 213
Vegas, Damián de, 368
Velázquez de Velasco, Diego Alfonso, 322
Villegas, Antonio de, 123
Virués, Cristóbal de, 419

Zafra, Esteban de, 362

ÍNDICE DE PRIMEROS VERSOS

Abaja los ojos, casada *(Anón.º)*	432
¿Adónde te escondiste (S. J. DE LA CRUZ)	304
¿A dó mirastéis, ojos desdichados (J. DE ALMEIDA)	210
¿Agora que sé de amor me metéis monja *(Anón.º)*	433
Aguardando estaba Hero (J. TIMONEDA)	349
Aguas de la mar (L. MILÁN)	46
Aires süaves que, mirando atentos (G. DE CETINA)	142
A la guerra me lleva (M. DE CERVANTES)	387
Alargo, enfermo, el paso y vuelvo cuanto (F. L. DE LEÓN)	206
Alma dichosa y bella (J. DE ALMEIDA)	211
Alma divina y bella (C. DE VIRUÉS)	419
Alma región luciente (F. L. DE LEÓN)	199
Al Niño sagrado (P. DE PADILLA)	418
"Al soneto, vecinos, al soneto" (B. DEL ALCÁZAR)	220
Alta estaba la peña *(Anón.º)*	441
Altísima va la garza (D. DE VEGAS)	369
A mi vida llena (P. DE ANDRADE CAMINHA)	167
Amor casi de un vuelo me ha encumbrado (FR. L. DE LEÓN)	206
Amor, ¿cómo permite tu derecho? (E. SALAZAR DE ALARCÓN)	221
Ánimo, voluntad laciva y pura (V. ESPINEL)	413
Ante me beséis *(Anón.º)*	444
Antigua llaga que en mis huesos cría (J. BOSCÁN)	30
Aquel caballero, madre (C. DE CASTILLEJO)	57
Aquella voluntad honesta y pura (GARCILASO DE LA VEGA)	87
Aquellas sierras, madre *(Anón.º)*	430

448 ÍNDICE DE PRIMEROS VERSOS

Aquellos ojos claros que solían (J. ROMERO DE CEPEDA)	300
¿A quién contaré mis quejas? *(Anón.º)*	444
Aquí no hay (C. DE CASTILLEJO)	50
Ardé, corazón, ardé *(Anón.º)*	429
Arde mi pecho de tan digna llama (F. MEY)	321
Aunque, señora, me muero (J. DE MONTEMAYOR)	157
¡Ay, basas de marfil, vivo edificio! (F. DE TERRAZAS)	183
¡Ay de mí! (G. SILVESTRE)	153
¡Ay luna que reluces *(Anón.º)*	441
¡Ay muerte dura!, ¡ay dura y cruda muerte (G. SILVESTRE)	154
¡Ay, sabrosa ilusión, sueño süave! (G. DE CETINA)	143
Bajo de la peña nace (E. DE ZAFRA)	362
Besábale y enamorábale *(Glos.ª por S. DE HOROZCO)*	110
¡Bien haya quien hizo (M. DE CERVANTES)	386
Blancas y hermosas manos, que colgando (F.º DE FIGUEROA)	265
Blanco marfil en ébano entallado (F.º DE FIGUEROA)	262
Buscad, buen amor *(Anón.º)*	436
Caballero, queráisme dejar *(Anón.º)*	433
Calado hasta las cejas el sombrero (J. DE LA CUEVA)	315
Callo la gloria que siento (F.º DE HERRERA)	228
Camino por el mar de mi tormento (F.º DE LA TORRE)	273
Cantaban las aves (J. ARBOLANCHE)	347
Cercado de temor, lleno de espanto (G. DE CETINA)	143
Cisnes de Betis que en su gran ribera (C. MOSQUERA DE FIGUEROA)	373
Clara fuente de luz, nuevo y hermoso (F.º DE ALDANA)	284
Cobarde caballero *(Anón.º)*	435
Como a su parecer la bruja vuela (A. REY DE ARTIEDA)	410
Como garza real, alta en el cielo (G. DE CETINA)	144
Como vemos que un río mansamente (H.º DE ACUÑA)	139
¿Con qué la lavaré? *(Anón.º)*	442
Con un manso rüido (G.ª DE LA VEGA)	70
Cría en mí, Señor, corazón limpio (J. DE MONTEMAYOR)	159
Cristalino río (F.º DE LA TORRE)	273
Cual cándida paloma reclinada (J. ROMERO DE CEPEDA)	301
"¿Cuál es la causa, mi Damón, que estando" (F.º DE ALDANA)	281
Cual oro era el caballo ensortijado (F.º DE HERRERA)	241

ÍNDICE DE PRIMEROS VERSOS 449

Cuando con resonante (F.º DE HERRERA)	237
Cuando contemplo el cielo (FR. L. DE LEÓN)	193
Cuando de vos (mas ¿cuándo?) no me acuerdo (V. ESPINEL)	412
Cuando el amor dé (P.º DE PADILLA)	416
Cuando el triste corazón (LÓPEZ MALDONADO)	335
Cuando en el aire torres edifico (A. REY DE ARTIEDA) ...	408
Cuando era nuevo el mundo y producía (H.º DE ACUÑA).	139
Cuando esperaba el corazón y ardía (F.º FIGUEROA) ...	262
Cuando la brava ausencia un alma hiere (GIL POLO) ...	327
Cuando me paro a contemplar mi estado (GARCILASO DE LA VEGA)	64
Cuando me paro a contemplar mi estado (S. DE CÓRDOBA)	267
Cuando Preciosa el panderete toca (M. DE CERVANTES).	384
¿Cuándo será que pueda (FR. L. DE LEÓN)	196
Cuando triste yo nací (J. DE MONTEMAYOR)	161
¡Cuántas veces te me has engalanado! (F.º DE LA TORRE)	268
¡Cuánt bien habéis cantado *(Anón.º)*	438
Cuanto más lo considero (A. DE BARROS)	259
Cubrid de flores a la bella esposa (L. DE RIBERA) ...	247
Cubrir los bellos ojos (G. DE CETINA)	142
Da dulzor divino (H. GONZÁLEZ DE ESLAVA)	258
Dardanio, con el cuento del cayado (D. RAMÍREZ PAGÁN).	172
De aquella vista pura y excelente (GARCILASO DE LA VEGA)	65
De Cefiso y Leríope engendrado (H.º DE ACUÑA)	136
Decid los que tratáis de agricultura (G.º SILVESTRE) ...	156
Decidle al caballero que no se queje *(Anón.º)*	442
De dentro tengo mi mal *(Glos.ª por* CAMÕES*)*	174
¿De dónde venís, amores? *(Anón.º)*	437
De flores matizadas se vista el verde prado (GIL POLO).	332
De herirte, laúd, jamás me alejo (J. DE IRANZO)	150
Dejad las hebras de oro ensortijado (F.º DE TERRAZAS).	182
Dejadlos, mi madre (F.º DE OCAÑA)	364
De las ganancias de amor (P.º DE PADILLA)	414
Del alto trono de mis pensamientos (D.º DE DUEÑAS) ...	227
Del ciego error de la pasada vida (L. DE RIBERA)	246
De los álamos vengo, madre *(Anón.º)*	432
Del rosal sale la rosa *(Anón.º)*	433
De Ovidio sois muy secaz (S. DE HOROZCO)	109

¿De qué sirven, Amor, ya tus saetas (J. DE LA CUEVA). 314
Desavenido cuidado (NÚÑEZ DE REINOSO) 120
Desdeñado soy de amor (J. DE MONTEMAYOR) 161
Desengañado estoy de la esperanza (J. DE LA CUEVA). 314
Despoja la hermosa y verde frente (F.º DE HERRERA). 230
De velar viene la niña *(Anón.º)* 440
Dicen a mí que los amores he *(Anon.º)* 442
¿Do la mi ventura *(Glos.ª por* CAMÕES) 176
¿Dónde lo mereciste (G. DE FIGUEROA) 115
Dos corazones conformes *(Glos.ª por* J. ROMERO DE CEPEDA) 300
Duerme el desnudo en la desierta playa (V. ESPINEL). 412
Dulce clavel, de mano tan divina (D.º RAMÍREZ PAGÁN). 171
Dulce hijo de mi vida (J. RUFO) 399
Dulce soñar y dulce congojarme (J. BOSCÁN) 31

El aire se serena (FR. L. DE LEÓN) 188
El cielo de sus altos pensamientos (G. DE CETINA) 144
El color bello en el humor de Tiro ardió (F.º DE HERRERA) 234
El dulce lamentar de dos pastores (GARCILASO DE LA VEGA) 75
El hombre libre vive como quiere (J. DE LA CUEVA) ... 316
El ímpetu cruel de mi destino (F.º DE ALDANA) 282
El sacre bajó a prender (J. LÓPEZ DE ÚBEDA) 359
El tiempo en toda cosa puede tanto (J. BOSCÁN) 30
El vaso reluciente y cristalino (L. DE CAMÕES) 178
El zagal pulido agraciado (J. ARBOLANCHE) 346
Ellos pasaban, pues, desta manera (J. RUFO) 405
En carro ligerísimo me llevan (J. TORRES) 281
En Córdoba está Abderramen (A.º DE FUENTES) 131
En corte del casto Alfonso (J. SÁNCHEZ BURGUILLOS). 163
En el abril de mis floridos años (V. ESPINEL) 411
En el campo venturoso (G. GIL POLO) 328
En el silencio oscuro su belleza (P.º DE CÉSPEDES) ... 342
Enemiga le soy, madre (J. FERNÁNDEZ DE HEREDIA) ... 45
En este pensamiento envuelta viene (J. DE LOMAS CANTORAL) 180
Enfádame decir lo que me enfada (J. LÓPEZ DE ÚBEDA). 360
En fin, en fin, tras tanto andar muriendo (F.º DE ALDANA) 283
En Frexenal de la Sierra (DÍAZ TANCO) 24
En Jaén, donde resido (B. DEL ALCÁZAR) 216

ÍNDICE DE PRIMEROS VERSOS 451

En la Arabia es fama que, cansada (D.º HURTADO DE MENDOZA)	99
En la fuente del rosal *(Anón.º)*	437
En la peña sobre la peña *(Glos.ª por A. DE VILLEGAS)*.	123
En los estados de amor (M. DE CERVANTES)	380
En los fríos del invierno (J. LÓPEZ DE ÚBEDA)	358
En tanto que de rosa y azucena (GARCILASO DE LA VEGA)	68
En términos me tiene el mal que siento (P.º LÁYNEZ).	339
Entonces las tinieblas se extendieron (J. BOSCÁN)	41
Entrando acaso en un jardín un día (D. DE VEGAS)	368
Entre armas, guerra, fuego, ira y furores (G. DE CETINA)	145
Entre todos los remedios (J. DE CONTRERAS)	223
En una noche oscura (S. JUAN DE LA CRUZ)	302
En vano el mar fatiga (FR. L. DE LEÓN)	190
Escrito está en mi alma vuestro gesto (GARCILASO DE LA VEGA)	65
Espíritu del cielo (H. GONZÁLEZ DE ESLAVA)	256
Esta es la justicia *(Glos.ª por DIOGO BERNARDES)*	226
Fénix soy en amor, mas no en la suerte (A. DE MELO).	427
Folgaba el rey Rodrigo (FR. L. DE LEÓN)	191
Fui buscando amores (J. TIMONEDA)	350
Fiero dolor, que alegre alma y segura (F.º DE FIGUEROA)	261
Garcilaso, que al bien siempre aspiraste (J. BOSCÁN)	31
Gentil caballero *(Anón.º)*	429
Gritos daba la morenica *(Anón.º)*	443
Hácese una caverna umbrosa donde (F.º DE LA TORRE).	276
¿Hasta cuándo, Dios mío (M. DE CHAIDE)	209
Hay cosas que aunque no son importantes (J. HURTADO DE MENDOZA)	62
Hermosas ninfas, que en el río metidas (GARCILASO DE LA VEGA)	66
Hermosísimos ojos (G. DE CETINA)	147
Hermosita, hermosita (M. DE CERVANTES)	382
Héroes gloriosos, pues el cielo (G. DE CETINA)	146
Hola, gentil Galatea (C. DE CASTILLEJO)	54
¡Hola, hau, carillos (J. TORRES)	280
Holgué, señor, con vuestra carta tanto (J. BOSCÁN)	32

452 ÍNDICE DE PRIMEROS VERSOS

Horas alegres que pasáis volando (G. DE CETINA)   146
Hoy deja todo el bien un desdichado (D.º HURTADO DE MENDOZA)   98

Irme quiero, madre *(Glos.ª por* CAMÕES)   175

Juntáronse al entierro de Lucía (BRAHOJOS)   367

La que dejó en pihuelas a Mantufa (G. REY DE ARTIEDA).   410
La sangre vertida (G. PÉREZ DE HITA)   319
Las bellas hamadríades que cría (L. BARAHONA DE SOTO)   393
La sierra es alta (P.º DE PADILLA)   418
Lindos ojos habéis, señora *(Anón.º)*   435
Lo que demanda *(Glos.ª por* S. DE HOROZCO)   112
Los ojos bellos, la amorosa frente (D. RAMÍREZ PAGÁN).   71

Madre, la mi madre (M. DE CERVANTES)   384
Malferida iba la garza *(Anón.º)*   430
Mar sesgo, viento largo, estrella clara (M. DE CERVANTES)   387
Meteros quiero monja *(Anón.º)*   443
Mi ánima, Señor, es navegante (C. CABRERA)   113
Mientras estáis allá con tierno celo (F.º DE ALDANA).   284
Mil veces callo, que romper deseo (F.º DE ALDANA) ...   283
Mira, Juan, lo que te dije *(Anón.º)*   443
Montano, cuyo nombre es la primera (F.º DE ALDANA).   286
Mortales, ¿habéis visto mayor cosa (G.º SILVESTRE) ...   156
Muchos hay que la fama ilustre y nombre (P.º DE CÉSPEDES)   341

Naturaleza es madre generosa (B. CAIRASCO DE FIGUEROA)   343
Niña en cabello *(Anón.º)*   430
No bañes en el mar sagrado y cano (F.º DE HERRERA).   234
No deseó jamás la clara fuente (J. COLOMA)   116
No el rey de los metales poderosos (B. DEL ALCÁZAR).   215
No enjuguéis, madre mía *(Glos.ª por* D. BERNARDES).   225
No las francesas armas odiosas (GARCILASO DE LA VEGA)   67
No lloréis, mis ojos tristes (J. FERNÁNDEZ DE HEREDIA)   44
No me firáis, madre *(Anón.º)*   436

ÍNDICE DE PRIMEROS VERSOS

No me habléis, conde (*Anón.º*)	431
No miréis más, señora (G. DE CETINA)	142
No pueden dormir mis ojos (C. DE CASTILLEJO)	56
No quiero, mi madre (B. DEL ALCÁZAR)	214
No se alcanza la victoria (C. PÉREZ DE HERRERA)	426
No son mis ojos de llorar cansados (DIOGO BERNARDES)	224
Nunca más vean mis ojos *(Glos.ª por* ISABEL VEGA)	213
Nunca os he visto aunque muero (L. BARAHONA DE SOTO)	389
¡Oh ansias de mi pasión (A. DE VILLEGAS)	123
¡Oh carnero muy manso!, ¡oh buey hermoso (J. FARFÁN)	151
¡Oh, cómo ya se pasaron (L. BARAHONA DE SOTO)	389
¡Oh dulce gusto extraño y peregrino (G.º SILVESTRE)	153
¡Oh dulces prendas, por mi bien tornadas (S. DE CÓRDOBA)	266
¡Oh dulces prendas por mi mal halladas (GARCILASO DE LA VEGA)	66
¡Oh dulce sueño, dulce acertamiento (J. LOMAS CANTORAL)	178
¡Oh lozanico vaso vidrioso (E. SALAZAR DE ALARCÓN)	222
¡Oh llama de amor viva (S. JUAN DE LA CRUZ)	310
¡Oh qué fresco y claro día (L. MILÁN)	47
¡Oh quién tuviese un corazón de acero (A. DE VILLEGAS)	124
¡Oh sol resplandeciente (J. DE CONTRERAS)	222
Oh Virgen preciosa, no sé cómo alabe (G.º DE FIGUEROA)	114
¡Oh ya seguro puerto (FR. L. DE LEÓN)	200
Ojos bellos, no lloréis (GÁLVEZ DE MONTALVO)	371
Ojos claros, serenos (G. DE CETINA)	141
Ojos, decíselo vos (J. ROMERO DE CEPEDA)	215
Ojos, herido me habéis *(Glos.ª por* CAMÕES)	174
Ojos morenos *(Anón.º)*	434
Ojos que dais la luz al firmamento (J. DE LA CUEVA)	315
Ondas que por el mundo caminando (L. DE CAMÕES)	177
Osé y temí; mas pudo la osadía (F.º DE HERRERA)	229
Otro aquí no se ve que frente a frente (F.º DE ALDANA)	282
Oye tú solo, eterno y sacro río (F.º DE HERRERA)	233

Parióme mi madre *(Anón.º)* 439
Partiendo de la luz, donde solía (F.º DE FIGUEROA) ... 260
Pastorcico, tú que vienes (F.º DE OCAÑA) 363
Peligroso, atrevido pensamiento (P. LÁYNEZ) 338
Perricos de mi señora *(Anón.º)* 444
Pienso que mi pensamiento *(Glos.ª por* F. LÓPEZ DE VILLALOBOS) 23
Pisaré yo el polvico (M. DE CERVANTES) 386
Por amores lo maldijo *(Anón.º)* 434
Por el poder del apetito ciego (C. DE VIRUÉS) 422
Por el sereno cielo discurrían (F.º LÓPEZ) 324
Por la ribera del Júcar (L. RODRÍGUEZ) 356
¿Por qué me besó Perico *(Anón.º)* 432
Por seguir una ocasión (LÓPEZ MALDONADO) 335
Portalico divino (F.º DE ÁVILA) 366
Por una triste espesura (L. RODRÍGUEZ) 354
Por un sevillano (M. DE CERVANTES) 385
Por un valle de tristura (J. TIMONEDA) 348
Por vida de mis ojos *(Anón.º)* 438
«Presa soy de vos solo y por vos muero (F.º DE HERRERA) 229
Pues el bien tan poco dura (D. DE VEGAS) 370
Pues la sancta Inquisición (C. DE CASTILLEJO) 57
Pues que para contemplaros (J. FERNÁNDEZ DE HEREDIA) 45
Pues que vivo en tierra ajena *(Glos.ª por* NÚÑEZ DE REINOSO) 118
Pues se conforma nuestra compañía (H.º DE ACUÑA). 140
Pues si comparar queremos (C. DE CASTILLEJO) 59
Pues todas las aves vuelan (J. TIMONEDA) 352
Pusiera los mis amores *(Glos.ª por* ANDRADE CAMINHA). 48

Que bien sé yo la fonte que mana y corre (S. J. DE LA CRUZ) 312
¿Qué consuelo tendrían los ausentes (B. CAIRASCO DE FIGUEROA) 344
¡Qué descansada vida (FR. L. DE LEÓN) 184
Que las manos tengo blandas (J. FERNÁNDEZ DE HEREDIA) 45
¡Qué madre y doncella *(Anón.º)* 245
¿Qué sirven mis cabellos (D.º DE FUENTES) 169
Que ni duermen los mis ojos (P. LÁYNEZ) 337
Que no me desnudéis *(Anón.º)* 437

ÍNDICE DE PRIMEROS VERSOS 455

¿Qué pude ser, señora, antes que os viese (J. DE MONTEMAYOR) ...	158
¿Qué razón podéis tener *(Anón.º)* ...	433
Que todos se pasan en flores *(Anón.º)* ...	441
¿Quién dará a los mis ojos una fuente (F. SA DE MIRANDA) ...	49
¿Quién dejará del verde prado umbroso (M. DE CERVANTES) ...	381
¿Quién entenderá (D.º HURTADO DE MENDOZA) ...	103
¡Quién fuera cielo, ninfa más que él clara (L. BARAHONA DE SOTO) ...	392
Quien ve las blancas y hermosas rosas (F.º DE FIGUEROA) ...	265
¿Quién viese aquel día *(Glos.ª por* SA DE MIRANDA) ...	49
Quiero dormir y no puedo *(Anón.º)* ...	431
Rabia mortal, que al corazón condenas (LÓPEZ MALDONADO) ...	336
Recoge ya en el seno (FR. L. DE LEÓN) ...	198
Regocijo hay en el suelo (J. LÓPEZ DE ÚBEDA) ...	359
Rompí, corté, abollé y dije e hice (M. DE CERVANTES) .	381
Rosas, brotad al tiempo que levanta (L. DE RIBERA) ...	248
Sacaron a ahorcar el otro día (P.º DE PADILLA) ...	416
Sale la Aurora de su fértil manto (F.º DE FIGUEROA) .	263
Salga con la doliente ánima fuera (P.º LÁYNEZ) ...	339
Salga la luna, el caballero *(Anón.º)* ...	435
Señora, que no miráis (P. DE ANDRADE CAMINHA) ...	166
Señora, vuestros cabellos (G.º SILVESTRE) ...	152
Señor Gómez Arias *(Glos.ª por* S. DE HOROZCO) ...	110
Señor, no me reprehendas (D. A. VELÁZQUEZ DE VELASCO) ...	322
Señor, si este dolor del mal que siento (F.º DE HERRERA) ...	243
Serena luz, en quien presente espira (F.º DE HERRERA) .	236
Ser vieja y arrebolarse (D.º HURTADO DE MENDOZA) .	107
Si a la región desierta, inhabitable (GARCILASO DE LA VEGA) ...	68
Si amores me han de matar *(Anón.º)* ...	442
Si a vuestra voluntad yo soy de cera (B. DEL ALCÁZAR) .	216
Si de mi baja lira (GARCILASO DE LA VEGA) ...	72
Si de un monte se siega alguna falda (G. REY DE ARTIEDA) ...	409

456 ÍNDICE DE PRIMEROS VERSOS

Siempre alcanza lo que quiere (V. ESPINEL)	413
Si en tu divina y alta providencia (P.º LÁYNEZ)	340
¡Si fuese muerto ya mi pensamiento (D.º HURTADO DE MENDOZA)	99
Sigo, silencio, tu estrellado manto (F.º DE LA TORRE).	267
Si la harpa, si el órgano sabroso (L. BARAHONA DE SOTO)	392
Si jugastes anoche, amore *(Anón.º)*	444
Si la noche hace escura *(Anón.º)*	430
Si la noche hace escura *(Anón.º)*	441
Si los delfines mueren de amores *(Anón.º)*	431
Sin alas va volando el pensamiento (D.º DE FUENTES).	170
Si no os hubiera mirado (J. BOSCÁN)	28
Sintiendo voy de amor gran agonía (L. MILÁN)	47
Si tantos halcones *(Anón.º)*	428
Si te vas a bañar, Juanilla *(Anón.º)*	442
Sobre corazón difunto (L. RODRÍGUEZ)	355
Sola me dejastes *(Glos.ª por SA DE MIRANDA)*	48
Soledad tengo de ti *(Anón.º)*	435
Sopla fuerte el caramillo *(Anón.º)*	244
Sospiraba una señora (J. FERNÁNDEZ DE HEREDIA) ...	44
Soy garridica (J. TIMONEDA)	353
Soy, hermano, sin ti cuerpo sin vida (C. DE ALDANA) ...	299
Süave sueño, que con tardo vuelo (F.º DE HERRERA).	242
Tal soy como en el campo venturoso (A. MONTANO).	207
Tan rendido a su ley al alma tiene (J. DE LOMAS CANTORAL)	179
Tenéis, señora Aldonza, tres treinta años (J. DE MAL LARA)	183
Tiempo bueno, tiempo bueno *(Glos.ª por C. DE CASTILLEJO)*	51
¡Tirsis!, ¡ah Tirsis!, vuelve y endereza (F.º DE LA TORRE)	271
Todo lo vence amor, todo lo espera (L. DE RIBERA) ...	247
Toma del hondo del abismo el fuego (GÁLVEZ DE MONTALVO)	372
Tórtola solitaria, que llorando (F.º DE LA TORRE)	268
Tras de un amoroso lance (S. JUAN DE LA CRUZ)	311
Triste estaba don Rodrigo (L. DE SEPÚLVEDA)	128
Triste estaba el padre santo *(Anón.º)*	21
Tristeza, pues yo soy tuyo (J. BOSCÁN)	29
Tu trabajo es ya sin fruto (J. ARBOLANCHE)	347

ÍNDICE DE PRIMEROS VERSOS

Un pastorcico solo está penado (S. JUAN DE LA CRUZ).	312
Va y viene mi pensamiento (D.º HURTADO DE MENDOZA)	106
Véante mis ojos *(Glosa atribuida a* SANTA TERESA)	122
Véante mis ojos *(Glos.ª por* J. DE MONTEMAYOR)	158
Véante mis ojos *(Glos.ª por* ANDRADE CAMINHA)	165
Venga mi dulce amado, venga al huerto (L. DE RIBERA).	248
Venga ya la dulce muerte (F.º LÓPEZ DE VILLALOBOS).	23
Veo las ovejas (J. TIMONEDA)	352
Viendo que crece la mortal tormenta (LÓPEZ MALDONADO)	337
Virgen que el sol más pura (FR. L. DE LEÓN)	203
Virtud, hija del cielo (FR. L. DE LEÓN)	187
Vi una garza a par del cielo (D.º RAMÍREZ PAGÁN)	173
Viví un tiempo, ¡ay cuidado! (FR. P.º DE ENCINAS)	325
Vivo sin vivir en mí (SANTA TERESA)	121
¡Vos me habéis muerto *(Glos.ª por* ANDRADE CAMINHA)	167
"¡Voto a Dios que me espanta esta grandeza (M. DE CERVANTES)	388
Voz de dolor y canto de gemido (F.º DE HERRERA)	230
Vuestra es la culpa de mi atrevimiento (A. DE SORIA).	27
Ya cumpliste tu curso perezoso (F.º DE FIGUEROA)	261
Ya de mis quietos días el sereno (J. DE LOMAS CANTORAL)	181
Ya florecen los árboles *(Anón.º)*	434
Ya la rosada Aurora comenzaba (A. DE ERCILLA)	249
Ya las alegres flores del verano (F.º DE GUZMÁN)	369
Ya se acerca, señor, o es ya llegada (H.º DE ACUÑA)	140
Ya, triste corazón, llegó el gozoso (J. DE LOMAS CANTORAL)	179
Y avísote, si bien gozar quisieres (F.º DE GUZMÁN)	135
¿Y dejas, Pastor santo (FR. L. DE LEÓN)	202
Y la mi cinta dorada *(Anón.º)*	428
Yo de vos no he de querer (F.º DE HERRERA)	228
Yo fundo en el arena, abrazo el viento (P.º DE PADILLA)	417
Yo me parto, y no me aparto (J. DE URREA)	117
Yo soy Pílades captivo (A. DE VILLEGAS)	125

ÍNDICE DE LÁMINAS

Entre págs.

Retrato de Diego Hurtado de Mendoza   82-83

Retrato de Fray Luis de León   82-83

Retrato de Fernando de Herrera   150-151

Retrato de Baltasar de el Alcázar   150-151

Retrato de Alonso de Ercilla   246-247

Portada facsímil *Romances nvevamente sacados de historias antiguas.* 1566   246-247

Retrato de Vicente Espinel   352-353

Retrato de Juan de Timoneda   352-353

ESTE LIBRO
SE TERMINÓ DE IMPRIMIR
EL DÍA 2 DE SEPTIEMBRE DE 1991

clásicos castalia

ÚLTIMOS TÍTULOS PUBLICADOS

165 / José Cadalso
AUTOBIOGRAFÍA.
NOCHES LÚGUBRES
Edición, introducción y notas de
Manuel Camarero

166 / Gabriel Miró
NIÑO Y GRANDE
Edición, introducción y notas de
Carlos Ruiz Silva

167 / José Ortega y Gasset
TEXTOS SOBRE
LA LITERATURA Y EL ARTE
Edición, introducción y notas de E.
Inman Fox.

168 / Leopoldo Lugones
CUENTOS FANTÁSTICOS
Edición, introducción y notas de
Pedro Luis Barcia.

169 / Miguel de Unamuno
TEATRO. LA ESFINGE.
LA VENDA. FEDRA
Edición, introducción y notas de
José Paulino Ayuso.

170 / Luis Vélez de Guevara
EL DIABLO COJUELO
Edición, introducción y notas de
Ángel R. Fernández González e Ignacio Arellano.

171 / Fedrico García Lorca
PRIMER ROMANCERO
GITANO. LLANTO POR
IGNACIO SÁNCHEZ MEJÍAS
Edición, introducción y notas de
Miguel García-Posada.

172 / Alfonso X (vol. II)
LAS CANTIGAS
Edición, introducción y notas de W.
Mettmann.

173 / CÓDICE DE AUTOS VIEJOS
Selección
Edición, introducción y notas de
Miguel Ángel Priego.

174 / Juan García Hortelano
TORMENTA DE VERANO
Edición, introducción y notas de
Antonio Gómez Yebra.

175 / Vicente Aleixandre
AMBITO
Edición, introducción y notas de
Alejandro Duque Amusco.

176 / Jorge Guillén
FINAL
Edición, introducción y notas de
Antonio Piedra.

177 / Francisco de Quevedo
EL BUSCÓN
Edición, introducción y notas de
Pablo Jaural de Pou.

178 / Alfonso X, el sabio
CANTIGAS DE SANTA MARÍA
(cantigas 261 a 427), III
Edición, introducción y notas de
Walter Mettmann.

179 / Vicente Huidobro
ANTOLOGÍA POÉTICA
Edición, introducción y notas de
Hugo Montes.

180 / CUENTOS MODERNISTAS
HISPANOAMERICANOS
Edición, introducción y notas de
Enrique Marini-Palmieri.

181 / San Juan de la Cruz
POESÍAS
Edición, introducción y notas de
Paola Elía.

182 / Luis Carrillo y Sotomayor
OBRAS
Edición, introducción y notas de
Rosa Navarro Durán.

183 / Ricardo Güiraldes
DON SEGUNDO SOMBRA
Edición, introducción y notas de
Ángela B. Dellepiane

184 / Adolfo Bioy Casares
LA TRAMA CELESTE
Edición, introducción y notas de
Pedro Luis Barcia

185 / Horacio Quiroga
LOS DESTERRADOS Y OTROS TEXTOS
Edición, introducción y notas de
Jorge Lafforgue

186 / Enrique Jardiel Poncela
USTED TIENE OJOS DE MUJER FATAL. ANGELINA O EL HONOR DE UN BRIGADIER
Edición, introducción y notas de
Antonio A. Gómez Yebra

187 / Tirso de Molina
DON GIL DE LAS CALZAS VERDES
Edición, introducción y notas de
Alonso Zamora Vicente

188 / Carlos Bousoño
ODA EN LA CENIZA. LAS MONEDAS CONTRA LA LOSA
Edición, introducción y notas de
Irma Emiliozzi

189 / Armando Palacio Valdés
LA ESPUMA
Edición, introducción y notas de
Guadalupe Gómez-Ferrer Morant